119
응급 로펌

119 응급 로펌

2020년 05월 11일 초판 01쇄 발행
2020년 08월 10일 초판 02쇄 발행

—

지은이 　　　　 양지민

—

발행인 　　　　 이규상
본부장 　　　　 임현숙
책임편집 　　　 강정민
편집2팀 　　　　 박은경 강정민 이수민
디자인팀 　　　 손성규 이효재
마케팅팀 　　　 이인국 전연교 윤지원 김지윤 안지영
영업지원 　　　 이순복

—

펴낸곳 　　　　 (주)백도씨
　　　　　　　 출판등록 　　 제2012-000170호(2007년 6월 22일)
　　　　　　　 주소 　　　　 03044 서울시 종로구 효자로7길 23, 3층 (통의동 7-33)
　　　　　　　 전화 　　　　 02 3443 0311(편집) 02 3012 0117(마케팅)
　　　　　　　 팩스 　　　　 02 3012 3010
　　　　　　　 이메일 　　　 book@100doci.com(편집·원고 투고) valva@100doci.com(유통·사업 제휴)
　　　　　　　 포스트 　　　 http://post.naver.com/black-fish　블로그 http://blog.naver.com/black-fish
　　　　　　　 인스타그램 　 @blackfish_book

—

ISBN 978-89-6833-260-9 　03360

이 도서의 국립중앙도서관 출판예정도서목록(CIP)은 서지정보유통지원시스템 홈페이지(http://seoji.nl.go.kr)와
국가자료공동목록시스템(http://www.nl.go.kr/kolisnet)에서 이용하실 수 있습니다.
(CIP제어번호: CIP2020018224)

양지민 지음

119 응급 로펌

**법은 모르지만 변호사는 필요한 당신을 위한
초고속 법률 사무소**

블랙피쉬
Black Fish

　대학을 졸업하고 사회생활을 하다 뒤늦게 '법을 공부해야겠다'고 생각하기 전까지 저는 법에 대한 관심도, 흥미도 없는 사람이었습니다. '내가 누군가에게 빚지고 살 일이 없고, 누군가를 고소하고자 할 일도 없으니 법은 나와 무관하다' 생각했습니다. 그러나 법은 반드시 빚을 지는 것이 아니더라도, 내가 누구를 꼭 고소하지 않더라도 늘 우리 일상에서 마주하게 되는 존재입니다.

　친구가 빌려간 돈을 갚지 않는다면? 보증금을 안전하게 돌려받고 싶다면? 지하철에서 누군가 내 사진을 찍은 것 같다면? 택배가 분실되었다면? 이렇게 일상의 작고, 수많은 부분에서 법은 우리 생활에 영향을 미치고 있습니다. 나이가 많든 적든, 여자든 남자든, 아무런 상관없이 우리 모두가 법의 울타리 안에 있습니다. 그렇기 때문에 법을 가까이에 두어야 합니다.

　실제로 상담을 하다 보면 안타까운 의뢰인들이 많습니다. 아주 사소하고 간단한 법률 상식을 미리, 조금만 빨리 알았더라면 '이렇게 스트레스를 받으며 고민할 필요가 없었을 텐데', '이렇게 손해 보는 행동은 하지 않아도 되었을 텐데' 하는 경우도 많습니다. 그런 분들이 사전에 알았으면, 꼭 읽어봤으면 하는 내용으로 이 책을 구성했습니다.

　물론 인터넷에 궁금한 단어만 입력하면 무수한 정보들이 쏟아져 나오는 시대이다 보니, 궁금한 법률 용어 몇 개만 치더라도 여러 정보들이 나옵니다. 그런데 대부분은 변호사 홍보 페이지이거나 알맹이가 없는 내용이고, 심지어 틀린 내용도 함께 쏟아져 나옵니다. 나의 전 재산인 보증금을 날릴 수도, 내가 선고받을 형량에 영향을 줄 수도 있는 중요한 법인데 인터넷에서 얻은 잘못된 정보로 내 운명이 엇갈린다면 어떨까요. 그런 일을 피하기 위해, 법을 편하게 가까이에 두고 궁금할 때마다 찾아보고 싶은 분들에게 이 책을 추천합니다.

최대한 읽기 쉽고, 이해하기 쉽게 어려운 법적 개념도 풀어서 설명했습니다. 법을 제대로 알아가기도 전에 어렵다고 생각하는 분들이 많습니다. 이 책을 읽고 그 생각이 바뀌었으면 하는 바람입니다. 물론 이 책을 읽는다고 어떤 상황에 처하든 모든 것을 해결하는 법률 척척박사가 되는 것은 아닙니다. 하지만 법이 필요한 긴박한 상황에 이 책이 응급처치는 해줄 수 있으리라 생각합니다. 잘못된 정보에 휘둘리기 쉬운 다급한 순간에, 이 책이 올바른 정보로 큰 도움이 되어줄 것입니다.

법을 잘 아는 것은 일상을 살아가는 데 있어 큰 힘입니다. 그리고 법은 특히 내가 어려운 상황에 처했을 때 그 힘을 발휘합니다. 이 책을 늘 가까이에 두고 필요할 때마다 꺼내 보시길 바랍니다.

양지민

차례

헷갈리는 법률 용어, **이것만은 알고 가자!** ▼

<알아두면 도움 되는 법률 용어 50>은 301쪽에 있습니다.

드라마나 영화를 보면 피해자가 "너 고소할 거야!"라고 하는 경우가 있다. 보통 피해를 당했을 경우 상대방에게 엄포를 놓으며 하는 이야기이다. 그렇다면 만약 "너 고발할 거야!"라고 해도 맞을까? 의미는 통할지 모르나 법적으로는 완전히 다른 이야기가 된다. 고발은 피해자가 아닌 제3자가 하는 것이기 때문이다. 의외로 일상에서 고소, 고발이라는 표현을 섞어서 잘못 사용하는 경우가 많은데 이러한 차이를 알고 나면 잘못된 표현은 왠지 어색하게 들릴 것이다.

▼

고소

고소는 고소권자가 수사기관에 대해 일정한 범죄 사실을 신고해 처벌해달라고 하는 것이다. 고소권자는 일반적으로 피해자이다. 피해를 당한 사람이 직접 수사기관에 가서 고소장을 제출하는 것을 고소한다고 표현한다.

고소는 대리인으로 하여금 대신하게 할 수 있다. 예를 들어 선임한 변호사를 통해 고소하는 것이다. 고소는 서면 또는 구술로 수사기관에 해야 한다.

고발

고발은 피해자 이외의 제3자가 수사기관에 범죄 사실을 신고해 처벌해달라고 하는 것이다. 즉, 고소와 고발은 '누가' 신고를 하는지에 따라 차이가 난다. 누구나 범죄가 있다고 생각되면 제3자는 고발을 할 수 있다. 고발은 고소와 달리 대리를 인정하지 않는다. 그 외 고발의 방식 및 고발 이후의 절차는 고소의 경우와 같다.

형사 소송

형사 소송은 범죄를 저지른 사람을 국가가 제재하는 재판이다. 검사의 기소(공소 제기)에 의해 시작된다. 재판을 받는 당사자, 즉 죄를 저지른 사람은 '피고인'이다. 가끔 기사나 방송에서도 형사 소송의 '피고인'을 민사 소송의 '피고'와 헷갈리는 실수를 많이 범하는데, 피고인과 피고는 엄연히 다른 개념이다.

형사 소송은 검사와 피고인이 상대방으로 맞서는 형태이며, 그 중간에서 판사가 피고인의 유무죄를 판단한다. 형사 소송의 선고에는 반드시 피고인의 죄 유무 및 형량이 정해진다. '징역 1년을 선고받았다'는 것은 형사 소송을 통해 선고된 결과를 일컫는다.

민사 소송

민사 소송은 개인과 개인 사이의 분쟁을 해결하는 재판으로, 원고가 소 제기를 하면 시작된다. 흔히 하는 '소송한다'는 표현은 민사 소송을 제기한다는 의미이다. 형사 소송은 검사만이 기소할 수 있기 때문에 일반인이 소 제기를 할 수 없다.

그럼 이렇게 민사 소송을 시작하는 원고의 상대방은 누구일까? 바로 피고이다. 즉, 민사 소송은 원고와 피고 사이의 재판이며, 그 중간에서 판사가 원고의 주장에 대해 판단한다. 'A가 B에게 1,000만 원을 배상하라는 판결이 나왔다'는 것은 민사 소송을 통해 선고된 결과를 일컫는다.

성희롱

통상적으로 성희롱이라고 하면 성적인 말이나 행동으로 상대방에게 불쾌감, 성적 수치심 등을 주는 행위를 말한다. 예를 들면 음담패설을 하거나 외모에 대한 성적 비유 등을 하는 것이다. 이렇게 일상에서 성희롱이라는 표현을 흔히 하지만, 사실 법적으로 보면 성희롱은 직장에서 발생하는 경우에만 문제가 된다. 즉, 남녀고용평등과 일·가정 양립 지원에 관한 법률에 따라, "상급자 등이 직장 내 지위를 이용하거나 업무와 관련해 다른 근로자에게 성적 언어나 행동 등으로 성적 굴욕감 등을 느끼게 하는 것, 성적 언동 또는 그 밖의 요구 등에 따르지 않았다고 해서 불이익을 주는 것"을 '직장 내 성희롱'이라 한다.

그 외 직장에서 발생한 것이 아닌 모르는 사람 사이에서나 친구 사이에서 발생하는 성희롱에 대해 처벌하는 규정은 없다. 그래서 이러한 경우에는 명예훼손이나 협박 등 다른 범죄가 발생했는지를 검토해 다른 범죄행위로 고소하는 경우가 많다.

강제추행

성추행이라고 표현하기도 하지만 형법에 규정된 명칭은 강제추행죄이다. 폭행 또는 협박으로 사람을 추행하는 범죄로, 직간접적 물리력 행사를 통해 또는 공포심을 일으킬 만한 협박을 해서 누군가를 추행하는 것을 의미한다. 10년 이하의 징역 또는 1,500만 원 이하의 벌금에 처하도록 되어 있다. 그런데 추행 행위는 사람이 붐비는 공공장소에서도 많이 발생한다. 이러한 경우를 공중밀집장소에서의 추행이라고 하며, 폭행·협박을 동반하지 않아도 성립한다. 성폭력범 죄의 처벌 등에 관한 특례법에 규정되어 있으며 1년 이하의 징역 또는 300만 원 이하의 벌금에 처하도록 되어 있다.

강간

성폭행이라고 표현하기도 하지만 형법에 규정된 명칭은 강간죄이다. 폭행 또는 협박을 통해 사람을 항거불능의 상태로 만든 뒤 간음을 하는 경우 성립한 다. 3년 이상의 징역에 처하도록 되어 있다. 2013년 6월부터 성범죄에 대한 친 고죄가 폐지되어서 피해자의 고소가 없더라도 처벌할 수 있다.

참고로 성폭력은 성희롱, 추행, 성폭행 등 모든 성범죄를 포괄한다.

준강간

제3의 원인으로 피해자가 이미 항거불능 상태에 빠져 있거나 심신 상실 상태 에 빠져 있는 것을 이용해 간음하는 경우를 말한다. 강간죄는 폭행 또는 협박 이라는 수단을 통해 간음하는 것이라 말했는데, 폭행 또는 협박을 하지 않았음 에도 피해자가 이미 항거불능의 상태여서 간음하는 경우라면 강간죄만큼 나쁜 범죄이기 때문에 강간죄에 준해 처벌하는 것이다.

폭행을 당했어요. 형사? 민사? 어디에서 진행해야 할까요?

#형사 소송   #민사 소송   #재판   #폭행 사건   #고소

🚨 응급 내원 사례

호준 씨는 모처럼 동창들을 만나 술을 마시던 참이었다. 분위기가 무르익기 시작할 무렵, 옆자리 사람들이 말을 걸기 시작했다. 호준 씨는 모르는 사람들이 말을 거는 것이 귀찮기도 하고 한편으로는 무섭기도 해서 그냥 모르는 척 무시하고 친구들과 술을 마셨다. 그러자 옆자리 사람들 중 한 명이 호준 씨의 등을 세게 내려치는 것 아닌가. 그 사람은 자기를 무시하냐면서 씩씩대더니, 흥분을 감추지 못하고 호준 씨의 얼굴을 몇 대 더 때렸다. 호준 씨는 아픈 것도 아픈 것이지만 너무 기분이 나빠 그냥 넘어갈 수 없다는 생각이 들었다. 하지만 호준 씨는 어떤 조치부터 취해야 할지 막막했다. '경찰에 신고를 해야 하는 건가?' 'TV에서 보면 소송을 하던데, 내일 아침 법원으로 가면 되는 건가?' '어디로 가야 하지?' 여러 생각이 들었다.

📋 지금 당장 필요한 응급 처치

① 수사기관에 폭행죄로 고소장을 제출하자! (형사 소송)

② 법원에 소장으로 피해에 대한 손해배상을 청구하자! (민사 소송)

상담을 진행하다 보면 호준 씨와 같은 상황에 놓인 사람들이 많다. 일단 억울한 일을 당하긴 했는데 어디로 가야 할지 몰라서 변호사와 상담을 해보는 것이다. 사실 기본적인 법률 상식만 알면 어디로 가야 하는지 스스로 판단할 수 있다.

호준 씨는 옆자리 사람에게 등과 얼굴을 맞았고 굉장히 불쾌하다. 무언가로 보상을 받고 싶은 상황. 진지한 사과를 받는 것은 물론 아마도 금전적 보상도 받고 싶을 것이다. 호준 씨는 일단 술자리에서 일어난 사건의 경우, 경찰서에 가서 조사를 받는다는 걸 뉴스에서 본 적이 있기 때문에 경찰을 찾기로 결심했다. 그런데 경찰서에 가서 조사를 받는다고 해서 과연 호준 씨를 때린 상대방이 호준 씨에게 순순히 돈을 줄까? 만약 상대방이 돈을 준다고 하면 호준 씨는 상대방이 주는 금액에 만족을 하고 용서를 해야 맞는 것일까?

어떤 사건이 발생했을 때는 우선 그 사건의 성격을 잘 판단해야 한다. 민사 사건인지 형사 사건인지 말이다. 민사 사건의 경우 민사 소송을 제기하면 절차가 시작된다. 쉽게 말해 내가 누군가에게 '돈을 달라!'라고 청구하고 싶은 경우 민사 소송을 제기하게 된다. 여기서도 알 수 있듯이 **민사 소송**은 개인과 개인 사이에 벌어지는 일이다. 누군가를 상대방으로 콕 찍어서 소송을 제기하면 그 사람과 나 사이에 민사 소송이 시작되는 것이다.

소송은 법원에서 진행되기 때문에 민사 소송을 시작하려면 법원에 소장을 제출해야 한다. 소장이란 민사 소송을 시작하게 해달라는 일종의 신청서 정도로 이해하면 된다. 소장은 일정 형식을 갖추어 작성해야 하는데, 인터넷에서 서식 검색을 하거나 대법원 '나 홀로 소송' 페이지에서 '소장 작성 방법 안내'를 검색하면 예시가 나온다. 아래의 소장 샘플을 보자. 크게 청구 취지와 청구 원인으로 나누어 작성해야 함을 알 수 있다.

소장

원고 양OO
피고 최OO

청구 취지

1. 피고는 원고에게 금 2,300,000원 및 이에 대하여 2020. 7. 17.부터 이 사건 소장 부본 송달일까지는 연 5%의, 그 다음 날부터 다 갚는 날까지는 연 12%의 각 비율에 의한 금원을 지급하라.
2. 소송비용은 피고가 부담한다.
3. 위 제1항은 가집행할 수 있다.

청구 원인

1.
2.

청구 취지란 법원에 어떠한 판결을 내려달라고 청구하는 것인지 명확하게 하는 것으로, 법원의 용어대로 작성해야 하기 때문에 일종의 공식이 있다고 할 수 있겠다. **청구 원인**에는 이러한 청구 취지를 왜 원하는지 그 이유를 적는다. 청구 원인은 청구 취지와 다르게 일정한 형식이 없기 때문에 좀 더 자유롭게 작성할 수 있다. 다만 법원에 제

출하는 것이므로 감정적인 진술은 자제하는 것이 좋다. 사실 관계 위주로 시간순, 원인순 등의 일정한 기준을 가지고 깔끔하게 작성하자.

그럼 형사 소송은 무엇인가? 민사 소송이 법원에 소장을 제출하는 것에서 시작된다면, 형사 소송도 소송이니 법원을 찾아가야 할까? 아니다. 형사 소송의 경우 내가 가장 먼저 찾아가야 하는 곳은 법원이 아닌 수사기관이다. 보통 경찰이나 검찰에 고소를 하는 것에서부터 시작한다. 수사기관에 찾아가서 '이런 저런 것들이 너무나 억울합니다!'라고 하면 수사기관은 가해자인 피고소인을 불러 조사하고 혐의가 있다고 판단되면 재판에 넘긴다. 이때 피고소인은 피고인이 된다. 또한 재판에 넘기는 기소 절차를 거치더라도 나는 형사 소송의 당사자가 아니라 고소인일 뿐이며, 당사자는 나에게 피해를 끼친 가해자인 피고인과 수사기관의 주체인 검사이다.

물론 내가 누군가로부터 고소를 당해서 그 사건이 기소되었다면, 나는 그 사건의 피고인, 즉 당사자가 된다. 하지만 언제나 그 상대방은 피해자가 아니라 검사라는 점을 기억하자. 이처럼 형사 소송은 검사가 법원에 '누군가를 처벌해주세요!', '이 사람은 이런 잘못을 한 사람입니다!'라고 요청하는 절차이다.

민사 소송에서는 소장을 제출함으로써 민사 소송 과정이 시작되었는데, 그럼 형사 소송을 시작하게 하려면 수사기관에 무엇을 제출해야 할까? 바로 소장이 아닌 고소장이다. 고소장은 고소를 하는 데 있어서 그 내용과 이유를 적은 것으로, 소장과 달리 청구 취지나 청구 원인으로 순서를 나누어 작성하지 않아도 된다. 상대방이 나에게 끼친 피해인 범죄 사실, 그 범죄 사실이 귀결되는 죄명 등을 논리적으로 육하원칙에 따라 작성하는 것으로 충분하다.

형사, 민사 동시 진행도 가능하다?

민사 소송은 법원에 소장을 접수함으로써, 형사 소송은 수사기관에 고소장을 제출함으로써 첫발을 내딛게 된다는 점을 알았다. 형사와 민사는 소송을 시작하는 시작점도 다르고 용어도 다르다. 그런데 피해자인 내가 형사와 민사 소송을 둘 다 진행하고 싶으면, 동시에 진행하는 것도 가능할까?

물론 동시에 진행할 수 있지만, 둘 중 하나만 진행할 것인지 둘 다 진행할 것인지는 신중히 판단해야 한다. 때에 따라서는 같이 진행할 수밖에 없는 경우도, 같이 진행하는 것이 유리한 경우도 있다.

그럼 형사 소송이 진행되어 피고인이 징역 몇 년 또는 벌금 얼마 등의 형벌을 받게 되었다고 가정해보자. 그건 피고인을 처벌하는 데 그치는 것이지, 나의 피해를 실질적으로 보상해주는 것은 아니다. 내 피해를 법적으로 보상받을 수 있는 유일한 수단은 금전적 피해 보상일 텐데, 형사 소송에서 그 부분까지 판단해주지는 않는다. 그래서 보통 형사 피해자들은 민사 소송도 함께 진행한다. 형사 재판에서 유죄 판결을 받을 정도의 피고인이 저지른 잘못이라면 민사적으로 보더라도 나에게 피해를 입혔다고 인정될 가능성이 매우 높기 때문에, 민사 소송도 함께 진행하며 나의 손해에 대해 보상받고자 하는 것이다. 물론 전략상 형사부터 진행한 후에 결과를 보고 민사 소송을 진행하는 경우도 있고 그 반대의 경우도 있다.

이제 호준 씨의 경우라면 어떻게 대처해야 하는지 보자. 호준 씨는 옆자리 사람으로부터 등과 얼굴을 맞았다. 누군가를 때리면 폭행죄 또는 상해죄가 성립하기 때문에 이 사건을 들고 수사기관으로 향할 수 있다. 수사기관에 가서 고소장을 제출함으로써 형사 소송으로 가는 첫걸음을 내디딜 수 있는 것이다.

고소만 하면 끝일까? 아니다. 호준 씨는 옆자리 사람으로부터 폭행을 당해 다친 곳을 치료했을 것이고 사람들 앞에서 폭행을 당해 정신적 고통도 있었을 것이다. 따라서 이러한 피해에 대해 손해배상 청구가 가능하다. 관할 법원에 소장을 제출함으로써 민사 소송을 시작할 수 있다.

형사와 민사라는 단어를 일상생활에서 많이 입에 올리지만 실제로 둘을 제대로 구분하지 못하는 사람들이 매우 많다. 이제 형사 사건과 민사 사건의 차이점을 분명히 알고 억울한 일을 당했을 때 신속히 대처하자.

비록 소액이지만 꼭 받아내고 싶어요.

#소액 심판   #나 홀로 소송   #임금 청구 소송   #대여금 청구 소송   #소가

응급 내원 사례

유림 씨는 얼마 전 아르바이트를 시작했다. 그런데 사장님이 월급을 준다고 해놓고 차일피일 미루더니, 월급을 밀린 게 어느덧 두 달이나 지났다. 가만히 있자니 너무 불안하고, 그렇다고 묵묵히 일을 하자니 자원봉사를 하는 것 같은 생각이 들어서 인터넷을 검색하기 시작했다. 아니, 그런데 이 사장님이 아르바이트계의 악덕 사장으로 유명한 것이 아닌가. 월급 지급을 미루면서 버틸 때까지 버티다가 아르바이트생이 그만두고 나가면 다른 아르바이트생을 구하는 방식으로 가게를 운영한다고 한다. 너무 화가 난 유림 씨는 당장 일을 그만두고 밀린 월급을 받아야겠다고 생각했다. '그래, 돈을 못 받았을 때에는 민사 소송을 하라고 했어!' 하지만 변호사 선임 비용은 밀린 월급보다 더 비쌌고, 여러 곳에 상담을 한 결과 청구 액수가 너무 소액이라는 이야기를 들었다. 유림 씨는 이대로 포기해야 할까?

지금 당장 필요한 응급 처치

① 청구하려고 하는 소송의 성격을 파악하자!

② 소송에서 청구하고자 하는 금액이 3,000만 원 이하인지 확인하자!

③ 소장을 작성해서 관할 법원에 제출하자!

④ 법원에서 보내는 서류의 지시에 따르자!

가끔 상담을 하다 보면 여러 가지 이유로 변호사 선임을 망설이는 사람들이 있다. 유림 씨는 경제적인 이유로 선임을 망설이는 케이스일 것이다. 그럼 변호사 선임이 힘든 사람들에게는 정녕 방법이 없는 것일까?

아니다. 이럴 때 필자는 의뢰인들에게 "나 홀로 소송도 충분히 가능하다"라고 말한다. 변호사도 없이 혼자 진행하는 소송이라니, 과거에는 불가능했을 이야기이다. 소송이 어떻게 시작이 되는지, 어디에 가서 무엇을 문의해야 하는지, 재판 진행 상황은 어떤지 소송에 대한 정보를 알기가 너무 어려웠기 때문이다. 그러나 요즈음에는 인터넷에서 조금만 검색해보더라도 손쉽게 소송 관련 정보, '나 홀로 소송'을 해본 이들 나름의 팁, 변호사를 선임했던 이들의 경험 등을 찾아볼 수 있다. 물론 인터넷에 떠도는 정보들이 다 사실은 아니기 때문에 본인에게 꼭 필요하면서도 정확한 정보를 선별하는 능력이 중요하다.

그렇다면 모두가 나 홀로 소송을 하지 왜 비싼 돈을 주고 변호사를 선임하는 것일까? 이유는 간단하다. 법률 전문가가 아닌 본인이 직접 소송을 하다가 억울하게 재판에서 지는 일을 피하기 위해서, 또는 그저 모든 것을 변호사에게 맡기고 싶은 마음에 변호사를 선임하는 것이다.

물론 맞는 말이다. 법률 전문가가 아닌 사람이 소송을 진행하다 보면, 간단한 쟁점을 놓칠 수도 있고 판사 앞에서 효율적으로 주장을 하지 못할 수도 있다. 본인이 충분히 이길 사건이었어도 작은 실수 때문에 재판 결과가 뒤바뀔 수 있다. 따라서 철저한 사전준비는 필수다.

어려움은 있지만 그래도 나 홀로 소송을 하고 싶다면? 가장 먼저 본인의 사건이 무슨 사건인지 그 성격을 파악하고, 사실 관계에 따라 쟁점을 정리해서 놓치는 부분이 없도록 해야 한다. 물론 경우에 따라서 쟁점 정리가 어려운 사건이 있을 수 있다. 법률 전문가가 아닌 당사자가 의료 소송, 부동산 소송 등 변호사들 사이에서도 전문적인 소송으로 분류되는 사건을 홀로 진행하려면 현실적으로 힘든 부분이 있다. 그러한 경우에는 최소한 변호사에게 상담을 받아서 본인 사건의 성격이나 난이도를 명확히 파악하는 것을 추천한다. 그래야 나 홀로 소송을 진행할 것인지 아닌지에 대한 마음을 굳힐 수 있기 때문이다.

그리고 실제 재판이 진행되면 법률 용어가 낯설어 쉬운 개념이라도 이해하지 못하는 경우가 있는데, 막상 무슨 의미인지 알고 보면 별것 아닌 때가 많으니 법률 용어에 대해서는 너무 겁먹지 말자. 정 모르겠다면 질문의 기회를 얻어 재판부에 질문하거나 인터넷을 찾아보며 어느 정도 감을 잡을 수도 있다. 절차적인 문제는 법원에서 송달받은 서류에 적힌 전화번호로 문의하면 확인해주니 그때마다 적극적으로 대응하면 된다.

결론은, 유림 씨와 같은 소액의 사건이라면 하나하나 차근히 준비해서 나 홀로 소송도 충분히 가능하다는 것! 유림 씨는 소액의 사건을 가지고 변호사를 선임해 진행해야 하나, 혹은 그냥 돈을 날렸다 치고 포기해야 하나 고민하지 말고 나 홀로 소송을 진행하면 된다.

**사건을 알아야
나 홀로 소송도 가능하다!**

우선 나 홀로 소송을 진행하기 전 확인해야 하는 것이 있다. 바로 '내 사건은 무슨 사건인가?'다.

일반적으로 민사 소송에서 흔히 볼 수 있는 성격의 사건은 대여금 청구 소송과 같이 '돈을 달라'고 청구하는 내용의 소송이다. 참고로 **대여금**은 내가 누군가에게 빌려주고 정해진 날짜에 받기로 한 돈이다. 그런데 돈을 갚지 않으니 소송을 하려는 것이고, 소송으로 대여금을 달라고 청구하는 것이기 때문에 **대여금 청구 소송**이라는 이름이 붙는다. 이렇게 내가 청구하려고 하는 소송의 성격이 무엇인지 파악하는 것이 나 홀로 소송의 가장 기본이다.

내 사건이 대여금 청구 소송이라는 것을 알면 인터넷에서도 보다 정확하게 검색할 수 있다. 또 변호사를 찾아가 상담을 받더라도 변호사에게 사건 내용을 쉽게 알릴 수 있어 말이 더 빨리 통할 수 있다. 참고로, 내가 임금을 못 받았다면 임금 청구 소송, 부동산을 매매하면서 받기로 한 돈을 못 받았다면 매매대금 청구 소송 등의 형식으로 소송 이름을 붙이게 된다. 이 외에 소송의 유형이 궁금하다면 대법원 나 홀로 소송 사이트에서 참고하도록 한다.

소송 성격을 파악했다면, 이후에는 소가를 확인해야 한다. 소가란 이 소송에서 청구하고자 하는 금액이다. 상대방에게 받을 대여금이 1,000만 원이 있다면 그 소송의 소가는 1,000만 원이다. 소송물 가액이라고도 한다. 만약 소가가 3,000만 원 이하인 경우에는 소액 사건으로 분류된다. 소액 사건은 담당하는 재판부가 따로 있고 그곳에서 일명 '소액 심판'을 받게 되는데, 소액 심판은 상대적으로 나 홀로 소송을 진행하기가 수월하다. 변호사 도움 없이 혼자 소송을 진행하는 사람이 많고, 그러다 보니 판사도 당사자에게 소송 절차나 소송에 필요한 부분 등을 상세히 설명해주기 때문이다. 한 소액 심판에서 판사가 소송 청구인에게 한 글자 한 글자 서류 이름을 불러주며 '이 서류를 제출하시라', '몇 월 며칠까지 법원 어디로 가서 서류를 제출하시라' 등의 조언을 해주는 것을 본 적이 있다. 다른 재판에서는 일반적으로 보기 힘든 모습이지만, 워낙 나 홀로 소송이 많은 소액 심판이다 보니 판사 역시 맞춤형으로 당사자들에게 설명을 해주게 되는 것이다.

그래서 소액 사건의 경우에는 상담을 하던 변호사가 오히려 적극적으로 나 홀로 소송을 권유하는 경우도 많다. 법리적으로 다툴 부분이 거의 없다고 봐도 될 정도로 의뢰인이 이길 것이 거의 확실한 소액 사건의 경우에는, 변호사 비용도 아낄 겸 본인 스스로도 충분히 소송을 진행할 수 있기 때문이다. 물론 소장 등의 문서를 직접 작성하고 제출하는 등의 수고는 감당해야 한다.

나는 원고인가, 피고인가?

사건의 성격과 소가를 확인했다면, 그다음은 내가 어떤 지위에 있는지 확인할 차례다. 위에서 설명한 부분은 모두 내가 소를 제기하는 입장에서 적용될 수 있는 내용이다. 그런데 반대로 내가 소를 제기하는 것이 아니라 다른 사람이 나에게 소를 제기하는 경우가 있을 수 있다. 즉, 내가 원고인지 피고인지에 따라 대응 방법도 달라진다.

① 원고라면?

내가 원고라는 것은 앞에서 설명한 것처럼 내가 소를 제기한 경우에 해당한다. 소를 제기하는 것은 소장을 법원에 제출하는 것부터 시작된다. 소장에 대한 정보는 앞의 글 〈형사와 민사〉 부분을 참고하자.

이제 작성한 소장을 법원에 접수해야 한다. 이때 주의할 사항이 있다. 소장을 법원에 제출할 때는 전국 여러 곳의 법원 중 반드시 관할 법원에 제출해야 한다는 것이다. 그렇지 않으면 절차만 지연되고 소송이 시작되지 않을 수도 있다. 피고의 주소지를 안다면 일반적으로 피고 주소지의 관할 법원에 제출하면 되고, 주소가 없거나 주소를 알 수 없는 경우에는 거소지(사실상 거주하는 곳)의 관할 법원에 제출하면 된다. 예를 들어 피고의 주소지가 서울 서초구라고 하면 관할 법원은 서울중앙지방법원이 된다. 관할 법원이 어디인지는 인터넷에서 손쉽게 찾아볼 수 있기 때문에 사실상 피고의 주소지만 알면 내가 어디에 소장을 제출해야 하는지 알 수 있다. 이것만 알아도 최소한 소송을 시작할 수 있다.

② 피고라면?

내가 피고라면 상대적으로 간단하다. 내가 처음 소송의 피고가 되었다는 것을 아는 시점은 아마도 법원으로부터 소장을 송달받은 때일 것이다. 법원에서 서류가 도착해서 열어보니 상대방이 제출한 '소장'인 경우, '내가 피고가 되었구나'라는 것을 알 수 있다. 이때 소장을 받은 피고가 소장의 내용이 다 맞는 말이라고 인정하는 경우도 있다. 하지만 일반적으로 소송까지 가게 되는 경우라면 양측 당사자가 서로 다른 주장을 하거나 반대되는 의견을 가지고 있는 때가 많다. 그럴 경우 피고의 입장에서 억울함을 호소하는 내용과 원고의 주장과 반대되는 주장을 법원에 제출해야 할 것이다. 그 내용을 담아 제출하는 문서를 **답변서**라고 한다. 피고는 답변서를 소장을 송달받은 날로부터 30일 이내에 법원에 제출해야 한다.

피고의 입장에서는 관할 법원에 대해 고민할 필요가 없다. 이미 원고가 관할 법원을 잘 찾아 소장을 제출했기 때문에 올바른 절차에 따라 피고에게 소장이 송달된 것이다. 따라서 피고는 서류에 나와 있는 대로 자신에게 소장을 송달해준 관할 법원 재판부에 답변서를 제출하면 된다.

시작이 반이라 했으니 위 내용들만 잘 숙지해도 반은 지난 것이다. 이렇게 소송이 시작되면 법원에서 지속적으로 서류들을 보내온다. 소송이 시작되었으니 '몇 월 며칠에 법원에 출석하라'라는 내용의 서류가 올 것이고 그러면 그 날짜에 안내된 장소로 가면 된다. 그 장소에 가면 내 소송의 결과를 판단해줄 판사와 상대방 또는 상대방이 선임한 변호사가 있을 것이다.

법원에 참석할 때는 메모할 것을 들고 가서 재판부가 하는 말을 잘 듣고 필요한 사항을 메모해야 한다. 만약 제출하라는 서류가 있을 경우 무엇인지 반드시 메모해뒀다가 다음 기일(다음 재판이 열리는 날) 이전에 법원에 제출해야 불이익이 없다. 간혹 판사의 말을 이해하지 못하겠다거나 상대방이 선임한 변호사가 하는 말이 이해되지 않는다면 손을 들고 재판부의 허락을 구한 후에 질문을 할 수도 있다. 그렇다고 모든 말을 다 놓치지 않겠다고 녹음기를 가져가서 녹음을 하는 것은 안 된다. 원칙적으로 법정에서의 녹음은 허용되지 않기 때문이다.

그리고 또 하나의 팁을 설명하자면, 법원으로부터 받은 서류와 법원에 제출한 서류는 늘 가지고 법정에 출석하는 것이 좋다. 변호사들이 실제로 이렇게 한다. 소송의 시작을 알리는 소장부터 답변서, 그 이후에 서로의 주장을 펼치며 오고가는 준비서면 등 소송절차 내내 원고와 피고 사이에 오고가는 서류들을 시간 순서대로 정리해서 법정에 들고 간다. 그러면 재판부가 무슨 말을 하는지 쉽게 찾아볼 수 있고 스스로도 소송을 시간 흐름대로 정리할 수 있어 도움이 된다.

소송도 결국 다 사람 사이에서 하는 일이기에 시작도 전에 겁먹을 필요가 없다. 나 홀로 소송을 하다가 정 어렵고 모르겠다면 그때 변호사의 도움을 청해도 전혀 문제되지 않는다. 그렇기에 나 홀로 소송의 전제는 자신감을 갖는 것이라고 말해도 과언이 아닐 듯하다.

요즈음에는 나 홀로 소송을 진행하기 위해 참고하면 좋은 사이트들이 많다. 사이트에 들어가 보면 절차 안내도 상세히 되어 있고 필요한 서식이나 판례도 찾을 수 있어 유용하다. 아래 사이트를 참고하자.

응급 로펌의 처방 ⚖️

* '나 홀로 소송'에 도움 되는 참고 사이트
대법원 나 홀로 소송 pro-se.scourt.go.kr/wsh/wsh000/WSHMain.jsp
대한법률구조공단 www.klac.or.kr
종합법률정보 glaw.scourt.go.kr

법적 문제가 생기지 않게
확실히 해두고 싶어요. →

#내용증명 #배달증명 #증거 수집

🚨 응급 내원 사례

석호 씨는 한 회사와 매니지먼트 계약을 체결했다. 그런데 회사는 계약 내용을 제대로 이행하지 않았고, 이에 석호 씨는 몇 번이나 회사에 항의했다. 그럼에도 불구하고 회사는 묵묵부답이었고, 이제 석호 씨와 회사는 서로 연락을 안 한 지 두 달이 다 되어간다. 이 정도면 서로 계약을 이행하지 않겠다는 의사가 있음이 어느 정도 분명해 보였다. 석호 씨는 일을 크게 만들고 싶은 생각은 없고 다만 계약을 파기하고 싶을 뿐이다. 회사에 찾아가서 이야기를 하자니 괜히 부딪치게 될 것 같아 싫었고, 그렇다고 가만히 있자니 이 계약 때문에 다른 회사와 계약을 체결할 수 없는 상황이다. 석호 씨는 어떻게 하면 좋을까?

📋 지금 당장 필요한 응급 처치

① 발신인과 수신인, 발신 날짜, 내용이 명확히 기재된 내용증명을 작성하자!

② 발신인, 수신인, 우체국이 나누어 가질 만큼의 부수를 준비하자!

③ 우체국에 가서 서류를 제출하고 내용증명을 보내겠다고 말하자!

석호 씨의 입장은 참 애매하다. 가장 확실한 방법은 소송을 제기하는 것이겠지만, 굳이 그 방법까지 쓰지 않더라도 상대방이 자신의 요구를 받아들이게 만들고 싶을 것이다. 다만 전화나 문자로 요구하면 그 호소력이 떨어지는 것 같아 조금 더 공식적인 창구가 있으면 하는 바람일 것이다. 실제로 이런 경우는 굉장히 많다. 대부분의 사람은 소송에 대해 기본적으로 두려움, 걱정, 거부감 등을 느끼기 때문에 웬만하면 소송까지 가지 않고 그 전에 다른 방법을 찾고 싶어 한다.

다른 사람의 소송을 도와주는 직업을 가진 필자 역시 마찬가지이다. 살면서 소송에 휘말리지 않는 것이 가장 좋다는 지론을 가지고 있고, 사적인 일이라면 웬만해서는 굳이 마지막 카드라고 볼 수 있는 소송까지는 가지 않고 일을 해결하는 것이 낫다는 생각이다. 그렇다면 달리 무슨 뾰족한 수가 있을까? 있다. 이러한 경우에는 **내용증명**이 모든 것을 해결해주는 열쇠가 될 수 있다.

내용증명이라는 말은 아마 한 번쯤 들어봤을 것이다. 과거 한 예능 프로그램에서 연예인들끼리 티격태격하다가 그중 한 명이 "내용증명 받을 준비하세요!" 하고 외치는 걸 본 적도 있다. 내용증명이라는 말을 처음 접하는 이들에게는 생소하고 어렵게 느껴질 수 있지만, 사실 알고 보면 별것 아니다.

내용증명이란 우편 발송의 형태 중 하나라고 보면 된다. 발신인이 어떤 날짜에 누구에게 어떠한 내용으로 문서를 발송했다는 것을 공식적으로 남겨놓는 차원에서 사용된다. 공식적으로 남겨놓는다는 것은 발신인과 수신인 외에 누군가가 보증을 해준다는 것인데 우체국이 그 역할을 한다. 그래서 내용증명을 발송할 때에는 발신인, 수신인, 우체국이 나누어 가질 만큼의 부수를 가지고 가야 한다. 예를 들어 발신인이 1명, 수신인이 2명인 내용증명이라고 한다면 총 4장을 우체국에 가지고 가서 "내용증명 보내려고 합니다"라고 말하면 된다.

내용증명을 보내는 이유는 다양하다. 석호 씨의 경우처럼 소송까지 가기는 애매한 경우에 활용되기도 하고 아니면 소송에 본격 돌입하기 전 증거를 수집하는 차원에서 이용되기도 한다. 내용증명은 다양한 상황에서 해결사 역할을 하기 때문에 그만큼 활용도가 높다고 할 수 있다.

내용증명,
어떻게 보낼까?

석호 씨가 회사에 내용증명을 보낸다고 가정해보자. 내용증명에는 달리 형식이 없다. 다만 발신인과 수신인, 발신 날짜, 내용이 명확하게 기재되어 있으면 된다.

```
                              내용증명

        발신인: A
              서울시 서대문구 아현동 00-0

        수신인: 회사
              서울시 강남구 청담동 00-0

        발신일자: 2020. 12. 1

        1. 2020. 1. 1. A와 회사 사이에 맺어진 계약은 해제되어야 합니다. 회사는 지속적으
           로 계약을 위반하였고 계약 7조에 따라 A는 회사에 계약 해제권을 행사할 수 있습
           니다.
        2. 2020. 12. 11.까지 회사로부터 답변이 없으면 이에 대한 이의 제기가 없는 것으
           로 간주하겠습니다.

                                                              A (인)
```

대략 이런 형식이 될 것이다. 제목은 꼭 '내용증명'이 아니어도 된
다. 최고를 하는 것이면 **최고장**, 통지를 하는 것이면 **통지서** 등으로
해도 무방하다. 중요한 것은 내용이다. 내가 무슨 내용으로 수신인
에게 이 내용증명을 발송하는 것인지가 명확하면 된다.

이렇게 내용증명을 보냈을 때 상대방의 대응을 크게 세 가지 정도
로 예상해볼 수 있다. 첫째, 석호 씨가 내용증명을 보냈는데 회사에
서 아무런 대답이 없다. 그러면 석호 씨는 소정의 목적을 달성한 것
이라고 볼 수 있다. "답변이 없으면 받아들인 것으로 안다"라는 자신
에게 유리한 내용을 넣음으로써 추후에 이 문제로 분쟁이 생겼을 때
상대적으로 책임을 덜 질 수 있다. 예를 들어 나중에 회사가 이것을
문제 삼아 법정에 서게 되었을 때, 석호 씨는 "내가 이렇게 내용증명

을 보내 조율하고자 하였을 때 회사는 무책임하게 방관했다"라는 주장을 할 수 있을 것이다.

둘째, 회사에서 석호 씨가 보낸 내용과 비슷한 내용으로 석호 씨 입장에서 긍정적인 답변을 보내올 수도 있다. 물론 현실에서 이런 경우는 드물다. 보통 분쟁이 있고 입장이 대립하는 경우에 내용증명을 보낼 생각을 하게 되기 때문에 상대방의 입장은 내 입장과 다른 경우가 대부분이다. 따라서 회사가 석호 씨에게 "당신이 보낸 내용증명에 동의합니다"라는 내용으로 답장을 보내올 가능성은 희박하다.

마지막은 가장 흔한 사례로, 상대방이 나의 내용증명을 전적으로 부정하면서 소위 '말도 안 되는 소리'라는 내용의 반박 내용증명을 보내는 것이다. 즉, 회사가 석호 씨에게 "이 계약을 석호 씨가 주장하는 것처럼 없던 일로 할 수 없으니 남은 계약 기간 동안 어떻게 해서든 계약 내용을 이행하라"라고 반박 내용증명을 보내 석호 씨의 주장에 반대하는 상황이다. 이렇게 상대방이 반박을 해오면 분명 내 입장에서도 할 말이 생길 것이다. 그렇게 되면 수차례 내용증명을 주고받게 된다. 가끔 내용증명 발송 업무를 의뢰해오는 의뢰인들이 있는데, 이런 경우 상대방 역시 변호사를 선임해 반박 내용증명을 보내온다. 주고받는 횟수에 제한이 있는 것은 아니기 때문에 수개월에 걸쳐 내용증명이 오고가는 경우도 있고, 아니면 한두 차례 주고받다가 한쪽이 민사 소송을 제기해서 소송으로 문제를 해결하게 되는 경우도 있다.

이렇게 내용증명을 주고받다가 소송으로 가게 되면 가장 먼저 증거로 제출하는 것이 바로 주고받았던 내용증명이다. 이 내용증명들은 당연히 법원에서 증거로 인정이 되고, 스모킹 건(결정적 증거)까지의 역할은 하지 못하더라도 중요한 증거들 중 하나가 된다. 재판부 입장에서도 내용증명은 소송이 발생하기 전까지 당사자들이 어떤 이야기를 주고받았고 서로에게 어떻게 대응해왔는지를 판단하는 자료가 된다. 내용증명은 이렇게 법원에 제출될 수 있는 자료이므로 최대한 감정적인 표현은 자제해서 작성하는 것이 좋다. 아무리 당사자들끼리 주고받는 문서라고 하더라도 상대방을 자극하는 내용이나 쟁점과 무관한 넋두리 등의 표현은 삼가는 것이 좋다. 법원에 고스란히 제출되는데 괜히 나쁜 인상을 남길 필요는 없다.

참고로 내용증명과 비슷하다면 비슷하고 다르다면 다른 배달증명도 알아두자. 배달증명은 상대방이 내가 보낸 문서를 언제 받았는지를 확인해주는 배달 제도이다. 역시 이를 확인하고 보증해주는 주체는 우체국이다. 즉, 내용증명이 어떠한 내용의 문서를 보냈는지를 확인해준다면, 배달증명은 그 포인트가 '시점'으로, 언제 받았는지를 증명해주는 것이다. 배달증명은 상대방이 어떤 날짜에 이것을 받았는지가 중요한 쟁점일 때 활용하는 것이 좋다.

돈 없다고 다 국선 변호인을 선임할 수 있는 건 아니라고요?

#국선 변호인 #피고인 방어권 #명예훼손죄 #국민 참여 재판

🚨 응급 내원 사례

민정 씨는 TV에 출연한 한 평론가가 자신이 좋아하는 연예인에 대해 혹평하는 것을 들었다. 화가 난 민정 씨는 '너도 한번 당해봐라'라는 심정으로 인터넷 커뮤니티에 그에 대해 험담하는 글을 올리기 시작했다. 처음에는 단순히 '평론이 이상하다', '말을 너무 못한다'라고 시작했지만 여기저기 글을 쓰다 보니 보다 구체적일 필요가 있을 것 같아 없는 이야기를 지어내기 시작했다. '며칠 전 한 백화점에서 그 평론가를 봤는데 점원에게 갑질을 하고 있더라' 등등 시원하게 글을 쓰고 나니 민정 씨의 마음은 한결 가벼워졌다. 그런데 며칠 후 경찰에서 연락이 왔다. 그 평론가가 민정 씨를 정보통신망법상 명예훼손으로 고소한 것이다. 겁이 난 민정 씨는 변호사가 필요하단 생각이 들었다. 그러다 '난 돈이 없는데, 국선 변호인을 찾아봐야겠다!'라는 생각에 이르렀다.

📋 지금 당장 필요한 응급 처치

① 국선 변호인은 개인이 선임할 수 없다. 사선 변호인을 찾아가자!

② 무료로 법률 서비스를 받을 수 있는 대한법률구조공단과 같은 상담센터를 찾아보자!

　　민정 씨는 형사 고소를 당하는 위기에 처하자 **국선 변호인**을 먼저 떠올렸다. 이처럼 많은 사람들이 '국선 변호인은 무료'라는 생각으로 법적 문제가 생기면 국선 변호인부터 찾아 나선다. 그럼 민정 씨는 그 뜻대로 국선 변호인을 선임할 수 있었을까? 아니다. 국선 변호인은 선임하고 싶다고 해서 아무나, 아무 때나 선임할 수 있는 것이 아니다.

어떤 경우에 국선 변호인을 선임할 수 있을까?

　　국선 변호인은 형사 피고인이 스스로 변호사를 구할 수 없는 경우에 피고인의 방어권을 위해 국가가 변호인을 대신 선임해주는 제도이다. 일정한 조건이 있는데, ① 피고인이 구속된 때, ② 미성년자, 70세 이상의 노인, 농아자, 심신장애자의 의심이 있는 때, ③ 사형, 무기 또는 3년 이상의 징역이나 금고에 해당하는 사건으로 기소된 때로, 변호인이 없다면 법원은 직권으로 국선 변호인을 선정해준다. 직권으로 선정해준다는 의미는 피고인이 굳이 신청하지 않아도 법원이 알아서 판단해 변호인을 선정해준다는 뜻이다.

　　피고인 박근혜 전 대통령의 형사 재판을 맡고 있던 변호인단이 전

원 사퇴했을 때 법원에서 국선 변호인단을 선정한 것도 이와 같은 예로 볼 수 있다. 피고인은 구속된 상태였고 3년 이상의 징역에 해당하는 사건으로 기소된 상태였다. 따라서 법원이 피고인의 신청이 없었더라도 직권으로 국선 변호인단을 선정한 것이다. 또한 당시 총 5명을 선정한 이유는 사건의 양이 워낙 방대하고 쟁점도 많아 국선 변호인 한 명으로는 도저히 수행할 수 없다는 판단이 있었기 때문이다. 일반 개인 사건에서 여러 명이 선정되는 경우는 드물다.

만약 피고인이 '돈이 없어서 사선 변호인을 선임할 수 없으니 국선 변호인을 선정해주길 원한다'라고 청구하면 법원은 국선 변호인을 선정해줄 수 있다. 또한 피고인의 연령, 지능 및 교육 정도 등을 참작해 권리 보호를 위해 필요하다고 인정하는 때에도 피고인의 명시적 의사에 반하지 아니하는 범위 안에서 국선 변호인을 선정하게 된다.

즉, 형사 사건의 진행 중에 국선 변호인이 내 사건을 맡아 도와주기 위해서는 반드시 법원의 개입이 있어야 한다는 것이다. 개인이 직접 국선 변호인에게 찾아가서 '내가 경제적으로 어려운 상황이니 당신이 저의 국선 변호인이 되어 주면 좋겠습니다'라고 말한들 의미가 없다. 이렇게 직접 찾아가서 선임하는 것은 국선 변호인이 아니라 사선 변호인에게만 할 수 있는 일이다.

실제로 사선 변호사에게 연락해 자신의 국선 변호인이 되어줬으면 좋겠다고 말하는 사람들이 있다. 그러나 그때 그 변호사가 할 수 있는 대답은 하나다. 재판이 개시되면 법원에 가서 판사에게 말해보라는 것이다. 사람들이 국선 변호인이라는 단어를 많이 들어보긴 했지만 실제로 어떻게 운영이 되고 어떠한 취지를 가진 제도인지에 대해서는 잘 이해하지 못하고 있는 듯하다.

내 판단이 재판에 영향을 미친다?
국민 참여 재판

🚨 응급 내원 사례

희성 씨는 어느 날 우편물을 하나 받았다. 법원에서 온 출석 통지서였다. 순간 희성 씨는 가슴이 철렁 내려앉았다. 평생 남의 물건을 탐하지 않고 정직하게 살아왔는데 무슨 일로 법원에서 자신을 부르나 싶어 갑자기 놀랐던 것이다. 자세히 읽어보니 배심원 후보자로 선정이 되었다는 내용과 함께 국민참여 재판이라는 제도에 대해 나와 있었다. 난생 처음 듣는 제도에 희성 씨는 어안이 벙벙했다. 그러다 불현듯 영화의 한 장면이 떠올랐다. '그럼 내가 피고인의 처벌을 좌지우지하게 되는 건가?' 희성 씨는 영화의 주인공이 된 것 같은 설레는 마음에 출석 날짜를 기다리게 되었다.

희성 씨의 경험은 대한민국 국민으로서 20세 이상이면 누구나 할 수 있는 경험이다. 물론 일정한 전과가 있거나 군인, 경찰, 법원, 검찰 직원 등은 제외된다. 법원은 배심원 후보자 명부에서 일정한 인원에게 출석 통지서를 보내고, 그중에서 적절한 사람을 골라 배심원단으로 구성한다. 배심원은 희성 씨가 떠올린 영화의 한 장면처럼 형사 재판에 참여해 증거조사라든지, 피고인 신문, 구형 등 형사 재판 전반을 보고 최종 판단을 하게 된다. 다만, 할리우드 영화와의 차이점이라고 한다면 우리나라 배심원이 평결을 내리더라도 판사는 이 배심원의 결정에 반드시 따를 필요가 없다는 것이다.

배심원이 참여하는 배심 재판을 **국민 참여 재판**이라고 부른다. 2008년 1월부터 전국 법원에서 시행되고 있다. 물론 모든 사건이 국민 참여 재판으로 진행되는 것은 아니다. 초기에는 살인, 강간, 마약 등 중형이 예상되는 형사 사건 중에서 피고인이 범죄를 부인하는 사건을 대상으로 했다. 그러나 점차 그 범위는 확대되고 있다.

배심원이 유무죄와 양형에 대해 평결을 하더라도 이것이 실제 재판의 결과로 이어지지 않는다면 굳이 왜 국민 참여 재판을 하는 것인지 의문을 가질 수 있다. 그러나 국민 참여 재판은 과거 법조인들의 전유물로 여겨졌던 법원에서의 결정, 재판의 참여에 대해 일반 시민도 함께할 수 있게 되었다는 점에서 의미가 있다. 법원에서 내리는 모든 결정들이 사실 일반 시민의 법 감정과 부합하게 판단되어야 하는 측면도 있기 때문이다. 국민 참여 재판은 보다 성숙한 재판 문화와 공정한 판결에 이르기 위한 여러 노력 중 하나라고 보아야 할 것이다. 시민의 입장에서 보더라도, 평소 참여 자체가 어렵게 느껴졌던 재판에 공식적으로 참여할 권리를 부여받아 소임을 다하는 것이 의미 있게 느껴질 것이다.

국민 참여 재판과 일반 형사 재판은
무엇이 다를까?

국민 참여 재판은 일반 시민이 참여하기 때문에 법원에서 보다 이해하기 쉬운 설명들로 재판이 진행된다. 만약 판사, 검사, 변호사라는 삼각 구도로 재판이 진행된다면 법조인들만 이해할 수 있는 법률 용어로 가득한 재판이 될 것이다. 법조인끼리는 굳이 법률 용어 하나하나를 설명하고 넘어가야 할 필요가 없기 때문이다. 그러나 배심원이 있다면 이야기는 다르다. 변호사는 배심원에게 호소하기 위해 보다 이해하기 쉬운 자료를 따로 준비해 프레젠테이션하듯 설명하기도 하고, 검사 역시 증거들을 직접 보여주며 자세히 짚고 넘어간다. 할리우드 영화나 법정 드라마에서 보는 재판의 장면과 흡사한 장면이 연출되는 것이다.

또한 국민 참여 재판은 재판 시간이 매우 길다. 배심원이 없다면 판사, 검사, 변호사, 피고인만 모여 재판을 진행하면 되기 때문에 비교적 시간을 잡기도, 또다시 모이기도 용이하다. 하지만 배심원은 각자의 생업이 있는 일반 시민들이고 여러 명을 이 시간, 저 시간에 부르는 것도 현실적으로 불가능하다. 따라서 하루 종일 걸리더라도 그 사건 하나에 대해 집중 심리를 한다. 그렇게 해서 최대한 당일에 끝내거나 아니면 연속한 최소한의 일자 내에는 재판을 끝내려고 노력한다. 일반 형사 재판이 매주 혹은 격주 간격으로 수차례의 기일을 거쳐 진행되는 것에 비하면 국민 참여 재판은 초스피드 재판으로 볼 수 있다.

청주지방법원에서는 2008년부터 9년 동안 열린 국민 참여 재판 사건들이 모두 배심원 평결과 법원의 실제 판결이 100% 일치한 것으로 나타났다. 물론 100% 일치율을 보인 곳은 청주뿐이었지만, 전국 법원 기준으로 일치율이 평균 93.1%라고 하니 그 외 법원들의 경우도 매우 높은 일치율을 보였다고 평가할 수 있다. 그만큼 배심원단이 적극적으로 재판에 참여해 사건을 깊이 있게 이해했고 적극적으로 평결에 참여했다는 의미로 판단된다. 국민 참여 재판 도입 10년이 넘은 지금, 제도는 과도기를 무사히 지나 안정적으로 정착한 듯하다.

판결이 났는데,
읽는 법을 모르겠어요!

#재판 #판결문 #민사 소송

응급 내원 사례

대현 씨는 가볍게 알고 지내던 지인 소리 씨의 간곡한 요청으로 비상금으로 모아두었던 200만 원을 빌려주었다. 그러나 변제일이 다가와도 소리 씨는 돈을 갚지 않았고, 날짜가 한참 지나서야 그중 절반인 100만 원을 변제했다. 그런데 소리 씨가 빌린 돈을 다 갚지도 않았으면서 지인을 내세워 돈을 모두 변제했다고 억지를 부리는 게 아닌가? 화가 난 대현 씨는 소리 씨에게 민사 소송을 청구했고, 재판은 판결이 났다. 그러나 대현 씨는 판결문을 어떻게 해석해야 할지 머리가 아프다.

지금 당장 필요한 응급 처치

① 판결문의 '주문' 부분을 살피면, 원고와 피고 중 누가 승소했는지를 알 수 있다!

② 판결문의 주문과 소장의 청구 취지를 비교해보면, 원고는 법원이 얼마만큼 자신의 판단을 받아들여줬는지를 알 수 있다.

③ 판결문의 '이유' 부분을 보고, 법원이 어떤 사실을 인정하고 어떤 사실은 인정하지 않는지 확인한다.

④ 만약 항소하는 경우, 민사 사건이라면 판결문을 받은 날 기준으로 14일, 형사 사건이라면 선고한 날 기준 7일이 불복 기간임을 잊지 말자.

먼저 아래의 판결문을 살펴보자.

서울중앙지방법원
제1민사부
판 결

사 건   2020가단0000 대여금
원 고   김대현
피 고   최소리
변론종결   2020. 2. 3.
판결선고   2020. 2. 17.

주 문

1. 피고는 원고에게 금 1,000,000원 및 이에 대하여 2019. 11. 1.부터 2019. 12. 1.
   까지는 연 5%의, 그 다음 날부터 완제일까지는 연 12%의 각 비율에 의한 금원을
   지급하라.
2. 소송비용은 피고의 부담으로 한다.
3. 제1항은 가집행할 수 있다.

청 구 취 지

피고는 원고에게 금 1,000,000원 및 이에 대하여 2019. 11. 1.부터 2019. 12. 1.까
지는 연 5%의, 그 다음 날부터 완제일까지는 연 12%의 각 비율에 의한 금원을 지급
하라.

이 유

1. 원고가 피고에게 2,000,000원을 대여한 사실에는 당사자 사이에 다툼이 없다.
2. 피고는 원고에게 대여금 전액을 변제하였다고 항변한다.
   살피건대, 성립에 다툼이 없는 을제1호증(무통장입금증), 변론 전체 취지에 의하여
   진정성립이 인정되는 을제2호증(확인서)의 각 기재에 변론 전체의 취지를 더하여
   보면, 피고가 2019. 10. 1. 원고에게 금 1,000,000원을 지급한 사실이 인정된다.
   대여금 전액을 변제하였다고 증언한 증인 김증인의 증언은 믿기 어려우며 달리 반
   증이 없다.

(생략)

판결문의 대략적 형식은 주문과 이유로 구성되어 있다. 주문이라는 것은 법원이 당사자인 원고와 피고들에게 내리는 판단이다. 실질적으로 판결문의 핵심은 주문이다. 주문을 보면 원고가 이겼는지, 피고가 이겼는지를 알 수 있으니 당사자들은 판결문을 받으면 주문부터 살피게 된다.

주문 아래 **청구 취지**는 소장에 적힌 청구 취지를 그대로 옮겨놓은 것이다. 원고가 피고에게 민사 소송을 제기할 때 제출하는 소장에는 청구 취지와 청구 원인을 적어야 한다. 청구 취지에는 '법원에서 이렇게 판단을 해주길 바란다'는 내용으로, 쉽게 말해 본인이 원하는 법원의 판결을 적는 것이다. 그리고 청구 원인은 그 청구 취지대로 이 소송을 제기하게 된 원인을 말한다. 소장에 적힌 청구 취지를 판결문에 그대로 적어놓는 이유는 주문과 비교하기 용이하기 때문이다. 나란히 적힌 주문과 청구 취지를 보면서 원고는 자신이 청구한 청구 취지와 주문의 차이는 무엇인지 볼 수 있게 되고, 결국 자신이 법원에 원한 판단 중에서 얼마만큼 법원이 자신의 판단을 받아들여줬는지를 알 수 있는 것이다. 만약 원고가 청구한 것이 모두 받아들여지는 판결을 받은 경우, 주문 아래 청구 취지 부분에는 '주문과 같다'라고 나온다.

판결문의 **이유**는 소장의 청구 원인과 같은 역할을 한다. 말 그대로, 판결문의 주문이 나오게 된 이유에 대해 상세히 적는 곳이다. 주문 못지않게 이유도 중요하다. 만약 판결문을 받고 원하는 결과가 나오지 않아 항소나 상고를 하게 되면 판결문의 이유를 보고 조목조

목 반박함으로써 다음 심급에서 보다 나은 결과를 꾀할 수 있기 때문이다.

판결문의 이유에는 '공식'이 숨어 있다

판결문의 이유를 보면 마치 판결문은 수학공식 같다는 생각을 하게 된다. 우선, 가장 먼저 등장하는 내용은 원고와 피고 사이에 다툼이 없는 사실이다. 그 사실에 대해서는 원고와 피고가 다투지 않기 때문에 법원에서도 이를 두고 왈가왈부할 필요가 없다. 그래서 그 부분은 다툼 없는 사실로 정리하고 넘어간다.

그다음은 법원이 인정하는 주장의 내용과 더불어 그 주장을 인정하게 된 근거를 나열한다. 가령 원고가 주장하는 "피고가 돈을 100만 원밖에 안 갚았다"라는 주장을 인정할 것인데, 그 근거는 증거1, 증거2, 증거3이라는 식으로 그 근거를 나열하는 것이다.

소송이 시작되면 양측은 온갖 증거를 법원에 제출하고 증인 신문도 여러 명에 대해 진행하는 경우가 다반사다. 양측이 전혀 다른 주장을 하면서 서로의 말이 맞다며 제시하는 증거들을 모두 믿어버리면 이도저도 아닌 결론이 나오게 되거나 아니면 아예 결론을 낼 수 없는 상황이 생길 것이다. 따라서 이러한 경우 결국 법원은 어떤 증거들을 믿을 것인지 어떤 증거들이 의미 있는 증거인지를 결정하고, 그 증거들이 '사실'이라고 말하고 있는 주장에 대해 인정하게 된다.

즉, 〈수많은 증거들 중에서 의미 있는 일부 증거 + 신빙성 있는 증인 신문 = 법원이 인정하는 주장〉이라는 공식과 같다. 판결문의 이유 하나하나 이와 같은 골자로 구성이 된다.

그리고 이렇게 인정한 하나하나의 주장들이 모두 모이면 법원의 최종 판단인 '주문'이 도출되는 것이다. 따라서 판결문 전문을 읽어 보면 굉장히 논리적이다. 대략 이와 같은 논리 구조를 큰 틀로 생각 하고 판결문을 읽어나가다 보면 보다 이해가 쉬울 것이다.

증거1 + 증거2 + 증거3 = 주장1
증거6 + 증거7 + 증거8 = 주장4
증거9 = 주장6
⇒ 주장1 + 주장4 + 주장6 = 결론

물론 이렇게 읽어나가더라도 어려운 문구나 법률 용어 때문에 이 해가 쉽지 않을 수 있다. 판결문에 자주 등장하는 문구가 있는데, 우 리가 평소에 말을 하거나 글을 쓸 때에는 잘 쓰지 않는 표현이기 때 문에 자주 봐야 적응이 된다. 그럴 땐 그 문구들의 뜻을 짐작만 하고 큰 의미를 두지 않은 채 핵심 단어만 체크해서 법원이 어떤 사실을 인정하고 어떤 사실은 인정하지 않는 것인지만 잘 파악해도 다음 단 계의 대응 전략을 잘 세울 수 있을 것이다.

불복 기간을 꼭 지키자

참고로, 이렇게 판결문을 받은 후 잊지 않고 체크해야 하는 사항이 있다. 바로, 불복 기간이다. 불복 기간이란 어떤 판결에 대해 받아들일 수 없어 항소를 하거나 상고를 하는 등의 행위를 할 때 지켜야 하는 기간이다. 이것을 지키지 않으면 아무리 내가 법원에 찾아가 서류를 제출한들 받아주지 않는다.

만약 내가 항소를 하는 경우, 민사 사건이라면 판결문을 받은 날 기준으로 14일, 형사 사건이라면 선고한 날 기준 7일이 불복 기간임을 잊지 말자. 민사와 형사는 불복 기간도 다르고 그 기간이 시작되는 기산점도 각각 판결문을 받은 날, 선고한 날로 다르기 때문에 철저한 확인이 필요하다. 기간 하나를 준수하지 못해 나의 소중한 권리를 박탈당할 수도 있으니 꼭 체크하자.

2장

직장 · 근로 🔍

▼

#근로기준법

#퇴직금

#실업 급여

#연차, 유급 휴가

#출산 휴가, 육아 휴직

#임금 체불, 최저 임금

아르바이트생이라고 근로계약서를 안 써줘요.

#아르바이트생 #근로계약서 #사용자 #근로자 #임금 #근로 시간

응급 내원 사례

정호 씨는 갓 대학을 졸업한 취준생이다. 본격적인 취업 전에 용돈이라도 벌 생각으로 저녁 시간대에 음식점 아르바이트를 하기로 했다. 일을 할 때에는 반드시 근로계약서를 작성해야 한다고 어디에선가 들은 기억이 난 정호 씨는 사장님께 근로계약서 이야기를 꺼냈다. 그런데 사장님은 "무슨 알바생이 근로계약서냐"라고 버럭 화를 내면서 정호 씨의 요구를 묵살해버렸다. 정호 씨는 '그래, 내가 정규직도 아니고 알바생인데 그냥 다녀야겠다'는 생각이 들어 근로계약서를 작성하지 않고 일을 시작했다. 일을 한 지 한 달이 지나 월급 날짜가 되었다. 그런데 사장님은 내일 주겠다며 월급 지급을 하루 이틀 미루더니, 급기야 2주가 지났다. 화가 난 정호 씨가 항의하자 사장님은 "말 안 듣는 사람 굳이 쓸 생각 없다"며 정호 씨를 해고했다.

지금 당장 필요한 응급 처치

① 나의 임금과 근로 시간을 증명할 수 있는 증거를 모으자!

* 증거: 출퇴근 기록, 대중교통 기록, 문자, 카톡, 이메일 등

② 근로계약서 미작성으로 '고용노동부 홈페이지'에 접속해 신고하자!

* 고용노동부 홈페이지(www.moel.go.kr) > 민원 > 민원신청 > 기타 진정 신고서 신청!

필자가 20대 초반일 때만 해도 근로계약서를 작성하고 아르바이트를 하는 경우가 정말 드물었다. 패밀리 레스토랑에서 일한다던 친구, 카페에서 일한다던 친구 그 누구도 근로계약서를 작성하고 일한 적이 없다. 사실 그때는 근로계약서의 필요성 자체를 잘 몰랐고, 계약서를 작성한다 하더라도 어떻게 작성하는지를 몰라서 어리둥절했을 거란 생각이 든다. 그래도 요즈음에는 인식의 변화 때문인지 정보가 원활히 잘 제공되어서인지 근로계약서에 대해 묻는 어린 학생들이 많아졌다. 이제 근로계약서의 중요성을 잘 알고 있는 사람들이 참 많아졌다는 걸 느낀다. 인터넷상에도 근로계약서에 대한 정보가 풍부해 개인적으로도 쉽게 그 내용을 찾아볼 수 있다. 그만큼 사회적 차원의 홍보가 많이 이루어진 덕분인 듯하다.

근로계약서는 쉽게 말해 우리가 일을 할 때, 회사와 근로자 사이에 체결하는 계약이다. 그럼 근로자와 회사 사이에서 가장 중요한 내용은 무엇일까? 바로 '시간'과 '돈'이다. 근로자는 일정 시간 동안 일을 하고, 회사는 그에 대한 대가로 돈을 지급하는 것이 노사 관계에서 가장 핵심이기 때문이다. 근로계약서는 바로 이러한 핵심 내용을 담는다. 따라서 근로자라면 근로계약서를 내가 어딘가에서 일을 할 때 '가장 기본적으로 거쳐야 하는 첫 단계'로 인식해야 한다.

보다 구체적으로 근로계약서에 담기는 내용들을 살펴보자. 계약서에는 임금, 소정 근로 시간, 주휴일, 연자 유급 휴가 등과 관련된 내용이 담겨 있다. 합의해야 할 항목이 많아 보여 계약서 자체에 압박감을 느끼는 사람도 있을 것이다. 생애 처음 계약서를 작성하는 알바생이나 사회 초년생들은 더욱 그럴 것이다. 필자 역시 그랬다. 대학교 4학년 때 프리랜서 형식으로 취직이 되어서 계약서를 작성해야 했는데, 다 된 계약서에 도장을 찍을 때가 되니 '혹시 사기를 당하는 것은 아닐까?', '잘못 썼다가 내 발목을 잡는 것은 아닐까?' 별별 생각이 들며 덜컥 겁부터 났다. 그러나 근로계약서의 내용만 스스로 잘 숙지하고 작성한다면 그런 걱정은 전혀 할 필요가 없다.

내가 근로자의 입장에서 일을 시작할 때 무엇이 가장 중요할지를 생각해보면 근로계약서의 내용도 어렵지 않다. 아마 하루에 몇 시간을 일해야 하는지, 휴가는 언제 얼마나 갈 수 있는지, 월급은 얼마인지 등이 가장 궁금할 것이다. 바로 이러한 내용이 근로계약서에 담긴다고 생각하면 쉽다. 즉, 근로계약서란 내가 회사에서 일을 할 때 궁금할 법한 내용들을 누구나 딱 봐도 알 수 있도록 적어놓는 것이다. 그래야만 혹시 나중에 문제가 생겼을 때 근로계약서를 근거로 '우린

근로기준법 제17조 (근로조건의 명시)
제1항. 사용자는 근로계약을 체결할 때에 근로자에게 다음 각 호의 사항을 명시하여야 한다. 근로계약 체결 후 다음 각 호의 사항을 변경하는 경우에도 또한 같다.
1. 임금
2. 소정 근로 시간
3. 제55조에 따른 휴일
4. 제60조에 따른 연차 유급 휴가
5. 그 밖에 대통령령으로 정하는 근로조건

이렇게 합의했다'라고 주장할 수 있다. 일을 하는 데 있어서 가장 기본적이고 필수적인 사항을 정해놓으면, 그만큼 나중에 분쟁이 발생할 가능성이 훨씬 적다. 그리고 혹시나 분쟁이 발생하더라도 해결이 비교적 쉬워지기 때문에 근로계약서는 반드시 작성해야 한다.

그러나 여전히 많은 일터에서 근로계약서를 작성하지 않은 채 직원을 채용하고 있다. 직원 입장에서도 일할 자리를 찾기 힘든 요즘 같은 시대에 사장님이 근로계약서 작성을 꺼려하면 더 간곡하게 요구하기가 힘들어진다. 정호 씨의 경우도 마찬가지이다. 처음에 정호 씨는 근로계약서를 작성하고 일을 시작하기로 마음먹었지만, 사장님이 그 의견을 묵살하자 더 강하게 요구하지 못하고 그냥 일을 시작했다.

필자 역시 비슷한 경험이 있기 때문에 정호 씨의 마음을 백 번 이해한다. 필자도 일을 처음 시작할 때는 사실 근로계약서를 작성해야 한다는 것 자체도 모르고 있었다. 그런데 한 지인이 계약서를 써야 한다고 조언해줬던 기억이 난다. 이에 용기를 내 회사 선배에게 근로계약서 이야기를 꺼냈는데, 알고 보니 선배들 중 근로계약서를 쓴 사람이 아무도 없는 것이었다. 결국 회사에 더 이상 근로계약서 이야기를 꺼내지 못했고, 그 채로 약 1년간 근로계약서 없이 일했다. 다행히 월급이 밀리는 일도 없었고 회사를 그만둘 때에는 퇴직금노

제2항. 사용자는 제1항 제1호와 관련한 임금의 구성항목·계산방법·지급방법 및 제2호부터 제4호까지의 사항이 명시된 서면을 근로자에게 교부하여야 한다. 다만, 본문에 따른 사항이 단체협약 또는 취업규칙의 변경 등 대통령령으로 정하는 사유로 인하여 변경되는 경우에는 근로자의 요구가 있으면 그 근로자에게 교부하여야 한다.

제대로 받아서 아무런 문제가 없었지만, 지금 생각해보면 일종의 모험이었다는 생각이 든다.

혹자는 '정호 씨는 아르바이트생이기 때문에 근로계약서를 작성할 필요가 없지 않나'라는 생각을 할 수 있다. 그러나 아르바이트생도 근로계약서를 작성해야 한다. 엄연히 근로를 제공하는 근로자이기 때문이다. 근로계약서를 작성하지 않는 것은 명백한 근로기준법 위반으로, 근로기준법에 따라 사업주에게 500만 원 이하의 과태료가 부과될 수 있다.

앞서 살펴본 것처럼 근로계약서에는 '내가 일을 할 때 가장 중요한 것은 무엇일까'에 대한 내용이 담겨야 한다. 근로자라면 우선 '내가 이렇게 일을 하면 얼마를 받을 수 있을까?'라는 생각이 들 것이고, '그럼 일주일에 또는 한 달에 며칠을 일해야 하나?'라는 생각이 들 것이다. 이 두 가지 생각만으로도 근로계약서의 내용이 유추된다. 임금, 소정 근로 시간, 휴일, 연차 유급 휴가 등이다.

여기서 **소정 근로 시간**이란 법으로 정해진 근로 시간 범위 내에서 근로자와 회사가 정한 근로 시간을 뜻하며, '근로자가 이만큼 일을 하겠다'라고 약속한 것이기 때문에 매우 중요하다.

그리고 이렇게 정해진 소정 근로 시간을 바탕으로, 내가 일하는 총

근로기준법 제50조(근로 시간)
제1항. 1주간의 근로 시간은 휴게 시간을 제외하고 40시간을 초과할 수 없다.
제2항. 1일의 근로 시간은 휴게 시간을 제외하고 8시간을 초과할 수 없다.
제3항. 제1항 및 제2항에 따른 근로 시간을 산정함에 있어 작업을 위하여 근로자가 사용자의 지휘·감독 아래에 있는 대기 시간 등은 근로 시간으로 본다.

시간이 1주에 40시간, 1일에 8시간을 초과하는지를 판단해볼 수 있다. 만약 이를 초과하는 경우에는 시간 외 근로수당을 받게 된다. 즉 근로계약서에 나의 소정 근로 시간이 정해져 있으면, 시간 외 근로수당을 청구하기가 훨씬 수월하다.

또한 소정 근로 시간을 정하면 출퇴근을 몇 시에 하게 될지도 정하게 되는데, 이를 바탕으로 판단해볼 수 있는 것이 야근 근로수당이다. 야근 근로수당이란 오후 10시부터 다음 날 새벽 6시까지 근무했을 때 통상 시급의 50%를 가산해 받을 수 있는 임금이다. 일이 너무 많아서 밤 10시가 넘어서까지 일을 한 경우라면 10시 이후의 시간부터는 야근 근로수당을 계산해 받을 수 있다. 대기업의 경우에는 비교적 야근 근로수당을 잘 챙겨주지만 여전히 우리 주변에는 야근 근로수당을 지급하지 않고 근로자에게 야근을 시키는 곳이 참 많다.

정호 씨는 단지 용돈을 벌고 싶어서 아르바이트를 시작했다. 그러나 근로계약서가 존재하지 않는다는 이유로 사장님은 정호 씨에게 구두로 약정된 월급 날짜에 월급을 지급하지 않았고, 심지어 정호 씨의 태도가 불량하다면서 그를 해고했다. 만약 근로계약서가 있었다면 애초에 사장님은 월급 날짜에 맞춰 정호 씨에게 주기로 한 월급을 지급했을 것이다. 그리고 설사 사장님이 지금과 같은 행동을 똑같이 했더라도 정호 씨는 보다 손쉽게 근로계약서를 토대로 고용노동청에 신고를 하거나 민사 소송을 제기했을 것이다.

이처럼 근로계약서는 그 존재 자체로 계약 당사자인 회사와 직원 모두 계약 내용을 성실히 이행하도록 강제하는 효과가 있다. 또한 추후에 분쟁이 발생했을 때 사실 관계를 명확히 하는 효과도 있다. 근로계약서 작성은 아무리 강조해도 지나치지 않다.

물론 근로계약서를 작성하지 않았더라도 체불된 임금은 받을 수 있다. 임금과 근로 시간 등을 증명할 증거를 모은 후 고용노동부에 신고하면 된다. 그러나 근로계약서를 작성했을 경우에 비해 과정이 복잡해지니, 꼭 처음부터 근로계약서를 작성하도록 하자.

그럼 사장님이 갑자기 정호 씨에게 아르바이트를 그만두라고 한 것은 어떨까. 이 역시 근로기준법을 위반한 것이다. 근로기준법은 근로자를 정당한 이유 없이 해고하는 것, 이른바 부당해고를 금지하고 있기 때문이다. 사장님은 본인이 근로계약서 작성도 하지 않고 월급도 제때 주지 않은 잘못을 저질러놓고 오히려 정호 씨를 해고한 것이니, 이 경우는 부당해고가 명백해 보인다.

만약 근로자가 부당해고를 당하면 그 날로부터 3개월 이내에 사업장 관할 노동위원회에 '부당해고 구제신청'을 할 수 있다. 만약 정호

근로기준법 제23조(해고 등의 제한)
제1항. 사용자는 근로자에게 정당한 이유 없이 해고, 휴직, 정직, 전직, 감봉, 그 밖의 징벌(懲罰)을 하지 못한다.
근로기준법 제26조(해고의 예고) 사용자는 근로자를 해고(경영상 이유에 의한 해고를 포함한다)하려면 적어도 30일 전에 예고를 하여야 하고, 30일 전에 예고를 하지 아니하였을 때에는 30일분 이상의 통상임금을 지급하여야 한다. 다만, 다음 각 호의 어느 하나에 해당하는 경우에는 그러하지 아니하다.
1. 근로자가 계속 근로한 기간이 3개월 미만인 경우
2. 천재·사변, 그 밖의 부득이한 사유로 사업을 계속하는 것이 불가능한 경우
3. 근로자가 고의로 사업에 막대한 지장을 초래하거나 재산상 손해를 끼친 경우로서 고용노동부령으로 정하는 사유에 해당하는 경우

씨도 이렇게 해서 부당해고가 인정되어 구제명령이 내려지면 다시 일할 수 있는 기회를 갖게 된다.

회사가 일방적으로 원하는 내용만을 담은 근로계약서는 어떨까?

응급 내원 사례

미나 씨는 다음 주부터 한 중소기업에서 일하게 되었다. 근로계약서를 작성하고 싶다는 미나 씨의 요구에 사장님은 한치의 망설임 없이 알겠다고 했다. 며칠 후, 일을 본격적으로 시작하기에 앞서 미나 씨는 근로계약서 확인을 위해 회사에 갔다. 그런데 이게 무슨 일인가? 사장님이 건넨 근로계약서는 온통 미나 씨에게 불리한 내용으로 가득했다. 심지어 연차 유급 휴가도 기존 15일이지만 10일로 하자는 등 상식적으로 납득이 되지 않는 내용들이 많았다. 그런데 사장님은 "이 근로계약서에 사인을 하지 않으면 회사 직원으로 받아주기 어렵다"는 이야기를 한다. 그러면서 "계약서 내용은 이렇지만 미나 씨가 하는 걸 봐서 혜택을 더 주겠다"라고 마치 선심 쓰듯 이야기한다.

어렵게 한 취업일수록 이런 말도 안 되는 근로계약서를 받았을 때 한 번 더 고민하게 된다. 불합리하더라도 이른바 열정페이라 생각하고, 또는 일을 배운다 생각하고 그냥 그 조건을 받아들이게 되는 경우도 많다.

그러나 법률은 이러한 상황이 생길 수 있다는 것을 예견한 것일까? 미나 씨가 건네받은 근로계약서에서 미나 씨에게 불리한 조항은 법적으로 아무런 효력이 없다. 미나 씨가 순간의 간절함으로 사인을 하게 되더라도 무효인 것이다. 근로기준법에서 정한 최소한의 근로 조건에 못 미치는 조건이기 때문이다. 즉, 미나 씨는 사장님에게 연차 유급 휴가 조항을 비롯해 근로기준법에서 정한 기준에 미치지 못하는 조건들에 대해서는 당당하게 무효임을 주장할 수 있다.

만약 이러한 무효 조항이 없다면 어떨까? 아무리 근로기준법에서 연차 유급 휴가나 육아 휴직 등 근로자의 복지를 위해 좋은 제도를 마련했다고 하더라도 회사에서 별도의 근로계약을 체결해 법률을 무력화시킬 수 있을 것이다. 따라서 근로기준법에는 '법에서 정하는 기준에 미치지 못하는 근로계약은 그 기준 미달의 부분에 대해서는 무효로 한다'는 내용의 조항이 있다. 그렇다면 이렇게 근로계약서의 일부 조항이 무효가 되었을 경우, 근로자는 어떤 기준에 따라 일해야 하는 걸까? 어려울 것 없다. 그냥 근로기준법상 정해진 내용에 따라 일하면 된다. 즉, 근로기준법은 근로자가 일할 수 있는 최소한의 전제 조건이자 기본적으로 충족되어야 하는 조건인 것이다.

근로기준법 제15조 (이 법을 위반한 근로계약)
제1항. 이 법에서 정하는 기준에 미치지 못하는 근로조건을 정한 근로계약은 그 부분에 한하여 무효로 한다.
제2항. 제1항에 따라 무효로 된 부분은 이 법에서 정한 기준에 따른다.

응급 로펌의 처방 ⚖️

* 정부에서 정한 표준근로계약서가 궁금하다면 고용노동부 홈페이지(www.moel.go.kr)에 접속해 오른쪽 하단에 있는 '근로기준'란을 클릭해보자. 근로계약서에 대한 설명과 표준근로계약서 서식을 다운받을 수 있다. 근로계약서뿐만 아니라 주휴수당과 최저 임금에 대한 정보와 임금 모의 계산기가 있으니 내가 받을 임금을 계산해보는 것도 좋은 방법이다.
* 고용노동부 홈페이지에 임금 등 체불로 2회 이상 유죄 확정, 체불 총액 3천만 원 이상 체불사업주의 명단을 공개하고 있으니, 이력서를 넣기 전에 참고하자. (고용노동부 > 정보공개 > 체불사업주 명단공개)
* 임금 체불 신고와 관련한 사항은 이 장의 〈**6 임금 체불, 최저 임금**〉 편을 참고하자.

퇴직금을 연봉에 포함시켜 받아도 괜찮을까요?

→

#퇴직금 #퇴직금 중간정산 #평균 임금

응급 내원 사례

현우 씨는 긴 취준생 생활 2년을 마치고 드디어 취직에 성공했다. 그런데 첫 출근을 앞두고 신경 쓰이는 것이 하나 있다. 최종면접에 들어온 임원 중 한 사람이 현우 씨에게 "우리 회사는 연봉이 월등히 높은데 그건 퇴직금을 미리 준다는 의미이네. 대신 퇴사할 때 따로 퇴직금을 지급하지 않는데, 괜찮은가?" 하고 말한 것이다. 현우 씨는 무슨 말인지 이해할 수 없었지만, '그깟 퇴직금이 대수인가. 지금 취직이 될까 말까 한 기로에 서 있는데 퇴직금을 안 받으면 어떤가!' 하는 생각으로 "네, 물론입니다!" 하고 힘차게 외쳤다. 그렇게 현우 씨는 최종면접에 통과했고, 드디어 내일이 첫 출근이다. 그런데 현우 씨는 퇴직금 이야기가 왠지 자꾸만 신경이 쓰인다.

지금 당장 필요한 응급 처치

① 퇴직금 포기 약정은 무효이므로, 퇴직 시 회사에 퇴직금을 요구할 수 있다!

② 회사가 퇴직금 중간정산을 권유했을 때, 본인 상황이 중간정산 사유에 해당하지 않는다면 거절하자!

③ 퇴직 시 3년 안에 퇴직금을 청구하도록 하자!

퇴직금은 말 그대로 퇴사하며 받는 돈이다. 왠지 느낌상 퇴직금은 보너스 같기도 하고 혹은 퇴사에 대한 일말의 위로 같기도 하다.

여러 개의 회사를 거쳐 온 필자 역시 퇴직금을 몇 번 받아봤다. 첫 퇴직금을 받은 건 스물네 살 때였다. 근무했던 곳은 작은 규모의 방송국이었는데, 지금 생각해보면 '안 주고 넘길 생각이었나?' 싶을 정도로 회사는 퇴직금에 대한 밀 한 마디 없이 퇴사 후 몇 달을 흘려보냈다. 당시 어리바리한 사회 초년생이었던 필자는 몇 달 동안 회사에 요청도 못 하고 있다가 한참이 지난 후에야 멋쩍게 "저기… 제 퇴직금이 입금이 안 된 것 같은데요"라고 말할 수 있었다. 회사는 그제야 퇴직금을 챙겨줬다. 당연히 받아야 할 퇴직금을 요청하면서도 당당하지 못했다. 그래서 현우 씨의 입장도 백 번 이해가 간다.

현우 씨도 사회 초년생이다 보니 얼마를 어떻게 지급받아야 하는 것인지, 퇴직금에 대해 잘 모르는 상황이다. 게다가 지금 취직이 달려 있는 상황 아닌가. 그렇다 보니 연봉에 퇴직금을 포함시켜 주겠다는 말에 흔쾌히 오케이한 것이다. 그런데 과연 퇴직금을 연봉에 포함시켜도 되는 걸까?

얼핏 생각해보면, 말 자체가 '퇴직금'이니 퇴직할 때 주어야 할 것 같다. 맞다. 퇴직금이란 근로자가 퇴직하는 시점에 받는 것으로, 계속 근로 연수 1년에 대하여 30일분 이상의 평균 임금을 퇴직금으로 지급받게 된다. 그런데 말이 너무 어렵다. 임금은 뭔지 알겠는데 평균임금이라니? 평균 임금은 퇴직금을 지급해야 할 사유가 발생한 날로부터 이전 3개월 동안 근로자에게 지급된 임금의 총액을 그 기간의 총 일수로 나눈 금액을 말한다.

[평균 임금 = 퇴직일 이전 3개월 동안 임금 총액 / 총 일수]

예를 들어 내가 9월 말일에 퇴사한다고 하면 7, 8, 9월 동안 지급된 임금 총액을 그 3개월의 총 일수로 나누면 된다. 이때 3개월 동안의 임금 총액에는 기본급, 연장수당, 야간수당, 휴일수당, 상여금 등 회사로부터 받은 급여가 모두 포함된다.

[퇴직금 = 평균 임금 × 30일 × 총 계속 근로 기간 ÷ 365]

그럼 퇴직금은 사업장에 상관없이 누구나 다 받을 수 있을까? 그렇다. 2010년 12월 1일 개정 전에는 상시 5인 이상 사업장에서 1년 이상 계속 근로를 한 경우에만 퇴직금을 지급했다. 그런데 다 같은

근로자 퇴직 급여 보장법 제4조 (퇴직 급여 제도의 설정)
제1항. 사용자는 퇴직하는 근로자에게 급여를 지급하기 위하여 퇴직 급여 제도 중 하나 이상의 제도를 설정하여야 한다. 다만, 계속 근로 기간이 1년 미만인 근로자, 4주간을 평균하여 1주간의 소정 근로 시간이 15시간 미만인 근로자에 대하여는 그러하지 아니하다.
제2항. 제1항에 따라 퇴직 급여 제도를 설정하는 경우에 하나의 사업에서 급여 및 부담금 산정방법의 적용 등에 관하여 차등을 두어서는 아니 된다.

근로자임에도 사업장의 규모에 따라 퇴직금 수령 여부가 결정되는 것은 부당하지 않은가. 어떻게 보면 소규모 사업장의 근로자에게 퇴직금이 더 절실할지도 모른다. 이런 이유로 근로자 퇴직 급여 보장법이 개정되어 현재는 상시 5인 미만의 근로자를 고용하는 회사에서도 1년 이상의 계속 근로를 하는 경우라면 누구나 퇴직금을 회사에 청구할 수 있는 퇴직금청구채권을 갖게 되었다.

그렇다면 현우 씨 사례와 같이 연봉에 퇴직금이 포함된 셈이니 퇴직금을 포기하기로 합의하는 것은 괜찮을까? 아니다. 퇴직금은 말 그대로 퇴직할 때 받는 금전이다. 즉, 근로관계가 종료해야만 발생하는 것으로 근로계약이 지속되고 있는 동안, 그러니까 현우 씨가 회사를 계속 다니는 동안에는 퇴직금이 발생하지 않는다. 생기지도 않은 퇴직금을 어떻게 지급을 할 수 있다는 말인가? 퇴직금은 퇴직을 하면 갑자기 월급이라는 수입이 끊기는 근로자의 경제적인 부담을 덜어주는 차원에서 마련된 제도이다. 그런데 이러한 취지를 무시하고 연봉에 포함시켰다는 핑계로 퇴사할 때 퇴직금을 지급하지 않는 것은 적절치 못하다.

물론 퇴직금을 포기하는 것이 아닌, 퇴직금을 실제로 연봉에 포함시켜 받는 것이 가능한 경우도 있다. 퇴직금 중간정산을 하는 경우이다. 퇴직금 중간정산에 대해서는 뒤에서 더 자세히 알아보자. 그러나

근로자 퇴직 급여 보장법 제3조 (적용범위)

이 법은 근로자를 사용하는 모든 사업 또는 사업장에 적용한다. 다만, 동거하는 친족만을 사용하는 사업 및 가구 내 고용활동에는 적용하지 아니한다.

현우 씨의 경우는 퇴직금 중간정산을 한 경우가 아니었다. 회사는 현우 씨에게 제대로 된 설명도 없이 단지 월급만 지급하면서 '퇴직금이 포함된 셈이니 퇴직금을 포기하라'고 강요하는 경우였다. 즉, 현우 씨의 퇴직금을 아예 지급하지 않으려는 꼼수를 부린 경우이다.

그럼 현우 씨는 어떻게 해야 하는 걸까? 본인이 합의를 했으니 회사는 현우 씨의 퇴직금을 지급하지 않아도 되는 걸까? 아니다. 현우 씨가 퇴사할 때 회사는 퇴직금 산정 기준에 따라 계산된 퇴직금 전액을 지급해야 한다.

현우 씨가 잘못된 것인지 모르고 체결한 이러한 계약 내용을 만약 유효하다고 보게 되면, 갑을 관계에 있는 사용자와 근로자 사이에서 근로자는 온통 자신에게 불리한 내용으로 이루어진 근로계약서를 작성하게 될 것이 뻔하다.

따라서 현우 씨는 최종면접에서 임원진에게 연봉만 받고 퇴직금을 안 받아도 된다고 대답했을지라도 진정한 의미의 퇴직금을 퇴사 시 정당하게 요구할 수 있고, 회사는 반드시 퇴직금을 지급해야 한다. 취직이라는 기로 앞에 서서 불리한 결정을 강요받은 현우 씨가 구제받을 수 있다는 것이 참 다행이다.

만약 회사와 현우 씨가 퇴직금 중간정산에 합의한 경우라고 보면 이야기는 달라진다. 현우 씨는 그동안 받은 퇴직금 상당액을 반환해야 할 의무가 있다. 그러나 현우 씨의 경우에는 퇴직금 포기를 강요당한 사례로, 실제로 연봉만 지급받은 경우였다. 그렇다면 퇴직금 중간정산을 하는 경우는 어떤 경우인가. 더 자세히 알아보자.

퇴직금을
중간에 정산받고 싶다면

아주 예외적으로 연봉에 퇴직금을 포함해 매월 분할 지급하는 퇴직금이 허용되는 경우도 있다. 이것을 '퇴직금 중간정산'이라고 한다. 퇴직금 중간정산을 하면 연봉에 퇴직금을 포함해서 지급받거나 아니면 근로 기간이 1년이 되었을 때 퇴직금을 지급받을 수 있다.

그러나 주변에 퇴직금 중간정산을 받았다는 친구들을 잘 볼 수 없다. 가끔 중간정산을 받으려면 어떻게 해야 하는지 문의하는 상담도 있긴 하지만, 흔하지는 않다. 여기에는 그럴 만한 이유가 있다.

예전에는 근로자가 퇴직금 중간정산을 요청하고 이것을 회사에서 수락하면 자유롭게 당사자들 마음에 따라 퇴직금을 선지급할 수 있었다. 그런데 생각해보자. 회사 입장에서는 일시에 거액을 지급해야 하는 퇴직금보다 이러한 퇴직금 중간정산이 훨씬 유리하다. 그렇다 보니 회사가 근로자에게 퇴직금을 중간정산하자고 권유하는 경우가 많았다. 그럼 또 근로자들은 어쩔 수 없이 회사의 의견에 따라 퇴직금 중간정산에 합의했다.

그러나 이렇게 다 중간에 퇴직금을 받아버리면 퇴직금의 의미가

근로자 퇴직 급여 보장법 제8조(퇴식금 제도의 설정 등)
제1항. 퇴직금 제도를 설정하려는 사용자는 계속 근로 기간 1년에 대하여 30일분 이상의 평균 임금을 퇴직금으로 퇴직 근로자에게 지급할 수 있는 제도를 설정하여야 한다.
제2항. 제1항에도 불구하고 사용자는 주택구입 등 대통령령으로 정하는 사유로 근로자가 요구하는 경우에는 근로자가 퇴직하기 전에 해당 근로자의 계속 근로 기간에 대한 퇴직금을 미리 정산하여 지급할 수 있다. 이 경우 미리 정산하여 지급한 후의 퇴직금 산정을 위한 계속 근로 기간은 정산시점부터 새로 계산한다.

퇴색될 수밖에 없지 않은가. 결국 중간정산으로 인해 퇴직금이 '퇴직 후 일정 금액의 급여를 보장한다'는 본래의 취지를 잃고 제 구실을 못하는 문제가 생기자 2012년에 법률을 개정해 중간정산 사유를 엄격하게 규정했다. 근로자 퇴직 급여 보장법에 정한 퇴직금 중간정산 사유는 다음과 같이 제한적이다.

퇴직금 중간정산 사유

1. 무주택자 근로자가 본인 명의로 주택을 구입하는 경우
2. 무주택 근로자가 주거 목적으로 전세금 또는 보증금을 부담하는 경우
3. 본인, 배우자 또는 부양가족의 질병 및 부상으로 6개월 이상의 요양이 필요한 경우
4. 최근 5년 이내 파산, 회생의 결정을 받는 경우
5. 임금 피크제를 실시해 임금이 줄어드는 경우
6. 태풍, 홍수 등 천재지변이 있는 경우

여기에 더해 '근로 시간 단축으로 퇴직금이 감소되는 경우'가 2018년 6월 19일부터 추가됐다. 근로기준법이 개정되어 1주당 최대 근로 시간이 휴일근로를 포함해 52시간으로 축소됨에 따라 '근로 시간 단축으로 퇴직금이 감소하는 경우'를 퇴직금 중간정산 사유에 추가하게 된 것이다.

본인의 상황이 이러한 퇴직금 중간정산 사유에 해당한다면 회사와 합의해 퇴직금을 선지급받는 것이 가능하겠지만, 그렇지 않음에도 불구하고 회사에서 퇴직금을 중간정산하자고 한다면 얼마든지

거절할 수 있다. 그렇다면 퇴직금을 요구할 때 반드시 알아야 하는 내용에는 어떤 것들이 있을까?

앞서 살펴본 것처럼 퇴사하는 시점에 퇴직금이라는 것이 생기며, 퇴사한 날로부터 14일 이내에 회사는 근로자에게 반드시 퇴직금을 지급해야 한다. 앞서 필자의 경우 퇴사하고 몇 달 후에 퇴직금을 지급했는데 이것은 사실 법에 저촉되는 행동이었다. 특별한 사정이 있는 경우에는 사용자와 근로자가 서로의 합의에 따라 지급 기일을 연장할 수 있지만, 아무런 사정이 없음에도 불구하고 회사가 퇴직금 지급을 차일피일 미룬다면? 즉시 퇴직금을 지급하라고 당당히 요구해야 한다.

다만, 퇴직금을 청구할 권리는 퇴사한 날로부터 3년이 지나면 사라진다는 점도 알아두자. 퇴직금을 못 받았는데 회사에 청구도 안 하고 있다가 퇴사 후 3년이 지났다면? 내 퇴직금은 허공에 사라지는 것이다.

갑작스러운 퇴직일수록 퇴직금은 금전적으로 엄청난 도움이 된다. 그러니 내가 얼마의 퇴직금을, 언제까지, 어떻게 받을 수 있는지 재직 기간 중 미리 잘 따져보고 퇴사 시 똑똑하게 챙겨 받자.

근로자 퇴직 급여 보장법

제9조 (퇴직금의 지급) 사용자는 근로자가 퇴직한 경우에는 그 지급 사유가 발생한 날부터 14일 이내에 퇴직금을 지급하여야 한다. 다만, 특별한 사정이 있는 경우에는 당사자 간의 합의에 따라 지급 기일을 연장할 수 있다.

제10조 (퇴직금의 시효) 이 법에 따른 퇴직금을 받을 권리는 3년간 행사하지 아니하면 시효로 인하여 소멸한다.

회사에서 해고당했어요. 구직 급여를 받을 수 있을까요?

#실업 급여 #구직 급여 #실직 #퇴사 #고용보험

응급 내원 사례

유리 씨는 5년 차 회사원이다. 지난 5년간 맡은 바를 성실히 다하며 열심히 일했다. 그러나 경제 악화 등 여러 사건으로 회사 상황은 나날이 나빠져만 갔다. 결국 회사는 인원을 감축하겠다고 통보를 했고, 유리 씨는 감축 대상자 중 한 명이 되었다. 평소 실적을 꾸준히 내서 업무 성과를 인정받았던 유리 씨는 회사에 더 다니고 싶다는 의지를 표명했지만 결국 해고됐다. 어쩔 수 없이 자신이 받을 퇴직금을 계산해보던 유리 씨는 '어라? 나는 구직 급여도 받을 수 있는 것 아닌가?' 하는 생각이 들었다.

지금 당장 필요한 응급 처치

① 실업 급여 해당자인지 고용보험 홈페이지를 통해 확인하자!

② 회사를 비자발적으로 떠나게 되더라도 실업 급여를 받을 수 없는 경우가 있다. 자신의 해고 사유를 확인하자!

③ 퇴사 시 회사에 고용보험 피보험 자격 상실 신고서와 이직 확인서를 요청해 받아두자!

퇴직을 하면 경제적으로 조급한 마음이 생긴다. 거기에 자발적 퇴사가 아니라 회사에서 해고를 당하거나 불가피한 사정으로 사표를 써야 하는 상황이라면, 더더욱 경제적으로 위기감을 느끼게 된다. 고정적으로 들어오던 월급이 한순간에 끊기는 건 누구나 두렵다. 그럴 땐 사실 퇴직금이 큰 위로가 되고, 여기에 실업 급여까지 받을 수 있다면 더욱 안심이 될 것이다. 그렇다 보니 가끔은 실업 급여 대상자가 아닌데도 이 혜택을 노리는 사람들이 종종 있다.

필자도 실업 급여를 받을 뻔한 상황이 있었다. 공부를 하기 위해 회사를 그만두는데, 회사 경리 직원 분께서 퇴직 관련 서류를 처리해 주시면서 "실업 급여 받으시겠어요?" 하고 묻는 것이었다. 순간 '실업 급여를 받을지 말지를 내가 결정할 수 있는 건가? 받아도 되는 건가?' 싶었다. 결과적으로 실업 급여를 받지는 않았지만, 자발적으로 퇴사하면서도 회사와 합의해 실업 급여를 받는 경우가 많겠다는 생각이 들었다.

그렇다면 실업 급여란 무엇인가? 실업 급여는 고용보험 가입 근로자가 실직해 재취업 활동을 하는 기간에 소정의 급여를 지급하는 제도이다. 즉, 실직해서 재취업을 하고 싶지만 뜻대로 되지 않아 장기간 취업을 하지 못하게 되었을 경우, 그 기간 동안 기본적인 생활을 할 수 있도록 금전적으로 지원하는 것이다. 쉽게 말해 실직해서 일자리를 찾는 동안 보조받는 돈으로 보면 되겠다.

아니 회사를 안 다니고 일도 안 하는데 돈을 준다니, 할 수만 있다면 다들 받고 싶을 것이다. 그러면 실업 급여는 수입이 없는 상황에 대한 국가 차원의 위로금 정도로 이해하면 될까? 아니다. 실업 급여는 실업에 대한 위로금이나 고용보험료 납부의 대가로 지급되는 것이 아니라, 엄격하게 일정 조건을 충족하는 근로자에 한하여 지급되는 수당이다. 그렇기 때문에 실업 급여는 기본적으로 실업이라는 보험 사고가 발생했을 때, 취업하지 못한 기간 동안 적극적인 재취업 활동을 한 사실을 확인하고 지급한다.

위 사례에서 유리 씨는 구직 급여에 대해 궁금증을 갖고 있다. 그런데 구직 급여가 곧 실업 급여를 뜻하는 것은 아니다. 구직 급여는 실업 급여에 포함되는 개념이다. 구직 급여 역시 일정 조건에 부합하는 근로자만이 받을 수 있다. 지급을 위한 일정 조건은 근로자가 고용보험 적용 사업장에서 실직 전 18개월 중 보험에 가입한 상태로 근무한 기간이 모두 합쳐 180일 이상이고, 비자발적으로 이직한 경우일 때, 그리고 적극적인 재취업 활동에도 불구하고 취업하지 못한

고용보험법 제37조(실업 급여의 종류)

제1항. 실업 급여는 구직 급여와 취업 촉진 수당으로 구분한다.

제2항. 취업 촉진 수당의 종류는 다음 각 호와 같다.

1. 조기(早期) 재취업 수당
2. 직업능력 개발 수당
3. 광역 구직활동비
4. 이주비

상황인 경우 등이다. 여기서 비자발적으로 이직한 경우라 함은 계약 만료, 권고사직, 해고 등으로 이직하게 된 때를 말한다.

구직 급여가 실업 급여에 포함되는 개념이라니, 그렇다면 구직 급여 말고 다른 종류의 실업 급여도 있다는 말일까? 맞다. 실업 급여의 종류는 ① 구직 급여 외에도 ② 취업 촉진 수당, ③ 연장 급여, ④ 상병 급여가 있다. 단어 자체가 익숙하지 않아 어렵게 느껴질 수 있다. 하지만 급여마다 지급되는 일정 조건들이 있고 자신이 그 조건에 해당하는지 여부만 확인하면 되는 것이기 때문에 용어 자체에 어려움을 느낄 필요는 없다.

유리 씨의 사례로 다시 돌아가보자. 유리 씨는 회사의 사정이 여의치 않아 해고를 당했기 때문에 비자발적 퇴사에 해당하고 재취업을 위한 노력을 기울일 것으로 예상된다. 그러한 노력에도 불구하고 취업하지 못한 상태에 있다면 구직 급여를 받을 수 있다. 그러나 유리 씨와 다르게 근로의 의지가 없어 다른 일을 하기 위해 자발적으로 퇴사를 한 근로자라면 구직 급여를 신청한다 해도 아무런 지원을 받을 수 없다.

그렇다면 회사에서 해고를 당하는 등 비자발적으로 회사를 그만두게 된 경우라면 모두 구직 급여를 받을 수 있는 걸까? 예를 들어, 회사를 다닌 지 5년이 되는 직장인인 호영 씨는 회사의 정보를 경쟁사에 빼돌린 혐의를 받고 회사에서 해고를 당했다. 이렇게 회사를 떠나게 된 이후 이직을 위해 구직활동을 성실히 했다면, 그는 구직 급여를 받을 수 있을까?

분명 호영 씨는 비자발적으로 회사를 떠나게 되었다. 하지만 왠지 호영 씨에게 수당을 지급하면 안 될 것 같은 느낌이 들지 않는가. 맞다. 결론적으로 호영 씨는 구직 급여를 받을 수 없다. 아니, 해고당한 경우라면 비자발적인 것이 명백한데 왜 받을 수 없을까? 물론 부득이하게 해고 또는 권고사직을 당하는 경우 비자발적인 것이 맞지만, 해고의 사유가 무엇인지를 따져 보아야 한다. 만약 공금 횡령, 회사 기밀 누설, 기물 파괴, 정당한 이유 없는 장기간 무단결근 등의 사유로 해고당한 경우, 또 금고 이상의 형을 선고받았거나 회사에 막대한 재산상의 손해를 끼쳐 해고당한 경우에는 아무리 비자발적 퇴사라 할지라도 구직 급여를 받을 수 없다. 중대한 귀책사유로 해고된 경우에 해당하기 때문이다. 회사에 해를 끼치는 걸 넘어서서 범죄를 저지르고 퇴사하는 경우까지 구직 급여를 지급하는 것은 불합리하기 때문에 구직 급여는 스스로 보험 사고(실업)를 발생시킨 경우에는 지급되지 않는다.

만약 호영 씨가 이러한 사실을 숨기고 구직 급여를 신청해 받게 되면 어떻게 될까. 호영 씨는 구직 급여 지급 기준에 미달함에도 불구

고용보험법 제40조 (구직 급여의 수급 요건)
제1항. 구직 급여는 이직한 피보험자가 다음 각 호의 요건을 모두 갖춘 경우에 지급한다. 다만, 제5호와 제6호는 최종 이직 당시 일용 근로자였던 자만 해당한다.
1. 이직일 이전 18개월간(이하 "기준 기간"이라 한다) 제41조에 따른 피보험 단위 기간이 통산(通算)하여 180일 이상일 것
2. 근로의 의사와 능력이 있음에도 불구하고 취업(영리를 목적으로 사업을 영위하는 경우를 포함한다.)하지 못한 상태에 있을 것

하고 수급 자격 신청을 허위로 신고해 부정 수급한 경우에 해당한다. 이렇게 부정한 방법으로 실업 급여를 지급받은 경우에는 부정 수급액을 반환해야 할 뿐만 아니라 부정 수급액만큼의 추가 징수 등의 불이익을 받을 수 있다. 또한 1년 이하 징역 1,000만 원 이하의 벌금에 처해질 수 있으니 조심하자.

퇴사 시 가장 중요한 건 '내가 실업 급여를 받을 수 있는가?' 하는 물음일 것이다. 본인이 실업 급여 수급자에 해당하는지 여부와 만약 해당한다면 얼마를 받을 수 있는지에 대한 내용은 고용보험 홈페이지에서 확인할 수 있다. 그리고 실업 급여로 얼마를 받을 수 있는지 모의 계산도 해볼 수 있는데, 일반적으로 구직 급여의 경우에는 퇴직 전 평균 임금의 50% × 소정 급여 일수로 계산된다. 단, 구직 급여는 상한액과 하한액이 정해져 있는데, 이는 최저 임금법상 시간급 최저 임금의 변화에 따라 바뀐다. 따라서 그 시기에 맞춰 직접 홈페이지에 들어가서 확인하는 걸 추천한다.

실업 급여를 신청하는 절차는 크게 4단계로 나누어진다. ① 실업 여부를 확인하고 ② 구직 등록을 한 후 ③ 수급 자격 교육을 받고 ④ 수급 자격 인정을 신청하는 순서이다.

3. 이직 사유가 제58조에 따른 수급자격의 제한 사유에 해당하지 아니할 것
4. 재취업을 위한 노력을 적극적으로 할 것
5. 제43조에 따른 수급자격 인정 신청일 이전 1개월 동안의 근로 일수가 10일 미만일 것
6. 최종 이직 당시의 기준 기간 동안의 피보험 단위 기간 중 다른 사업에서 제58조에 따른 수급 자격의 제한 사유에 해낭하는 사유로 이직한 사실이 있는 경우에는 그 피보험 단위 기간 중 90일 이상을 일용 근로자로 근로하였을 것

가장 먼저, 퇴직하기 전에 회사에 고용보험 피보험 지격 상실 신고서와 이직 확인서를 요청해 받아두면 좋다. 본인이 실업 상태라는 것을 증명하기 위한 서류이기 때문이다. 물론 회사가 직접 근로복지공단지사로 실업에 대한 신고를 할 테지만, 스스로 이 서류를 받아 내용을 확인하고 가지고 있으면 실업 사유 등에 관해 명확히 할 수 있어서 좋다. 그리고 고용보험 홈페이지에서 본인의 실업 여부를 확인하며 실직 사유 등이 올바르게 되어 있는지를 본다. 그다음 구직 등록을 해야 하는데 워크넷(www.work.go.kr) 홈페이지에 들어가서 본인이 직접 하면 된다. 그 후 고용보험 홈페이지에서 수급 자격 신청자 온라인교육을 받는다. 교육 시작 후 일주일 이내에 끝내면 되고 교육을 다 받은 후 2주 이내에 고용센터에 방문해 수급 자격 인정 신청을 하면 된다.

구분		요건
구직 급여		• 고용보험 적용사업장에서 실직 전 18개월 중 피보험단위 기간을 통산하여 180일 이상 근무하고 • 근로의 의사 및 능력이 있고(비자발적으로 이직), 적극적인 재취업활동(재취업활동을 하지 않는 경우 미지급)에도 불구하고 취업하지 못한 상태이며 ※ 일용 근로자로 이직한 경우 아래 요건 모두 충족하여야 함 • 수급자격 제한사유에 해당하지 않아야 함 ※ 자발적 이직이거나, 중대한 귀책사유로 해고된 경우는 제외 • (일용) 수급자격신청일 이전 1개월간의 근로 일수가 10일 미만일 것 • (일용) 법 제58조에 따른 수급자격 제한사유에 해당하는 사유로 이직한 사실이 있는 경우에는 최종 이직 이전 피보험단위 기간 180일 중 90일 이상을 일용근로하였을 것
상병 급여		• 실업신고를 한 이후 질병·부상·출산으로 취업이 불가능하여 실업의 인정을 받지 못한 경우 • 7일 이상의 질병·부상으로 취업할 수 없는 경우 증명서를 첨부하여 청구 • 출산의 경우는 출산일로부터 45일간 지급
훈련 연장 급여		실업 급여 수급자로서 연령·경력 등을 고려할 때, 재취업을 위해 직업안정기관장의 직업능력개발훈련지시에 의하여 훈련을 수강하는 자
개별 연장 급여		취직이 특히 곤란하고 생활이 어려운 수급자로서 임금수준, 재산상황, 부양가족 여부 등을 고려하여 생계지원 등이 필요한 자
특별 연장 급여		실업급증 등으로 재취업이 특히 어렵다고 인정되는 경우 고용노동부 장관이 일정기간을 정하고 동기간 내에 실업 급여의 수급이 종료된 자
취업 촉진 수단	조기 재취업 수당	대기기간이 경과하고 구직 급여를 지급받을 수 있는 소정 급여 일수를 30일 이상 남기고 6개월 이상 계속 고용(자영업을 영위할 것)될 것 ※ '14.1.1. 이후 수급자격 인정 신청자부터는 지급받을 수 있는 소정 급여 일수를 1/2이상 남기고 12개월 이상 고용(사업을 영위한)된 경우여야 함 (자영업의 경우에는 1회 이상 자영업 준비 활동으로 실업인정을 받아야 함)
	직업능력 개발 수당	실입기간 중 직업안정기관장이 지시한 직업능력 개발훈련을 받는 경우
	광역 구직활동비	직업안정기관장의 소개로 거주지에서 편도 25km 이상 떨어진 회사에 구직활동을 하는 경우
	이주비	취업 또는 직업안정기관의 장이 지시한 직업능력개발훈련을 받기 위해 그 주거를 이전하는 경우

눈치 보며 쓰지 못한 휴가는 어떻게 보상받나요?

→

#연차   #월차   #유급 휴가

응급 내원 사례

승기 씨는 2년간의 취준생 생활을 끝내고 직원이 9명인 한 중소기업에 취직했다. 자신의 가치를 알아봐준 회사에 대한 고마움과 열심히 하겠다는 열정으로 가득 찬 채 입사했고, 그렇게 일하기를 2년이 지났다. 그런데 지난 2년간 승기 씨는 휴가를 쓴 적이 없다. 친구들이 승기 씨에게 여행을 가자고 제안하면 승기 씨는 회사에 쉬겠다고 말하는 게 눈치 보여서 매번 바쁘다는 핑계로 거절하곤 했다. 그런데 어느 날 문득 승기 씨는 이런 생각이 들었다. "뽑아준 건 고마운데, 왜 내가 이렇게 착취를 당해야 하지?" 사실 승기 씨의 회사는 연차도 단 하루도 주지 않고 그렇다고 수당을 따로 챙겨주지도 않았다. 상황이 마찬가지인 선배들은 군소리 없이 지내고 있었다. 승기 씨도 이대로 가만히 있어야 하는 걸까? 휴가를 못 간 만큼 돈으로라도 보상받고 싶다.

지금 당장 필요한 응급 처치

① 자신의 연차에 따라 제공되는 연차 유급 휴가 일수를 확인하자!

② 해가 지나 쓸 수 없게 된 휴가라도 휴가 미사용 수당 청구권은 사라지지 않으니 작년 미사용 수당을 계산해 회사에 요구하자!

여러 회사를 다녀본 경험이 있는 사람으로서, 정말 당연한 연차도 제대로 보장해주지 않는 곳이 많다는 걸 잘 알고 있다. 필자가 다녔던 회사에서도 실제로 그런 일이 빈번히 발생했는데, 대부분의 동료들은 "나도 쉬고 싶지만, 다들 가만히 있는데 어떻게 나 혼자 쉬겠다고 하겠어"라며 아무런 이의제기를 하지 못했다. (물론 요즈음에는 상황이 많이 나아져 눈치 보지 않고 연차를 사용하는 곳도 많아지긴 했다.)

그런데 더욱 화나는 것은, 그렇게 연차를 보장해주지 않았던 회사에서 미사용 휴가에 대한 수당도 지급해주지 않았다는 것이다. "우린 너무 바쁜 사람들이니까" 내지는 "연차 쓰겠다고 하는 거 보니 일이 없나 보네", "돈을 따지며 일하나, 열정으로 일하는 거지"라는 말로 명백하게 근로기준법을 위반하고 있는 그 상황 자체를 덮곤 했다. 그런 상황에서 필자 역시 소심하게 연말이나 되어야 주말에 연차를 하루 정도 붙여서 쉬곤 했다. 그렇기에 승기 씨의 상황이 남일

근로기준법 제60조 연차 유급 휴가
제1항. 사용자는 1년간 80퍼센트 이상 출근한 근로자에게 15일의 유급 휴가를 주어야 한다.
제5항. 사용자는 제1항부터 제4항까지의 규정에 따른 휴가를 근로자가 청구한 시기에 주어야 하고, 그 기간에 대하여는 취업규칙 등에서 정하는 통상임금 또는 평균 임금을 지급하여야 한다. 다만, 근로자가 청구한 시기에 휴가를 주는 것이 사업 운영에 막대한 지장이 있는 경우에는 그 시기를 변경할 수 있다.

같지 않다.

승기 씨가 다니고 있는 회사에서 근로기준법을 위반하고 있는 것은 명백해 보인다. 일을 시작한 지 2년이나 지난 승기 씨가 단 하루의 휴가도 내지 못했으니 말이다. 근로기준법 제60조 제1항에 따르면, 회사는 1년간 80퍼센트 이상 출근한 근로자에게 15일의 유급 휴가를 주어야 한다. 이 휴가를 우리는 줄여서 '연차'라고 부른다. 그리고 회사를 다닌 지 1년이 되지 않았더라도 1개월을 꼬박 근무했다면 1일의 휴가가 주어진다. 그래서 1년 미만 신입사원들도 최대 11일의 연차 휴가를 사용할 수 있다.

또한 휴가는 근로자가 원하는 시기에 주어야 한다. 즉, 승기 씨가 회사에 "언제부터 언제까지 연차를 쓰겠다"라고 하면 회사는 승기 씨가 쉬도록 해주어야 한다. 하지만 여기에는 단서가 붙는다. 회사 입장에서 보았을 때, 승기 씨가 일을 쉬는 것이 회사에 막대한 지장이 있다고 판단되면 그 기간에 연차를 쓰지 못하도록 할 수 있다.

이 부분에서 직장인들은 눈치를 보게 된다. 사실 직장인들 대부분은 '나 하나 없어도 회사는 잘만 돌아간다'고 생각할 것이고, 실제로도 회사는 잘 돌아가는 경우가 대부분이다. 그러나 일에 막대한 지장이 있다는 이유를 들어 연차 사용을 거부하는 회사가 종종 있다. 법적으로 '사업 운영에 막대한 지장이 있는 경우'를 굳이 따져보자

근로기준법 제60조 연차 유급 휴가
제2항. 사용자는 계속하여 근로한 기간이 1년 미만인 근로자 또는 1년간 80퍼센트 미만 출근한 근로자에게 1개월 개근 시 1일의 유급 휴가를 주어야 한다.

면, 근로자가 연차 휴가를 사용함으로써 사업 운영이 거의 불가능하거나 대체 인력이 없어 정상적인 운영이 되지 않는 정도를 의미한다. 따라서 일반적으로 회사의 "네가 쉬면 일이 안 돌아가"라는 말은 여기에 해당되지 않을 가능성이 높다.

근로기준법상 연차 유급 휴가는 사무직, 생산직, 임시직, 수습직, 일용직 상관없이 근로기준법의 적용을 받는 근로자에 해당한다면 모두가 쓸 수 있다. 단, 자신이 다니는 회사의 상시 근무자 수가 5인 이상이라면 말이다. 그리고 만약 그 해의 연차를 다 사용하지 못했다면 다음 해 1월에 '연차 휴가 미사용 근로수당'을 받아야 한다. 연차 휴가 미사용 근로수당은 말 그대로, 법에 정해진 연차 휴가를 다 사용하지 못한 경우 미사용한 휴가를 수당으로 계산해 지급해주는 것이다. 이 수당은 사용하지 못한 휴가 일수에 해당하는 통상임금으로 지급하고 휴가 청구권이 있는 마지막 달의 임금을 기준으로 산정한다. 물론 그럼에도 불구하고 이 수당을 지급하지 않는 회사들이 여전히 많다는 것이 씁쓸한 현실이긴 하다.

연차 유급 휴가는 회사에 다니는 기간이 길어질수록 늘어난다. 오래 근무한 직원에게 주어지는 일종의 보상이라고 해야 할까. 근로 기간 만 3년 이상부터는 최초 1년을 초과하는 계속 근로 연수 매 2년에

근로기준법 제60조 연차 유급 휴가
제4항. 사용자는 3년 이상 계속하여 근로한 근로자에게는 제1항에 따른 휴가에 최초 1년을 초과하는 계속 근로 연수 매 2년에 대하여 1일의 가산 유급 휴가를 주어야 한다. 이 경우 가산 휴가를 포함한 총 휴가 일수는 25일을 한도로 한다.

대하여 1일을 가산한 유급 휴가가 더 주어진다. 2018년 1월 1일에 입사한 사람을 기준으로 계산해보자. 2018년 입사 첫해는 1개월 개근 시 1일의 유급 휴가가 주어진다. 만 1년을 근무한 후 2019년에는 15일의 유급 휴가가 주어지고 2020년에도 15일의 유급 휴가를 받게 된다. 그런데 2021년에는 계속 근로 연수가 만 3년 이상이므로 16일의 유급 휴가를 받게 된다. 2022년에도 16일, 2023년에는 17일을 받는 식으로 휴가 일수가 늘어나게 된다. 그럼 이 휴가 일수는 무한대로 늘어나는가? 아니다. 기존 15일을 포함해 최대 25일까지의 연차 유급 휴가가 주어질 수 있다. 규모가 큰 회사의 경우에는 휴가 일수를 계산할 때 회계연도 기준으로 계산하기도 한다. 매년 1월 1일 또는 3월 1일 등을 회계연도로 기준 삼아 근로자의 근속 연수를 판단해 휴가 일수를 산정하는 것이다. 직원 개개인에 대한 휴가 일수 계산이 어렵기 때문에 이렇게 일괄 적용하는 것이다. 회사의 회계연도에 따라 휴가 일수가 1일 정도 차이가 발생할 수 있다.

한편 입사 1년 차 신입사원은 총 11일의 유급 휴가를 사용할 수 있다고 했다. 그럼 2년 차 때는? 1년간 80% 이상만 출근하면 15일의 연차 유급 휴가를 사용할 수 있다. 이전에는 1년 차 연차 유급 휴가를 2년 차 휴가에서 삭감했지만 법이 개정되어 2017년 5월 30일부터는 1년 차와 2년 차 연차 유급 휴가를 온전히 받을 수 있게 되었다.

연차 유급 휴가를 다 사용하지 못하고
퇴사할 경우에는?

응급 내원 사례

혜지 씨는 얼마 전 회사를 그만두었다. 사표를 쓴 뒤에는 헤어지기 아쉬운 선후배, 동기들과 매일같이 송별회를 하다 보니 막판에 정신없이 퇴사하게 되었다. 그런데 퇴사하고 며칠 후, 혜지 씨는 불현듯 '사용할 연차가 아직 많이 남아 있었는데 쓰지 못하고 퇴사한 것이 아깝다. 그럼 내 수당은 어떻게 되는 거지?'라는 생각이 들었다. 하지만 이제 와서 쓰지 않은 연차를 돈으로 환산해서 달라고 했다가 회사가 단호하게 거절하면 괜히 창피하겠다 싶은 생각도 들고, 한편으로는 엄연한 내 권리인데 얼마 안 되더라도 그 돈을 받아야 하는 것 아닌가 싶기도 했다.

보통 연차 유급 휴가는 1년 내 모두 사용해야 한다. 만약 연차 유급 휴가를 불가피하게 사용하지 못해 남은 일수가 있다면, 당연히 연차 미사용 수당을 받아야 한다. 연차 유급 휴가를 1년간 사용하지 못해서 휴가 청구권은 사라지더라도, 이에 대한 미사용 수당(일수당 통상임금에 해당) 청구권은 사라지지 않기 때문이다. 즉 다음 해가 되어서 회사에 지급을 요청할 수 있다.

그렇다면 혜지 씨의 경우에는 어떠한가. 혜지 씨는 퇴사를 했으니 상식적으로 휴가 청구권은 없다고 보는 것이 맞는데, 퇴사까지 한 상황에서 사용하지 않은 휴가의 수당을 청구할 수 있을까?

청구할 수 있다. 근로자가 연차 유급 휴가 청구권을 취득한 후에 1년이 지나면 휴가 청구권은 소멸되지만 다음 날부터 미사용 수당 청구권은 발생한다. 이후 퇴직을 해서 근로관계가 종료되었다고 해도 연차 유급 휴가 미사용 수당 청구권은 그대로 남아 있기 때문에 당연히 회사에 청구해 받을 수 있다. 혜지 씨는 창피당할 것이 걱정돼서 혹은 회사와의 단순한 정으로 미사용 수당 청구권을 행사하는 것을 망설일 필요가 전혀 없다.

쌍둥이를 낳으면 출산 휴가도 더 길게 주나요?

#출산 휴가 #육아 휴직 #워킹맘 #쌍둥이 출산 #난임부부 지원

응급 내원 사례

미선 씨는 결혼하고 4년 만에 쌍둥이를 얻고 임신 중인 예비맘이다. 임신한 상태로 회사를 다니느라 힘이 들기도 했지만 일하는 것이 즐거워 출산이 임박해서까지 회사를 다녔다. 그런데 회사 사정상 출산 휴가 이후에 육아 휴직을 이어서 쓸 수는 없는 상황이라 미선 씨는 고민에 빠졌다. '과연 출산 휴가 기간 동안 몸이 다 회복이 될까?' 하지만 긍정왕 미선 씨는 출산 전 일주일까지 일을 하다가 출산을 했고, 출산 전후를 꽉 채워 90일의 출산 휴가를 다 채우고 복귀했다. 그런데 동료들이 묻는다. "왜 벌써 왔어요?"

지금 당장 필요한 응급 처치

① 한 번에 둘 이상의 자녀를 임신한 경우에는 출산 휴가일과 유급 휴가일이 더 늘어나니 꼭 확인하자!

② 임신 12주 이내, 36주 이후라면 단축 근로를 신청하자!

③ 임신을 계획 중이라면 난임 치료 휴가를 사용하자!

　　요즈음에는 출산 휴가를 안 준다는 회사는 거의 찾아볼 수 없다. 물론 회사에 일이 너무 많아서 산후조리원에서 노트북을 끼고 일했다는 이야기는 들어봤지만, 그래도 출산 휴가는 꽤 일반적인 것이 되었다. 그 이유가 뭘까? 회사가 출산 휴가를 주는 것은 선택 사항이 아니라 의무 사항이기 때문이다. 근로기준법에 따라 출산을 한 근로자에게는 출산 전후로 90일의 출산 휴가가 보장되고, 그중 45일 이상은 반드시 출산 후에 사용해야 한다. 이것은 출산에 따른 신체 회복에 필요한 기간을 산정해둔 것으로 풀이된다.

　　미선 씨 역시 이렇게 출산 휴가를 잘 쓰고 회사로 돌아갔다. 그럼에도 미선 씨에게 동료들이 왜 벌써 왔냐고 물은 이유는 무엇일까? 바로 미선 씨가 쌍둥이를 출산했기 때문이다. 근로기준법에 따르면, 쌍둥이같이 둘 이상의 아이를 임신한 경우에는 출산 전후로 120일의 출산 휴가가 보장되고, 그중 60일 이상은 반드시 출산 후에 사용

근로기준법 제74조 (임산부의 보호)

제1항. 사용자는 임신 중의 여성에게 출산 전과 출산 후를 통하여 90일(한 번에 둘 이상 자녀를 임신한 경우에는 120일)의 출산전후휴가를 주어야 한다. 이 경우 휴가 기간의 배정은 출산 후에 45일(한 번에 둘 이상 자녀를 임신한 경우에는 60일) 이상이 되어야 한다.

제4항. 제1항부터 제3항까지의 규정에 따른 휴가 중 최초 60일(한 번에 둘 이상 자녀를 임신한 경우에는 75일)은 유급으로 한다. 다만, 「남녀고용평등과 일·가정 양립 지원에 관한 법률」 제18조에 따라 출산전후휴가 급여 등이 지급된 경우에는 그 금액의 한도에서 지급의 책임을 면한다.

해야 한다. 즉, 미선 씨는 사실 30일은 더 쉬고 복귀할 수 있었던 것이다. 아무래도 쌍둥이의 경우에는 임신 기간 중 몸의 부담이 더하고 출산 후에도 회복하기 위해 더 많은 시간이 필요하기 때문에 법은 차별을 두었을 것이다.

필자 역시도 쌍둥이를 출산한 엄마로서 반가운 내용이다. 의외로 주변에 쌍둥이들이 참 많은데 예비 쌍둥이 엄마들이 이러한 출산 휴가에 대한 내용을 잘 모르고 있는 듯해서 안타깝다.

우리 법은 출산 휴가 일수와 출산 후에 반드시 쉬어야 하는 최소 일수를 정해놓고 있다. 왜일까? 사람마다 회복에 필요한 시간은 조금씩 다르겠지만, 그럼에도 불구하고 꼭 필요한 최소한의 기간을 보장하기 위함일 것이다. 물론 이러한 기준을 최소한이 아닌 회복에 필요한 평균치로 잡아야 하는 것 아닌가 하는 생각도 든다. 대부분의 여성들이 출산 휴가에 이어 육아 휴직을 붙여 쓰면서 몸을 회복하는 것을 보더라도, 기존 출산 휴가 일수는 부족한 감이 있다. 게다가 회사에 눈치가 보여 육아 휴직을 붙여서 쓰지 못하는 경우도 여전히 많으니 이런 현실을 고려해 출산 휴가를 아예 길게 주는 것도 좋지 않을까? 필자 역시 여성으로서, 근로자로서 가져보는 소소한 바람이다.

원칙적으로 출산 휴가는 연속해서 사용해야 한다. 그러나 유산이

남녀고용평등과 일·가정 양립 지원에 관한 법률 제18조의 2 (배우자 출산 휴가)
제1항. 사업주는 근로자가 배우자의 출산을 이유로 휴가를 청구하는 경우에 5일의 범위에서 3일 이상의 휴가를 주어야 한다. 이 경우 사용한 휴가기간 중 최초 3일은 유급으로 한다.
제2항. 제1항에 따른 휴가는 근로자의 배우자가 출산한 날부터 30일이 지나면 청구할 수 없다.

나 사산의 위험이 있는 경우에는 나누어 사용할 수 있다. 이렇게 나누어 사용해서 정작 출산 후에 남은 휴가 일수가 45일이 안 된다고 하더라도 출산 후에는 무조건 45일을 쉬어야 한다. 물론 쌍둥이의 경우에는 출산 후 60일이 보장된다. 그런데 만약 출산을 하지 못하고 유산이나 사산한 경우는 어떨까. 임신 주수에 따라 유산, 사산 휴가를 쓸 수 있다. 예를 들어 유산, 사산한 근로자의 임신 기간이 11주 이내인 경우에는 유산, 사산한 날부터 5일까지, 12주 이상 15주 이내인 경우에는 10일까지 등으로 정해져 있다.

출산 휴가를 사용할 때, 급여 체계에 대해서도 많은 사람들이 궁금해한다. 만약 출산 휴가 기간 동안 무급이라면 출산을 앞둔 근로자의 부담은 클 수밖에 없을 것이다. 아기가 태어나면 들어가는 비용이 만만치 않을 텐데 '어쩔 수 없이 쉬는' 동안에 월급마저 받을 수 없다면 참 불합리할 것이다.

그래서 근로기준법은 출산 휴가 기간 중 최초 60일에 대해서는 사업주가 통상임금 전액을 지급하도록 하고 있다. 이후 30일분에 대해

근로기준법 시행령 제43조 (유산·사산 휴가의 청구 등)
제1항. 법 제74조 제2항 전단에서 "대통령령으로 정하는 사유"란 다음 각 호의 어느 하나에 해당하는 경우를 말한다.
1. 임신한 근로자에게 유산·사산의 경험이 있는 경우
2. 임신한 근로자가 출산 전후 휴가를 청구할 당시 연령이 만 40세 이상인 경우
3. 임신한 근로자가 유산·사산의 위험이 있다는 의료기관의 진단서를 제출한 경우
제2항. 법 제74조 제3항에 따라 유산 또는 사산한 근로자가 유산·사산 휴가를 청구하는 경우에는 휴가 청구 사유, 유산·사산 발생일 및 임신 기간 등을 적은 유산·사산 휴가 신청서에 의료기관의 진단서를 첨부하여 사업주에게 제출하여야 한다.

서는 고용보험에서 출산 휴가 급여를 지급한다. 쌍둥이 임신부의 경우에는 사업주의 지급 의무가 75일, 그리고 그 이후 45일 분에 대해서는 고용보험이 지급하게 된다.

다만, 고용보험법에 따른 우선 지원 대상 기업의 경우에는 고용보험에서 출산 휴가 기간 전체에 대한 임금을 지급한다. 우선 지원 대상 기업의 범위는 고용보험법 시행령 제12조에 명시돼 있다.

우선 지원 대상 기업 (고용보험법 시행령 제12조)
- 제조업 500인 이하 사업장
- 광업, 건설업, 운수업, 출판, 영상, 방송통신 및 정보 서비스업, 사업시설관리 및 사업 지원 서비스업, 전문, 과학 및 기술 서비스업, 보건업 및 사회복지 서비스업 300인 이하 사업장
- 도매 및 소매업, 숙박 및 음식점업, 금융 및 보험업, 예술, 스포츠 및 여가 관련 서비스업 200인 이하 사업장
- 기타 100인 이하 사업장
- 중소기업 기본법, 독점규제 및 공정거래에 관한 법률에 따른 상호출자제한 기업집단 중 일정 요건에 해당하는 기업

제3항. 사업주는 제2항에 따라 유산·사산 휴가를 청구한 근로자에게 다음 각 호의 기준에 따라 유산·사산 휴가를 주어야 한다.
1. 유산 또는 사산한 근로자의 임신 기간(이하 "임신 기간"이라 한다)이 11주 이내인 경우: 유산 또는 사산한 날부터 5일까지
2. 임신 기간이 12주 이상 15주 이내인 경우: 유산 또는 사산한 날부터 10일까지
3. 임신 기간이 16주 이상 21주 이내인 경우 : 유산 또는 사산한 날부터 30일까지
4. 임신 기간이 22주 이상 27주 이내인 경우 : 유산 또는 사산한 날부터 60일까지
5. 임신 기간이 28주 이상인 경우 : 유산 또는 사산한 날부터 90일까지

여기에 더해 2019년 7월 1일부터 바뀐 사항이 있다. 직장에 다니는 사람만이 출산 휴가 급여를 받을 수 있는 것이 아니라 1인 사업자, 프리랜서 등 일하는 엄마라면 고용보험 없이도 출산 휴가 급여를 받을 수 있게 되었다. 단, 심사를 통해 출산 전 18개월 중 3개월 이상 소득활동 사실이 확인되어야 한다.

임산부 단축 근로,
혹시 임금도 줄어들까?

대기업에 다니는 친구가 임신 사실을 알았을 때 초기라 조심스러웠음에도 불구하고 회사에 임신 소식을 바로 알렸다고 한다. 임신 초기나 출산 임박 즈음에 신청할 수 있는 단축근무를 위해서였다. 임신 후 12주 이내 또는 36주 이후에 있는 여성 근로자가 1일 2시간의 근로 시간 단축을 신청하는 경우, 회사는 이를 허용해 주어야 한다. 그렇다면 이렇게 근로 시간이 단축되었을 때 회사는 시간당 임금을 계산해서 2시간 치 임금을 삭감할 수 있을까? 아니다. 임신 초기나 말기의 단축 근로를 이유로 임금을 삭감하면 회사는 500만 원

근로기준법 제74조 (임산부의 보호)

제7항. 사용자는 임신 후 12주 이내 또는 36주 이후에 있는 여성 근로자가 1일 2시간의 근로 시간 단축을 신청하는 경우 이를 허용하여야 한다. 다만, 1일 근로 시간이 8시간 미만인 근로자에 대하여는 1일 근로 시간이 6시간이 되도록 근로 시간 단축을 허용할 수 있다.

제8항. 사용자는 제7항에 따른 근로 시간 단축을 이유로 해당 근로자의 임금을 삭감하여서는 아니 된다.

이하의 과태료를 부과받는다. 근로기준법에는 이처럼 임신 중 근로자에 대한 보호가 촘촘히 들어 있다.

남성도 육아 휴직을 쓰고 싶다!

🚨 응급 내원 사례

윤수 씨에게는 갓 돌이 된 아이가 있다. 아내는 윤수 씨보다 연봉이 높고 경력도 길어서 앞으로도 일을 계속할 생각이다. 이런 사정 때문에 윤수 씨의 아내는 아직 육아 휴직을 사용하지 않고 출산 휴가만 사용한 채 회사로 복귀했다. 일을 하고 싶어 하는 아내와 더불어 윤수 씨 역시 본인이 육아 휴직을 하는 것이 가정을 위해 더 효율적일 것 같다는 생각을 하게 되었다. 윤수 씨가 직접 아이를 키우며 1년 정도 시간을 가질 동안 아내는 승진시험에 통과해 그 후 약 1년간 쉴 생각이었다. 아내와 합의를 마친 후 윤수 씨는 회사에 육아 휴직을 신청했다. 그런데 상사가 "무슨 남자가 육아 휴직이냐! 그럴 거면 차라리 일을 그만둬!"라고 독설을 퍼붓는 게 아닌가. 윤수 씨는 육아 휴직을 쓸 마음을 접어야 하나 싶어 머리가 아팠다.

여성이 육아 휴직을 쓰겠다고 해도 눈치를 주는 회사들이 있다. 예전에 필자가 다니던 회사도 그랬다. 그곳에서 일했던 모든 여자 선배들이 다들 출산 3개월 후에 복귀해왔기 때문에 누군가가 이 법직을 깨고 혼자 육아 휴직까지 연이어 쓴다는 것은 있을 수 없는 일이었다. 아마도 아직 우리 사회는 출산 휴가 자체를 출산 후 회복하는 데 필요한 최소한의 시간이라고 인식하지 않고 집에서 뒹굴뒹굴 노는 시간으로 오해하기 때문인 듯하다. 그러니 출산 휴가 후 복귀했다가 육아 휴직을 사용하겠다고 하면 마치 '또 놀게? 또 쉬게?' 하는 눈총으로 보는 것이다. 하지만 직접 출산을 하고 보니 그 출산 휴가나 육아 휴직 기간 중에 쉰다는 것은 현실적으로 불가능하다. 오히려 시간이 어떻게 흘러갔는지도 모르게 정신없이 지나갔다고 표현하는 것이 맞겠다.

여성이 육아 휴직 기간을 갖겠다고 해도 이러한 편견이 있는데, 하물며 남성이 육아 휴직을 사용하겠다고 한다면 사무실의 분위기가 어떨지 눈앞에 그려진다. 예전과 비교해 사회 인식이 많이 달라져서 남성들이 육아 휴직을 쓰는 일이 늘고 있다고는 하지만, 그래도 아직 멀었다고 생각한다. 실제로 육아 휴직을 사용했다가 회사에서 불이익을 받았다는 남성도 많기 때문이다. 고용노동부에 따르면 2019년 육아 휴직을 사용한 남성은 2만 2,297명이다. 2009년의 502명과 비교하면 10년간 무려 40배가량 늘어난 인원이다. 겉으로 보기에 인원

남녀고용평등과 일·가정 양립 지원에 관한 법률 제19조 (육아 휴직)
제1항. 사업주는 근로자가 만 8세 이하 또는 초등학교 2학년 이하의 자녀(입양한 자녀를 포함한다)를 양육하기 위하여 휴직(이하 "육아 휴직"이라 한다)을 신청하는 경우에 이를 허용하여야 한다. 다만, 대통령령으로 정하는 경우에는 그러하지 아니하다.
제2항. 육아 휴직의 기간은 1년 이내로 한다.
제3항. 사업주는 육아 휴직을 이유로 해고나 그 밖의 불리한 처우를 하여서는 아니 되며, 육아 휴직 기간에는 그 근로자를 해고하지 못한다. 다만, 사업을 계속할 수 없는 경우에는 그러히지 이니하다.
제4항. 사업주는 육아 휴직을 마친 후에는 휴직 전과 같은 업무 또는 같은 수준의 임금을 지급하는 직무에 복귀시켜야 한다. 또한 제2항의 육아 휴직 기간은 근속기간에 포함한다.

은 늘었지만, 실제로 상담을 하다 보면 육아 휴직을 사용했다가 해고를 강요받았다던지, 기존 업무와 무관한 부서로 발령받았다는 사례가 쉽게 눈에 띈다. 참 아이러니하다.

그러나 남녀를 불문하고 육아 휴직을 사용할 수 있는 권리는 법률에 명백히 규정되어 있다. 남녀고용평등과 일·가정 양립 지원에 관한 법률에 따르면 만 8세 이하 또는 초등학교 2학년 이하의 자녀를 둔 직장인은 누구나 육아 휴직을 신청할 수 있고 회사는 이것을 반드시 허용해야 한다. 만약 회사가 육아 휴직을 신청받고 허용하지 않으면 500만 원 이하의 벌금에 처해질 수 있고, 육아 휴직을 이유로 해고나 그 밖의 불리한 처우를 하면 3년 이하의 징역 또는 3,000만 원 이하의 벌금에 처해질 수 있다.

또한 남성은 10일의 배우자 출산 휴가를 사용할 수 있다. 이때 휴가 기간은 유급으로 하기 때문에 배우자 출산 휴가를 사용하더라도 경제적으로 부담이 덜하다.

남녀고용평등과 일·가정 양립 지원에 관한 법률 제18조의 2 (배우자 출산 휴가)

제1항. 사업주는 근로자가 배우자의 출산을 이유로 휴가(이하 "배우자 출산 휴가"라 한다)를 청구하는 경우에 10일의 휴가를 주어야 한다. 이 경우 사용한 휴가 기간은 유급으로 한다.

제2항. 제1항 후단에도 불구하고 출산 전후 휴가급여 등이 지급된 경우에는 그 금액의 한도에서 지급의 책임을 면한다.

제3항. 배우자 출산 휴가는 근로자의 배우자가 출산한 날부터 90일이 지나면 청구할 수 없다.

제4항. 배우자 출산 휴가는 1회에 한정하여 나누어 사용할 수 있다.

제5항. 사업주는 배우자 출산 휴가를 이유로 근로자를 해고하거나 그 밖의 불리한 처우를 하여서는 아니 된다.

난임부부를 위한 휴가가 있다?

사회 분위기가 변화하며 새롭게 시행된 규정도 살펴보자. 2018년 5월 29일부터 근로자는 난임치료를 위한 휴가를 갈 수 있게 되었다. 회사는 난임치료를 받기 위해 휴가를 청구한 근로자에게 연간 3일 이내의 휴가를 주어야 하고, 이 경우 최초 1일은 유급으로 한다. 난임부부가 늘다 보니 이러한 조항이 생겼다. 난임 시술을 위해서는 회사를 쉴 수밖에 없으므로 합리적으로 필요한 최소한의 시간을 보장해주자는 법의 취지로 해석된다.

남녀고용평등과 일·가정 양립 지원에 관한 법률 제18조의 3 (난임 치료 휴가)
제1항. 사업주는 근로자가 인공 수정 또는 체외 수정 등 난임치료를 받기 위하여 휴가(이하 "난임 치료 휴가"라 한다)를 청구하는 경우에 연간 3일 이내의 휴가를 주어야 하며, 이 경우 최초 1일은 유급으로 한다. 다만, 근로자가 청구한 시기에 휴가를 주는 것이 정상적인 사업 운영에 중대한 지장을 초래하는 경우에는 근로자와 협의하여 그 시기를 변경할 수 있다.
제2항. 사업주는 난임 치료 휴가를 이유로 해고, 징계 등 불리한 처우를 하여서는 아니 된다.

난데없는 임금 삭감, 저는 어떻게 해야 할까요?

→

#임금 삭감 #임금 체불 #최저 임금

응급 내원 사례

민철 씨는 3년 차 직장인이다. 민철 씨가 다니는 회사는 유통회사인데 요즈음 들어 매출이 급감하고 있는 터라 회사 분위기가 좋지 않다. 그러던 어느 날 사장님이 직원들을 불러 모아 놓고는 월급이 깎일 예정이라고 하는 것 아닌가? 민철 씨는 '이게 무슨 소리지?' 하는 생각이 들었다. 하지만 회사 선배는 전에도 그런 적이 있었다며 씁쓸해한다. 사장님은 "한 달에 30만 원씩 4개월 동안만 감봉할 예정입니다. 경기가 안 좋아 회사 사정이 어려우니 모두들 합심해주길 바랍니다" 라고 말한다. 과연 민철 씨는 사장님의 이러한 일방적인 결정을 따라야 하는 걸까?

지금 당장 필요한 응급 처치

① 회사 내에 임금 체불을 겪은 다른 사람들이 있는지 확인하자!

② 임금 체불을 입증할 수 있는 증거를 모으자!

③ 고용노동부 홈페이지에서 '임금 체불 진정 신고서'를 작성해 제출하자!

* 임금 체불 발생 14일 후부터 가능하다

④ 임금 체불이 확인되면 '체불금품확인원' 및 '체불 임금 등 사업주 확인서'를 받자!

IMF 시절 회사를 살리기 위해 몇 달 치 월급을 마다하고 백방으로 뛰며 일했다는 한 직장인의 이야기를 TV에서 본 적이 있다. 회사를 위해 본인의 월급까지 내어놓는 그 희생 정신을 높이 사며 칭찬하는 내용이었다. 과연 그 헌신을 칭찬해야 하는 걸까. 무언가 많이 부당해 보이는데 말이다.

민철 씨 역시 회사를 위해 월급의 일부를 내어놓는 게 과연 맞는지 궁금해하고 있다. 법적으로 보자면, 당연히 아니다. 민철 씨와 사전에 협의가 되지 않은 채로 민철 씨의 월급 일부를 삭감한다면 이것은 근로기준법상 임금이 제대로 지불되지 않은 **임금** 체불에 해당한다.

근로기준법에 따르면 임금은 직접 근로자에게 '전액' 지급해야 하고, 매월 1회 이상 일정한 날짜를 정해 그 날짜에 지급해야 한다. 임금을 아예 지급하지 않는 것도 당연히 임금 체불이지만, 임금을 전액 지급하지 않고 일부만을 지급하는 것 역시 임금 체불에 해당한다. 그리고 임금 체불을 하게 되면 3년 이하의 징역 또는 3,000만 원 이하의 벌금에 처해질 수 있다.

물론 민철 씨가 중대한 업무상 잘못을 저질러 감봉이라는 징계를 받아야 하는 경우라면 이야기는 다르다. 회사가 '징계 처분을 받아야 하는 잘못'으로 규정해둔 일정한 사유에 해당하는 경우라면, 감봉이나 정직 등의 징계 처분은 정당한 것이 된다. 따라서 민철 씨가 감봉이라는 징계를 받는 경우라면 모르겠으나, 회사가 어렵다는 이유 하나만으로 민철 씨의 월급을 일부 지급하지 않는 것은 근로기준법 위반이다.

상담을 하다 보면 아예 임금 전부를 지급받지 못했다는 의뢰인들도 심심치 않게 만날 수 있다. 당연히 임금 체불에 해당하는데, 사업주가 '일주일 뒤에 꼭 지급하겠다'며 차일피일 미루다가 결국에는 지급하지 않는 경우가 대부분이었다. 한편 체불 액수가 의외로 소액인 경우도 많은데, 이러한 경우에는 법적 조치를 취하기도 뭐하고 그렇다고 돈을 안 받기도 뭐한 애매한 상황이 된다. 악덕 사업주들이 이런 점을 노리는 것 같기도 하다.

임금 체불, 어떻게 해결해야 할까?

이렇게 임금 체불이 발생하면, 가장 먼저 해야 할 일은 고용노동부에 진정서를 제출하는 것이다. 인터넷을 통해 또는 직접 방문해 진

근로기준법 제43조 (임금 지급)

제1항. 임금은 통화(通貨)로 직접 근로자에게 그 전액을 지급하여야 한다. 다만, 법령 또는 단체협약에 특별한 규정이 있는 경우에는 임금의 일부를 공제하거나 통화 이외의 것으로 지급할 수 있다.

제2항. 임금은 매월 1회 이상 일정한 날짜를 정하여 지급하여야 한다. 다만, 임시로 지급하는 임금, 수당, 그 밖에 이에 준하는 것 또는 대통령령으로 정하는 임금에 대하여는 그러하지 아니하다.

정을 할 수 있다. 인터넷을 통해 진정하는 경우에는 고용노동부 전자민원마당 홈페이지에서 하면 된다. 이때 체불 임금 총액을 자세히 기재하도록 하자. 또는 직접 방문해 진정서를 제출할 때에는 사업장 관할 지방고용노동관서를 방문하면 된다. 관할 관서 역시 고용노동부 홈페이지에서 검색할 수 있다. 실제로 많은 의뢰인들이 직접 이렇게 진정서를 제출했다. 그들도 처음에는 어떻게 해야 할지 몰라 대책을 세우기 위해 변호사와 상담을 했을 것이다. 그런데 사실 절차와 방법만 안내해주면 굳이 변호사 비용을 들이지 않고도 의뢰인 스스로 대응할 수 있다. 그래서 필자는 가능하다면 의뢰인 혼자서 할 수 있는 대응 방법을 안내하는 편이다.

임금 체불에 대한 진정을 하면 약 2주 정도 후에 담당 근로감독관이 정해지고 우편 및 문자 등으로 절차에 대한 안내를 받게 된다. 그럼 신고를 한 사람이 출석요구서에 적힌 날짜에 정해진 장소를 방문해서 사실 관계에 관한 조사를 받으면 된다. 이때 중요한 것은 관련 증거를 수집해 가져가는 것이다. 증거를 직접 제시하면서 이야기하면 훨씬 수월하게 진술할 수 있기 때문이다. 간혹 감정이 격해져서 감정적인 진술만 장황하게 늘어놓고 정작 중요한 사실 관계에 대해서는 제대로 진술하지 못하는 경우가 있는데, 가장 중요한 건 사실 관계 확인과 임금 체불의 입증이라는 것을 잊지 말자. 그리고 입증은 내 말을 통해서가 아니라 문서나 녹음 등의 증거를 통해 하는 것이 가장 효과적이다. 따라서 출석 전 증거를 가능한 많이 준비한 후 이를 토대로 자세히 진술하면 된다.

조사를 통해 임금 체불이 확인되면 **체불금품확인원** 및 **체불 임금 등 사업주 확인서**를 받을 수 있다. 받는 방법은 매우 간단하다. 근로감독관에게 신청하면 된다. 이 서류들은 나중에 소액체당금 신청 및 민사 소송을 진행할 때 유용한 증거가 되기 때문에 임금 체불 신고를 한 경우라면 필수적으로 받아 놓아야 한다.

또 중요한 것이 있다. 바로 임금 채권의 소멸 시효이다. 소멸 시효가 지났다면 그 채권은 의미가 없어 다툴 필요조차 없다. 그러니 꼭 미리 체크하자. 임금 채권의 소멸 시효는 3년으로, 임금 체불이 발생한 때로부터 3년이 지나면 "내 임금을 달라"라고 하고 싶어도 법적으로 불가능하다. 그러니 임금 체불이 발생했다면 반드시 3년 이내에 고용노동부에 진정을 하거나 민사 소송을 진행해야 한다.

보통 임금 체불이 발생하는 패턴을 보면 한 사람에게만 임금 체불이 발생하는 경우는 극히 드물다. 주변 동료 모두가 임금을 못 받는 일이 대부분이다. 따라서 고용노동부에 진정하거나 민사 소송을 진행할 때 임금 체불을 겪은 당사자 모두가 같이 대응하면 훨씬 효과적이다. 아무래도 피해자가 1명인 사건보다 피해자가 100명인 사건이 주장을 펼치는 데 있어 훨씬 효과적일 수밖에 없다. 그렇지만 막상 여러 명이 한꺼번에 다 같이 모여서 진정 신고서를 제출하러 가거나 출석하기는 어려울 것이다. 그럴 땐 한두 사람이 대표자가 되어서 다른 나머지 사람들로부터 위임장을 받아 대응하면 된다.

내가 아닌 남을 위해서라도,
꼭 지켜야 하는 최저 임금

🚨 응급 내원 사례

예리 씨는 유학을 준비하고 있다. 유학하는 데는 꽤 많은 비용이 들 예정이어서 예리 씨는 임시로 아르바이트를 하기로 했다. 출판사에서 업무를 보조하는 일이었는데, 학교 선배가 한 출판사의 과장으로 있어서 예리 씨에게 일을 줄 수 있다고 했다. 구체적인 업무는 아동용 도서를 만드는 것으로, 난이도가 있는 작업이 아니다 보니 시급 6,000원 선에서 알바비를 줄 수 있다고 했다. '2020년 기준 최저 임금이 8,590원인데, 그보다 낮은 수준의 알바비라니….' 하지만 예리 씨 입장에서는 정기적으로 출근을 하는 것도 아니고 유학을 준비하며 병행할 수 있는, 이보다 더 좋은 알바가 없었다. 예리 씨는 선뜻 수락해 일을 시작했다. 그 선택은 과연 옳은 선택이었을까?

최저 임금 제도는 정부에서 임금액의 최저한도를 정해 사용자에게 이를 준수하도록 강제하는 제도를 말한다. 이걸 강제하지 않으면 누구는 시간당 1,000원에도, 2,000원에도 일을 하게 될 것이므로 근로자들의 급여 수준은 향상될 수 없을 것이다. 따라서 일정 수준의 임금을 강제해 근로자들에게 최소한의 경제권을 보장해주는 제도로 이해된다. 최저 임금(시간급)은 2020년 기준 8,590원으로, 2019년 8,350원 대비 2.9% 인상되었다. 2018년의 경우에는 7,530원으로, 2017년 6,470원보다 무려 16.4% 인상되기도 했다. 그러면 이것은 누구에게나 적용되는 것일까? 심지어 예리 씨처럼 정규직 직원도 아니고 단지 임시로 일을 돕는 차원에서 근로를 제공하는 아르바이트생에게도 적용이 되는 것일까?

최저 임금법에 따르면, 최저 임금 제도는 근로자를 고용하는 모든 사업장에 적용된다. 상용 근로자뿐만 아니라 임시 근로자나 일용 근로자, 시간제 근로자 등 모든 근로자에게 적용된다. 따라서 임시로 일한다고 볼 수 있는 예리 씨에게도 당연히 최저 임금 제도가 적용되고, 예리 씨는 학교 선배에게 당당히 최저 임금에 따른 급여를 지급해달라고 요청할 수 있다.

그런데 근로자는 대개 '을'의 입장에 서 있다. 그래서 이러한 당연한 권리조차 제대로 요구하지 못하는 경우가 있는데, 적어도 법률에 명백히 규정되어 있는 사항에 대해서는 당당히 요구할 수 있어야 한다.

참고로 아르바이트는 성인뿐 아니라 청소년도 많이 한다. 이때 최저 임금은 성인이든 청소년이든 상관없이 적용되기 때문에 편의점에서 아르바이트를 하는 청소년의 경우에도 당연히 최저 임금을 요구할 수 있다. 사실 청소년일수록 최저 임금조차 보장되지 않는 열악한 근로환경에 처하기 쉬워 그 보호 필요성이 크다. 청소년의 경우에는 청소년근로보호센터를 통해 근로관계 전반에 대한 상담 등을 받을 수 있다. 청소년근로보호센터는 여성가족부가 운영하는 청

직장·근로

최저 임금법 제3조 (적용 범위)

제1항. 이 법은 근로자를 사용하는 모든 사업 또는 사업장(이하 "사업"이라 한다)에 적용한다. 다만, 동거하는 친족만을 사용하는 사업과 가사(家事) 사용인에게는 적용하지 아니한다.

제2항. 이 법은 「선원법」의 적용을 받는 선원과 선원을 사용하는 선박의 소유자에게는 적용하지 아니한다.

소년 근로자들을 위한 전용 상담센터이다. 최저 임금 미준수뿐만 아니라 임금 체불, 부당대우 등과 같은 근로기준법 위반 사항을 겪었다면 이곳을 찾아 상담해보자.

그러면 예리 씨가 학교 선배와 최저 임금보다 낮은 수준의 임금으로 합의해서 계약서까지 작성했다면 어떨까? 일반적으로 계약서에 도장을 찍으면 그대로 지켜야 하니까, 이렇게 불합리한 경우도 마찬가지일까? 최저 임금법에 따르면 최저 임금액이 결정되어 고시된 이후에 사용자가 근로자와 합의해 최저 임금액보다 낮은 임금을 지급하기로 약정하더라도 이러한 약정은 아예 무효이다. 그 합의는 없는 것으로 간주해도 되는 것이다. 따라서 예리 씨가 학교 선배와 어떻게 계약을 했든 최저 임금보다 낮은 수준의 임금을 지급하기로 한 계약 부분은 무효이기 때문에 언제든지 최저 임금을 지급하라고 요청할 수 있다. 또 이러한 최저 임금 제도를 무시하고 최저 임금보다 낮은 금액을 지급하게 되면 3년 이하의 징역 또는 2,000만 원 이하의 벌금에 처해진다.

최저 임금은 고용노동부장관이 매년 8월 5일까지 최저 임금심의위원회의 심의, 의결을 거쳐서 결정하고 그 내용을 고시한다. 고시된 최저 임금은 다음 해 1월 1일부터 효력이 발생한다. 즉, 최저 임금은 고정된 것이 아니라 매년 바뀌는 유동적인 금액이기 때문에 정부의 정책에 따라 그 추이를 지켜보는 것도 하나의 포인트이다.

응급 로펌의 처방 ⚖

* 임금 체불 진정 신고서는 고용노동부 홈페이지 민원마당(minwon.moel.go.kr) > 민원신청 > 서식민원 > 임금 체불 진정서 순으로 찾을 수 있다.
* 최저 임금보다 낮은 임금을 받았을 때도 인금체불 신고가 가능하다.

3장

집(부동산) · 임대차 🔍

▼

#등기부등본

#주택임대차보호법

#전입신고, 확정일자

#부동산 중개 보수

#임대차 보증금

부동산 계약이 처음이에요. 어디서부터 시작하나요?

→

#등기부등본 #임대차 계약 #임차인 #집주인 #근저당권

응급 내원 사례

윤희 씨는 사회 초년생으로 첫 자취를 앞두고 이사할 곳을 찾고 있었다. 부동산에서 매물을 보던 윤희 씨는 매우 저렴한 보증금에 임차인을 구한다는 집을 발견하게 됐다. 그날로 중개업자에게 요청해 집주인과 만나게 되었는데, 집주인은 원하는 날 언제든 들어와도 되고 집 상태도 좋다며 적극적이었다. 실제로 그 집에 가보니 생각했던 것보다 더 괜찮아 보였다. 윤희 씨는 집을 계약하기로 마음먹었다. 그런데 계약서 작성을 앞둔 어느 날, 동네에서 청천벽력 같은 소식을 듣게 됐다. 집주인이 그 집을 담보로 대출을 최대한 받아놓고 갚을 돈이 없어 일명 돌려막기를 하고 있다는 소식이었다. 윤희 씨는 소문의 사실 여부를 확인하고 싶지만 방법을 모른다. 어떻게 해야 할까?

지금 당장 필요한 응급 처치

① 계약하려는 집의 등기부등본을 떼어보자!

② 등기부등본에서 을구 부분, 즉 근저당권 설정 부분을 자세히 살피자!

③ 등기부등본에 채권 최고액의 합계가 집값의 몇 퍼센트를 차지하는지 확인하자!

사회에 첫발을 내디딘 사회 초년생이나 대학교 근처에서 자취를 시작해야 하는 신입생 등 처음으로 혼자 살 집을 구해야 하는 경우라면 당연히 무엇부터 알아보고 결정해야 할지 막막할 것이다. 그렇다 보니 이 과정에서 아주 사소한 실수 하나로 법적 분쟁까지 가게 되는 경우가 많다.

현재 윤희 씨는 집에 대한 안 좋은 소문을 듣고 있지만 진위 여부를 확인할 방법은 모르는 상태다. 자칫 그 집과 관련된 서류 한 장 떼어보지 않고 집주인 말만 믿고 덜컥 계약을 할 수도 있는 위험한 상황이다. 그러나 부동산 계약 전 등기부등본을 확인하는 것은 필수 중의 필수이다. 물론 등기부등본을 챙겨본 경우라도 처음 접하는 사람은 어떻게 읽어야 하는지를 몰라 당황할 수 있지만, 의미만 알면 한 번 쓱 보고도 아주 간단하게 주요 내용을 파악할 수 있을 정도로 쉽다. 지금부터 등기부등본 읽는 법을 하나씩 알아보자.

**등기부등본은 집 계약 전
가장 먼저 확인해야 하는 서류!**

'등기'라는 말을 한 번쯤은 들어봤을 것이다. 임대차 계약을 체결하기 전에 그 집을 담보로 대출을 받은 사실이 있는지 확인하기 위해서는 **등기사항전부증명서** 즉, 등기부등본을 확인해야 한다. 우리가 많이 들어왔던 것처럼 보통 편하게 줄여서 말할 때는 '등기'라고도 하는데, 쉽게 말해서 사람에게는 주민등록등본이 있듯 부동산에는 등기부등본이 있다고 생각하면 된다.

등기부등본은 ① 표제부, ② 갑구, ③ 을구, 이렇게 세 부분으로 이루어져 있다. 단어가 익숙하지 않아서 어렵게 느껴질 뿐 의미만 알면 쉽다.

① 표제부는 집의 면적, 주소 등 집에 대한 기본 정보를 담고 있다. ② 갑구는 집주인의 소유권 관련 내용을 담고 있고 ③ 을구에는 집주인이 대출을 받았는지, 얼마를 받았는지 등이 나와 있다. 윤희 씨의 경우 그 집의 등기부등본을 발급받아 을구를 한 번만 살펴봤더라면 소문으로 듣기 전에 먼저 집주인의 대출 사실을 알 수 있었을 것이다.

표제부

【 표 제 부 】 (건물의 표시)				
표시번호	접 수	소재지번 및 건물번호	건물내역	등기원인 및 기타사항
1	20##년 #월 #일	서울특별시 ###	철근콘크리트구조 4층 근린생활시설 및 다가구주택	

표제부는 구체적으로 접수, 소재지번, 건물내역 등의 항목으로 구성되어 있다. '접수'란을 보면 집이 언제 지어졌는지를 알 수 있는데,

말 그대로 이 집이 언제 지어져서 언제 이 등기가 접수되었는지를 뜻한다. '소재지번'은 집 주소로, 어디에 그 집이 소재해 있는지 구체적인 주소를 알려준다. 가장 기본적으로는 이 두 가지 정도만 알면 된다.

갑구

【 갑　　구 】 (소유권에 관한 사항)				
순위번호	등기목적	접수	등기원인	권리자 및 기타사항
1	소유권 보존	20##년 #월 #일		소유자 000 서울특별시 ###

갑구는 집주인의 소유권 관련 내용, 구체적으로는 등기목적, 접수, 등기원인 등의 항목으로 구성되어 있다. 솔직히 말해서 갑구에 있는 내용을 모두 자세히 알 필요는 없다. 갑구는 지금까지 이 집을 소유해온 사람들의 이름을 나타내고 있어 수십 페이지에 이르는 경우도 더러 있기 때문이다. 그런데 지금 내가 임대차 계약을 체결함에 있어서 가장 중요한 것은 '현재' 집주인이 누구인지, 그 집주인이 이 집의 소유권을 안전하게 잘 확보하고 있는지 여부 아닌가. 따라서 갑구에서 가장 아래에 있는 '권리자'의 이름이 내가 아는 집주인의 이름과 일치하는지를 확인하면 된다. 즉, 일치한다면 집주인이 이 집의 소유권자가 맞다는 뜻이고 그 사람과 계약을 체결하면 된다.

을구

【 을 　 구 】		(소유권 이외의 권리에 관한 사항)		
순위번호	등기목적	접수	등기원인	권리자 및 기타사항
1	근저당권 설정	20##년 #월 #일	###년 설정계약	채권 최고액 금 #### 채무자 @@@

　을구는 조금 찬찬히 살펴봐야 한다. 을구에는 권리 사항들, 즉 근저당권 설정과 같은 내용이 나와 있는데, 이것이 바로 '내가 집주인에게 건네는 보증금이 무사할지' 여부를 판단하기 위한 근거가 되기 때문이다.

　먼저 '등기목적'란을 살펴보자. 만약 거기에 근저당권 설정이라고 나와 있으면 일반적으로 집주인이 누군가에게 돈을 빌렸다는 뜻이다. 가장 흔하게는 은행에서 돈을 빌려도 근저당권 설정으로 표시된다. 소위 '저당 잡혔다'고 하지 않는가. 그때의 저당과 같은 말이다. 은행에서 대출을 해줄 때 채무자인 집주인이 돈을 갚지 못할 것을 우려해 집에 저당을 잡아놓았다는 의미이다. 그래서 **근저당권**이라는 말을 보면 '아, 집주인이 집을 담보로 돈을 빌렸구나'라고 생각하면 된다. 근저당권이 설정된 것을 확인했으면 그다음으로 봐야 할 것은 **채권 최고액**이다. 설정된 근저당권의 액수가 얼마인지를 알려주는 항목이기 때문이다. 채권 최고액이라는 것은 집주인이 실제 은행에 돈을 빌린 액수가 아니라 은행에서 대출해줄 때 집에 저당을 잡는 금액으로, 보통 빌린 원금의 130% 정도를 설정한다.

그런데 여기서, 집주인이 "채권 최고액 자체는 액수가 크지만 실제로 거의 다 갚아서 남은 채무는 300만 원밖에 안 된다"라며 안심시킬 수도 있다. 하지만 등기부등본상에 근저당권이 설정되어 있고 채권 최고액이 3,000만 원이라면, 그 3,000만 원에만 집중하면 된다. 즉 집주인이 채무가 300만 원만 남았다고 말해도 무시하자. 설령 돈을 거의 다 갚았다는 집주인의 말이 사실일지라도, 돈이 필요하면 언제든지 은행 채권 최고액인 3,000만 원 범위에서 다시 돈을 빌려 쓸 수 있기 때문이다. 결국 이 집을 담보로 매겨져 있는 금액은 3,000만 원이고 임차인 역시도 그 부동산에 대해 생각할 때 3,000만 원에 대한 고려를 해야 하는 것이므로 '채권 최고액' 그 자체에 집중해야 한다.

결론은, 집의 주민등록등본이라고 할 수 있는 등기부등본을 잘 살펴서 피땀 흘려 번 보증금을 잘 지키자는 것이다. 특히 등기부등본상 을구를 꼭 살펴서 집주인이 집을 담보로 과연 얼마의 채무를 부담하고 있는지를 파악해야 한다. 만약 채권 최고액 합계가 집값의 60%를 넘어가는 수준에 이른다면 보증금이 위험해질 수도 있으니 신중히 생각해 봐야 한다.

부동산 전문가들 중에서는 보수적으로 보아 집값의 절반을 넘어가면 쳐다도 보지 말라고 하는 사람도 있다. 하지만 그러다 보면 실제 선택의 폭이 너무 좁아질 수도 있기 때문에 본인의 성향이나 처한 상황에 맞게 살피면 될 것이다. 물론, 내가 주택임대차보호법상 소액임차인의 경우라면 최우선변제권을 얻어 일부 보증금을 보호받을 수는 있다. 그러나 최우선변제가 인정되는 소액보증금 범위도 지역마다 엄격히 정해져 있고(지역적 임대료의 차이, 화폐 가치, 부동산 가격 변화 등에 따라 변화) 최우선변제 금액도 일부로 정해져 있기 때문에 괜한 속앓이를 하지 않기 위해서는 등기부등본을 더욱 꼼꼼히 살펴야 한다.

　부동산 계약을 너무 어렵게만 생각할 필요는 없다. 등기부등본을 살피는 등 아주 기본적인 몇 가지 사항만 알아둬도 혹여나 있을지 모르는 부동산 법적 분쟁이나 사기에 가까운 부동산 계약 체결은 막을 수 있을 것이다.

집주인이 1년이 지났으니 계약서대로 방을 빼달래요.

→

#주택임대차보호법   #임대차 계약   #계약 기간

응급 내원 사례

사회 초년생인 상수 씨는 오피스텔을 임대해 살고 있다. 상수 씨는 임대차 계약을 체결할 때 제대로 된 계약서가 아닌 간이식 계약서만 작성했는데, 사실 임대인인 집주인이 건네는 서류에 사인만 했을 뿐이다. 당시 계약서를 확인한 상수 씨는 계약 기간이 1년으로 되어 있다는 사실을 알고 곧장 집주인에게 계약 기간을 더 길게 바꿔달라고 항의했다. 그러나 집주인은 어차피 1년 단위로 연장하면 되니 문제될 것 없다고 거절했다. 상수 씨는 집주인의 말을 믿고 그냥 넘어갔다. 그런데 계약 후 1년이 다가오자 집주인기 갑자기 계약서를 들이밀며 상수 씨에게 방을 비우라고 통보해왔다.

지금 당장 필요한 응급 처치

① 임대차 계약은 기본이 2년이다!

② 따라서 계약 기간이 1년으로 되어 있어도 2년 동안 임차인으로서 권리를 주장할 수 있다!

③ 임대차 계약이 묵시적 갱신되는 경우, 전 임대차 계약과 동일한 조건으로 다시 임대차 된 것으로 본다!

보통 어떤 계약서에 사인을 한다는 건 그 계약서에 담긴 내용을 다 이해하고 그 내용대로 이행하겠다는 약속을 의미한다. 그렇기 때문에 계약서를 쓸 때에는 그 어느 때보다 신중해야 한다. 상수 씨 역시 계약서를 날인했으니 그 내용을 이행해야 한다고 생각했을 것이다. '1년 단위로 계약 기간을 연장하겠다'는 집주인의 말은 입증할 방법도 없고, 실제 계약서에는 계약 기간이 1년이라고 적혀 있으니 그저 적힌 대로 1년이 지나면 집을 비워줘야 한다고 생각했을지 모른다.

그럼 상수 씨는 정말 이대로 집을 나가야 하는 것인지 하나씩 살펴보자. 우선 상수 씨와 같이 주거의 안정을 보장받지 못하는 이들을 보호하기 위한 법이 있다. 바로 **주택임대차보호법**이다. 주택임대차보호법은 주택임대차 계약을 체결하는 임대인과 임차인 모두가 반드시 알아야 하는 가장 기본적인 법이다. 이 법을 알아야 임차인은 자신에게 보장된 권리를 억울함 없이 주장할 수 있고, 반대로 임대인은 집을 임대함에 있어서 본의 아니게 범법 행위를 저지르는 일을 막을 수 있다.

주택임대차보호법 제2조 (적용 범위)
이 법은 주거용 건물(이하 "주택"이라 한다)의 전부 또는 일부의 임대차에 관하여 적용한다. 그 임차주택(賃借住宅)의 일부가 주거 외의 목적으로 사용되는 경우에도 또한 같다.

주택임대차보호법에는 중요한 내용들이 그야말로 가득한데, 핵심 중의 핵심이라고 할 수 있는 '대항력' 부분은 뒤에서 따로 설명하기로 하고 우선 여기에서는 그 외의 기본적인 내용을 살펴보자.

상수 씨와 같이 임대차 계약을 처음 체결하는 이들은 계약 기간을 얼마로 약정해야 하는지 잘 모를 수 있다. 1년이 나에게 유리한지, 아니면 2년 또는 장기로 하는 것이 유리한지 고민을 하게 될 것이다. 그러나 일반적으로 임대차 계약의 계약 기간은 '2년'이라고 기억하는 것이 좋다. 물론 당사자들 간 합의에 따라 더 길게 약정할 수도 있다. 하지만 2년보다 길게 약정하는 것은 임대인 입장에서 불리할 수 있기 때문에 굳이 장기 약정을 해주진 않을 것이다.

그런데 상수 씨의 경우처럼 만약 임차인이 이러한 사실을 잘 모른 채 계약 기간이 1년인 계약을 체결했다면 어떻게 될까? 어찌 되었든 계약서에 도장을 찍었으니 그대로 이행해야 하는 걸까? 주택임대차보호법과 당사자 간 체결한 계약 중 우선하는 것은 무엇일까? 이 경우, 상수 씨는 집주인이 1년 뒤 집을 나가라 하더라도 나가지 않고 2년까지는 아무 문제없이 지낼 수 있다.

주택임대차보호법상 기간을 정하지 않거나 2년 미만으로 정한 임대차는 그 기간을 2년으로 본다. 이것은 임차인의 주거 안정을 위한

주택임대차보호법 제4조 (임대차 기간 등)
제1항. 기간을 정하지 아니하거나 2년 미만으로 정한 임대차는 그 기간을 2년으로 본다. 다만, 임차인은 2년 미만으로 정한 기간이 유효함을 주장할 수 있다.
제2항. 임대차 기간이 끝난 경우에도 임차인이 보증금을 반환받을 때까지는 임대차 관계가 존속되는 것으로 본다.

조항이다. 1년 단위 또는 1개월 단위로 계약을 한다면 임차인의 입장에서 한 달 뒤 집에서 나가야 할 수도 있고 1년 뒤 어떻게 될지 모른다는 불안감을 느낄 수 있다. 그래서 최소한 2년은 그곳에서 살 수 있도록 주거의 안정성을 보장해주는 것이다.

그러면 모든 임대차 계약은 최소 2년만 가능할까? 그건 아니다. 일시 사용을 위한 임대차 계약 또는 단기 임대차 계약의 경우에는 주택임대차보호법이 적용되지 않아 짧은 기간 계약하는 것도 가능하다. 보통은 3개월가량 짧은 기간으로 계약하게 된다. 그런데 상수 씨의 경우에는 이러한 일시 사용을 위한 임대차나 단기 임대차 계약을 체결한 것이 아니었다. 따라서 상수 씨의 임대차 계약은 주택임대차보호법이 적용된다. 그리고 상수 씨의 경우는 법에서 말하는 '2년 미만으로 정한 임대차'에 해당하기 때문에 결국 주택임대차보호법에 따라 2년의 임대차 계약을 체결한 것으로 볼 수 있다. 즉, 비록 계약서에 임대차 계약의 계약 기간이 1년으로 되어 있더라도 상수 씨는 2년 동안 임차인으로서 권리를 주장할 수 있다.

임대차 계약 갱신 시점에
임대인이 연락을 받지 않는다면?

🚨 응급 내원 사례

지나 씨는 마음에 드는 집을 찾아 임대차 계약을 체결하고 거주 중이다. 그런데 2년의 임대차 계약이 끝나는 날이 다가왔는데도 임대인에게 아무런 연락도 없었고, 지나 씨가 임대인에게 연락을 취해도 연결이 되지 않았다. 지나 씨는 임대차 계약을 갱신하려던 차였기 때문에 임대인의 연락을 기다리기로 했다. 그런데 임대차 계약이 끝난 지 한 달이 지난 후에야 임대인에게 연락이 왔다. 해외에 나가 있었는데 연락이 여의치 않았다며 한 달 이내로 집을 비워주었으면 좋겠다는 메시지였다. 지나 씨는 이사 갈 곳도 알아보지 않았는데 갑자기 나가라는 임대인의 요구는 갑질이라는 생각이 들었다. 그러나 임대인은 계약서상 계약 기간은 모두 만료되었으니 한 달이라는 시간이라도 주는 자신이 지나 씨를 배려하는 것이라고 말한다.

지나 씨는 거주하고 있는 집에 계속 거주하기를 원하고 있다. 그런데 임대인은 계약서를 들이밀며 막무가내로 나가라고 한다. 지나 씨는 임대인의 요구에 응해야만 하는 것일까? 한 달이라는 기간을 주고 집을 비우라고 한 임대인의 행동은 정말 배려심 있는 행동일까?

아니다. 이 사례에서 지나 씨는 임대인에게 계약이 갱신되었다고 주장할 수 있다. 주택임대차보호법에 따르면, 임대차 기간이 끝나기 6개월 전부터 1개월 전까지의 기간에 임대인이 임차인에게 갱신 거

주택임대차보호법 제6조 (계약의 갱신)

제1항. 임대인이 임대차 기간이 끝나기 6개월 전부터 1개월 전까지의 기간에 임차인에게 갱신 거절(更新拒絶)의 통지를 하지 아니하거나 계약 조건을 변경하지 아니하면 갱신하지 아니한다는 뜻의 통지를 하지 아니한 경우에는 그 기간이 끝난 때에 전 임대차와 동일한 조건으로 다시 임대차한 것으로 본다. 임차인이 임대차 기간이 끝나기 1개월 전까지 통지하지 아니한 경우에도 또한 같다.

제2항. 제1항의 경우 임대차의 존속기간은 2년으로 본다.

제3항. 2기(期)의 차임액(借賃額)에 달하도록 연체하거나 그 밖에 임차인으로서의 의무를 현저히 위반한 임차인에 대하여는 제1항을 적용하지 아니한다.

절의 의사 표시나 계약 조건 변경의 의사 표시를 하지 않으면 체결되었던 임대차 계약과 동일한 조건으로 다시 임대차 계약을 체결한 것으로 본다. 이것이 바로 '계약의 갱신'이다. 즉, 지나 씨와 임대인 사이의 계약이 그 조건 그대로 다시 한번 체결된 것으로 본다.

임대인은 계약 기간이 종료되기 전에 지나 씨에게 아무런 연락도 취한 바 없고 계약 기간이 만료된 지 한 달이 지나서야 연락을 해왔다. 따라서 이미 임대인과 지나 씨와 체결한 임대차 계약은 갱신이 되었다고 볼 수 있다. 그리고 이러한 계약 갱신의 경우 이전 임대차 계약과 동일한 조건으로 체결된 것으로 보기 때문에 갱신된 시점으로부터 2년간 임대인은 임차인에게 임의로 집을 비우라는 요구를 할 수 없다. 계약을 갱신하고 싶었던 지나 씨의 입장에서는 매우 만족스러운 결과일 것이다.

그런데 이렇게 갱신된 계약을 지나 씨가 1년만 더 지속하고 싶은 경우에는 어떻게 해야 할까? 만약 지나 씨가 1년 뒤 지방으로 이사를 가야 한다면 계약을 2년이 아닌 1년만 더 유지하고 싶을 것이다. 과연 가능할까?

주택임대차보호법은 기본적으로 임차인의 권리 보호를 위해 만들어진 법이기 때문에 임차인의 권리가 임대인의 권리보다 우선시되

주택임대차보호법 제6조의 2(묵시적 갱신의 경우 계약의 해지)

제1항. 제6조 제1항에 따라 계약이 갱신된 경우 같은 조 제2항에도 불구하고 임차인은 언제든지 임대인에게 계약 해지(契約解止)를 통지할 수 있다.

제2항. 제1항에 따른 해지는 임대인이 그 통지를 받은 날부터 3개월이 지나면 그 효력이 발생한다.

는 경우가 많다. 묵시적으로 계약이 갱신된 경우 임대인은 임차인에게 계약 기간 내에 집을 비우라고 할 수 없지만, 임차인은 미리 통지만 하면 임대인에게 계약 해지를 요구할 수 있다. 즉, 위와 같은 상황에서 지나 씨가 계약 기간을 1년만 더 지속하고 싶다면 계약 종료를 원하는 시점으로부터 3개월 이전에 임대인에게 계약 해지의 통지를 하면 된다. 그러한 통지로부터 3개월 후에 계약이 해지되므로, 지나 씨는 계약이 묵시적으로 갱신되더라도 원하는 시점에 그 계약에서 벗어날 수 있다. 임차인인 지나 씨가 원하는 대로 갱신된 계약 기간을 유지할 수도 있고 계약을 해제할 수도 있으니 지나 씨로서는 전혀 손해가 없다.

이제 임차인이 왜 주택임대차보호법을 반드시 알고 계약을 체결해야 하는지 이해가 될 것이다. 법 하나하나가 임차인을 철저히 보호하고자 하고 있으므로 계약 전 법만 잘 알아둬도 절대 손해 보는 일은 없을 것이다.

전셋집을 마련했는데 전입신고를 일주일만 미뤄달래요. ➡

#전세　#월세　#전입신고

🚨 응급 내원 사례

재란 씨는 직장생활 10년 동안 돈을 열심히 모아 드디어 전셋집 보증금 1억 원을 마련하게 되었다. 하지만 계약 체결은 대학 시절 하숙생활 때 해본 것이 전부인 재란 씨는 부동산 임대차 계약이 두렵기만 하다. 그마저도 하숙집 계약은 부모님이 나서서 대신 해주셨기 때문에 이번에는 더 두렵다. 그래서 재란 씨는 부동산 중개업자만 믿고 계약을 체결하기로 마음먹었다. 그러던 어느 날, 중개업자는 계약서를 건네며 "집주인이 은행 쪽에 잠깐 관계된 일이 있어서 그런데 전입신고 일주일만 미뤄줄래요? 일 처리만 하고 바로 알려줄게요"라고 하는 게 아닌가. 분명 전입신고는 바로 하라고 들은 것 같은데 중사업자의 말만 듣고 전입신고를 미뤄도 되는 걸까?

📑 지금 당장 필요한 응급 처치

① 전입신고는 반드시 이사한 즉시 하도록 하자!

② 전입신고 시에는 주소를 다시 한번 확인하자!

③ 임대차 계약서에 확정일자 도장을 받고 분실하지 않도록 잘 보관하자!

보통 현실에서 '전세'라고 하면 법적으로는 채권으로서의 임대차 계약을 말한다. 즉, 이 책에서 설명하는 임대차는 우리가 흔히 생각하는 전세 개념으로 이해하면 된다.

임대차 계약을 처음 체결할 때 불안한 건 당연하다. 필자를 찾아온 의뢰인들도 계약이라고 하면 무엇이 되었든 도장을 찍기까지 내내 불안해한다. 임대차는 거액의 보증금까지 내는 계약이니 더욱 불안할 것이다. 내 집이 아닌 집주인의 집에 들어가서 2년 동안 살아야 하는데 '과연 2년 동안 아무 일 없이 편히 살 수 있을까?' 또는 '계약 기간이 만료된 이후 내 보증금을 무사히 돌려받을 수 있을까?' 하는 걱정이 앞설 것이다. 재란 씨의 경우도 마찬가지이다. 전입신고가 무엇인지도 잘 모르겠는데, 이걸 일주일 후에 해달라고 하니 그 요구대로 해줘야 하는 건지 말아야 하는 건지 판단이 서지 않을 것이다. 그나마 재란 씨는 전입신고는 바로 하라고 어디선가 들은 기억이라도 있어서 집주인의 요구가 맞는 것인지에 대해 고민이라도 해보지만, 사회 초년생 중에는 전입신고가 무엇인지 잘 모르는 사람도 많다.

임대차 계약을 체결할 때는 반드시 확인해야 하는 체크리스트가 있다. 그 체크리스트에 따라 하나하나 확인하면 큰 문제없이 임대차 계약을 체결할 수 있을 것이다. 그럼 차근차근 살펴보자.

① 등기부등본 확인하기

가장 먼저 해야 하는 일은 등기부등본을 확인하는 것이다. 앞에서 설명한 바와 같이 등기부등본을 잘 살펴보면 부동산의 권리관계를 파악할 수 있다. 등기부등본은 부동산의 신분증 같은 역할을 하기 때문이다. 누가 소유권자인지, 혹시 소유권자 외에 이 부동산에 대해 권리를 주장할 수 있는 다른 사람이 있는지 등을 확인할 수 있다. 이러한 정보는 내가 계약 기간 동안 평온히 살 수 있는지 여부에 영향을 미치는 것이므로 꼼꼼히 확인해야 한다.

② 이사와 함께 반드시 전입신고, 확정일자 챙기기

부동산에 관한 권리는 원칙적으로 반드시 등기를 해야 제3자에게도 주장할 수 있다. 등기를 한다는 것은 등기부등본상에 내 권리가 있음을 표시한다는 의미이다. 이러한 권리관계를 정리하기 위해서 등기부등본이라는 것이 존재하는 것이다. 그러나 주거의 목적으로 부동산을 임차하는 경우, 즉 주택임대차 계약을 체결하는 경우에는 주택임대차보호법에 따라 일정 요건을 갖추면 등기부등본에 등기를 한 것과 같은 효과를 내도록 보장해준다. 등기부등본상에 내 이름이 올라가지 않았더라도 말이다. 이때 기억해야 하는 것이 바로 '전입신고'와 '확정일자'이다.

주택임대차보호법
제3조 (대항력 등) 제1항. 임대차는 그 등기(登記)가 없는 경우에도 임차인(賃借人)이 주택의 인도(引渡)와 주민등록을 마친 때에는 그 다음 날부터 제삼자에 대하여 효력이 생긴다. 이 경우 전입신고를 한 때에 주민등록이 된 것으로 본다.

주택임대차보호법에 따르면, 임차인이 임대차 계약을 체결한 그 집에 '이사'를 하면서 '전입신고'를 마치면 그 다음 날부터 대항력이 생긴다. 말이 너무 어렵게 느껴질 수 있지만 차근차근 살펴보자.

먼저 **대항력**이 생긴다는 건 임차인이 그 권리에 대해서 제3자에게도 주장할 수 있다는 의미이다. 즉, 임차인이 대항력을 갖추면 집주인이 바뀌더라도 "나는 이렇게 임대계약을 체결했으니 남은 계약 기간 동안 다 살고 나가겠다"라고 주장할 수 있다.

전입신고는 말 그대로 "내가 여기로 이사왔습니다" 하고 신고하는 것이다. 하나의 세대에 속하는 사람들 전부 또는 일부가 거주지를 이동한 때, 새로운 거주지에 전입한 날부터 14일 이내에 주소지 변경, 등록을 위한 전입사실을 신고하는 것을 말한다. 보통 전입신고는 신분증, 도장 등을 지참하고 주민센터에 가서 신고하면 된다. 그러면 주민등록증상 주소가 변경되고 행정적으로도 이사한 것으로 나타난다.

그리고 이 전입신고와 더불어 기억해야 하는 것이 **확정일자**이다. 확정일자를 받으면 다른 후순위권리자보다 내 권리를 앞서서 주장할 수 있다. 보통 주민센터에 가서 전입신고를 하면서 확정일자를 함께 받는다. 이렇게 확정일자를 받으면 그 날짜 이후에 집주인이

제3조의 2(보증금의 회수) 제2항. 제3조 제1항·제2항 또는 제3항의 대항요건(對抗要件)과 임대차 계약증서(제3조 제2항 및 제3항의 경우에는 법인과 임대인 사이의 임대차 계약증서를 말한다) 상의 확정일자(確定日字)를 갖춘 임차인은 「민사집행법」에 따른 경매 또는 「국세징수법」에 따른 공매(公賣)를 할 때에 임차주택(대지를 포함한다)의 환가대금(換價代金)에서 후순위권리자(後順位權利者)나 그 밖의 채권자보다 우선하여 보증금을 변제(辨濟)받을 권리가 있다.

다른 사람에게 돈을 빌린 후 근저당권을 설정해주더라도 내 권리가 다른 사람의 근저당권보다 앞선 권리가 된다. 권리가 앞서고 뒤서고의 문제에 따라서 내 임대보증금을 받을 수 있고 없고의 차이가 생기기 때문에 사실 임차인에게는 권리의 우선순위가 가장 중요한 문제라고 할 수 있다.

확정일자를 받는 방법은 어렵지 않다. 주민센터나 등기소에 임대차 계약서를 가져가서 "확정일자를 받으러 왔다"라고 말하면 직원이 장부에 기재한 후 바로 확정일자 도장을 찍어준다. 이때 확정일자를 받은 임대차 계약서는 분실하지 않게 잘 보관해야 한다.

재란 씨의 경우에도 임대차 계약을 체결한 이후 이사를 하는 날 전입신고와 더불어 확정일자를 받으려고 했을 것이다. 그런데 중개업자를 통해 집주인이 전입신고를 미뤄달라고 부탁했다. 하지만 이것을 그대로 따르는 것은 재란 씨에게 매우 위험할 수 있다. 주택임대차보호법상 대항력을 발생시키기 위한 요건 중 하나인 전입신고가 늦어지게 되면 그 기간 동안 내 권리를 포기하는 것과 다름없기 때문이다.

만약 재란 씨가 중개업자의 제안에 따라 이사하고 일주일 뒤에 전입신고를 한다고 가정해보자. 그 일주일 동안 집주인이 나쁜 마음을 먹고 누군가에게 집값과 비슷한 금액의 큰돈을 빌린 후 근저당권을 설정해준다면 어떻게 될까? 그럼 재란 씨는 그 근저당권이 설정된 이후에 전입신고를 하고 확정일자를 받는 것이기 때문에 근저당권자에게 대항할 수 없다. 대항력을 갖출 수 없다는 말이다. 즉, 이 부동산이 경매로 넘어가는 상황이 발생하면 재란 씨는 보증금을 돌려받기 어려울 가능성이 매우 커진다. 따라서 아무리 집주인이 전입신고를 늦게 해달라고 부탁한들 아무 이유 없이 자신의 권리를 포기해서는 안 된다.

그런데 여기서 한 가지 궁금증이 생길 수 있다. 재란 씨가 최우선변제권을 얻을 방법을 생각해보면서 집주인의 요구를 따라줄 수는 없나? 주택임대차보호법상 최우선변제권을 얻으면 근저당권자가 있어도 먼저 보증금을 받을 수 있는 것 아닌가? 그렇지 않다. 우선, 재란 씨가 집주인의 요구에 따라 전입신고를 하지 않으면 최우선변제권도 가질 수 없게 된다. 또한 최우선변제권이 있더라도 정해진 보증금 액수만 받을 수 있기 때문에 재란 씨의 상황에서 고려할 사항이 되지 못한다. 즉, 재란 씨는 집주인의 요구를 들어주어서는 안 된다.

전입신고를 할 때
정보를 다르게 기입했다면?

응급 내원 사례

은성 씨는 살던 집의 임대차 기간이 만료되어 이사를 가야 했다. 집을 구하던 중 마음에 쏙 드는 집을 발견한 은성 씨는 주저 없이 임대차 계약을 체결했다. 계약을 할 때 필수적으로 확인해야 하는 등기부등본도 확인했지만 근저당권도 설정되어 있지 않은, 등기가 깨끗한 집이었다. 드디어 은성 씨가 이사하는 날이 되었다. 이사 후 전입신고를 하고 확정일자도 받았다. 그렇게 전셋집에 거주하던 어느 날 새로운 집주인이 은성 씨에게 연락해서는 집을 비워달라고 하는 것이 아닌가. 이 무슨 청천벽력 같은 소리인가 싶어 자초지종을 확인해보니 은성 씨가 전입신고를 한 서류에는 전셋집의 호수가 잘못 적혀 있었다.

은성 씨는 임대차 계약을 체결하며 체크해야 하는 것들을 모두 놓치지 않았다. 그럼에도 불구하고 꼼꼼하지 못해 피해를 보았다. 사람이 하는 일이다 보니 당연히 실수가 있을 수는 있지만 계약을 체결하거나 관공서에 신고를 하는 등의 법률 행위를 할 때에는 절대로 실수가 있어서는 안 된다. 작은 실수 하나가 내 보증금을 날리는 결과를 불러올 수 있기 때문이다.

은성 씨는 이사와 함께 전입신고를 하고 확정일자도 받았다. 그런데 전입신고에 기재한 주소가 잘못되어 집에서 쫓겨날 위기에 처했다.

전입신고를 할 때에는 등기부등본에 기재된 부동산 주소와 전입신고 서류상의 주민등록 주소가 반드시 일치해야 한다. 아파트, 지번뿐 아니라 동, 호수까지 하나도 틀려선 안 된다. 주소가 일치해야 한다는 것이 너무나 당연한 소리처럼 들리겠지만, 간혹 등기부등본상 주소와 실제 사용 주소가 다른 경우가 있기 때문에 주의해야 한다. 예를 들어, 어떤 건물에 2층에는 우리 집뿐이고 다른 집은 없어서 보통 '몇 동 2층'이라고 주소를 기재해왔다고 하더라도, 등기부등본상에는 '201호'라고 기재되어 있다면 전입신고를 할 때 2층이 아니라 201호라고 기재해야 하는 것이다. 그렇지 않으면 나중에 부동산이 경매로 넘어가게 되었을 때 자신의 권리를 주장하지 못하게 될 수 있다.

또한 은성 씨의 경우처럼 임대차 계약 기간 중 집주인이 바뀌었을 때 새로운 집주인이 집에서 나가달라고 하면 임대차 기간을 다 채우지 못하고 나가야 할 수도 있다. 따라서 전입신고를 할 때에는 마지막 주소 하나하나까지 꼼꼼하게 체크하자.

그렇다면 한 번 전입신고를 하면 그 이후 어떤 변화가 생기든 내 권리는 계속 보장받을 수 있는 것일까? 아니다. 대항력을 주장하기 위해서는 전입신고가 계속 유지되어야 한다. 예를 들어 임차인이 이사를 하면서 전입신고를 마쳐서 대항력을 취득한 후, 다른 곳으로 주소이전을 한 경우라면 대항력은 상실된다. 아주 잠시라고 하더라도 마찬가지이다. 따라서 주소이전을 했다가 돌아온 후 대항력을 갖추기 위해서는 반드시 다시 전입신고를 해서 그 요건을 갖춰야 한다. 물론 다시 전입신고를 했다고 해서 처음 전입신고를 한 날짜로 되돌아가서 그 기준으로 다음 날 대항력을 취득한 것으로 간주하지는 않는다. 당연히 마지막으로 전입신고를 한 날짜를 기준으로 그 다음 날 대항력을 취득하게 된다는 점을 잊지 말자.

계약에 별 도움을 받지 못했는데도 부동산 중개 보수를 지급해야 하나요? ➡

#부동산 중개 보수 #중개 수수료

🚨 응급 내원 사례

중훈 씨는 이사 갈 집을 찾기 위해 친절하고 매물이 많은 부동산을 정했다. 부동산 중개업자는 적극적으로 중훈 씨에게 집을 소개해주었고, 그렇게 고른 집을 계약하기로 했다. 세부적인 조건까지 논의를 마치고 도장 찍는 일만 남겨둔 상황이었다. 그런데 계약서를 작성하기로 한 날, 중훈 씨는 중개업자로부터 집주인이 마지막에 마음을 바꿨다는 연락을 받았다. 중훈 씨는 낙담했지만 다른 집을 알아보기로 했다. 그리고 얼마 후, 중훈 씨는 지인이 집주인과 가까운 사이라는 희소식을 접했다. 중훈 씨는 지인을 통해 다시 집주인에게 연락했고, 운 좋게도 집주인이 마음을 바꿔 계약을 체결하기로 했다. 신이 난 중훈 씨는 바로 계약서를 작성하고 이사 계획을 세우기 시작했다. 그런데 이 사실을 안 중개업자가 중훈 씨에게 중개 보수를 지급하라며 화를 냈다.

📋 지금 당장 필요한 응급 처치

① 중개업자의 잘못으로 계약이 중단된 것이 아니라면 소정의 중개 보수를 지급해야 한다.

② 중개 보수 계산기로 대략적인 중개 보수를 산출해 보고 난 뒤에 중개업자와 협의하자!

중훈 씨는 새 집을 찾기 위해 부동산 중개업자의 도움을 받다가 결국에는 중개업자의 도움 없이 스스로 부동산 매매계약을 체결했다. 중훈 씨 입장에서는 중개업자가 계약서를 작성해준 것이 아니기 때문에 중개업자에게 중개 보수를 지급하지 않아도 된다고 생각할 수 있다.

그런데 다르게 생각해보면, 중훈 씨는 중개업자 덕분에 집주인을 알게 되었고 이사 갈 집이 매물로 나와 있다는 사실을 알게 되었다. 그렇다면 중개업자에게 소정의 보상은 해야 하는 것 아닐까? 만약 모든 고객들이 중개업자를 통해 부동산 매물을 알아보고 나중에 직접 집주인과 연락해 계약을 체결한다면, 중개업자는 매번 일은 하지만 중개 보수를 받을 수 없는 이상한 상황에 놓이게 될 것이기 때문이다. 참 애매하다.

실제로 이러한 분쟁이 현실에서도 많이 발생한다. 결국 법원까지 간 사건이 있었는데, 여기서 법원은 중훈 씨와 같은 경우에는 중개업자에게 중개 보수를 지급해야 한다고 판단했다.

부동산 중개 행위는 중개업자가 중개 대상물에 대해 거래 당사자 간의 매매, 교환 등의 행위를 알선하는 것이다. 따라서 원칙적으로 중개업자는 부동산에 대한 계약서의 작성 및 계약 체결까지 완료되어야 비로소 중개 의뢰인에게 중개 보수를 청구할 수 있다.

하지만 중개업자가 계약의 성립에 결정적인 역할을 하였음에도 불구하고 중개업자의 잘못이 아닌 사유로 중개 행위가 중단되었고, 그래서 중개업자가 계약 체결에 관여하지 못하게 된 상황이 있을 수 있다. 중훈 씨가 딱 이러한 경우로, 민법상 신의성실의 원칙 등에 비추어 볼 때 중개 의뢰인은 중개업자에게 이미 이루어진 중개 행위에 상응하는 보수를 주어야 한다.

즉, 중훈 씨는 중개업자에게 그동안 적합한 집을 찾아 함께 발품을 팔며 돌아다닌 것, 집주인과 계약 조건을 조율할 수 있게 중간에서 알선한 것 등에 상응하는 중개 보수를 지급해야 한다. 중개업자의 잘못으로 중개 업무가 중단된 것이 아니라 갑자기 집주인이 마음을 바꿔 마지막 순간에 계약을 체결할 수 없었던 것이기 때문이다. 그 이후 우연한 기회를 통해 원래 정해놓았던 조건으로 다시 계약을 체결한 것이니, 이것은 중개업자의 잘못으로 볼 수 없다.

그럼 중개 보수는 언제 지급하는 것이 맞을까? 중개 보수는 실제 중개가 성사된 이후, 즉 계약 체결이 종료된 후 거래대금 지급이 완료된 때에 지급하는 것이 맞다. 해당 계약 관련 절차가 모두 완료되

공인중개사법 제32조 (중개 보수 등)
제1항. 개업공인중개사는 중개업무에 관하여 중개 의뢰인으로부터 소정의 보수를 받는다. 다만, 개업공인중개사의 고의 또는 과실로 인하여 중개 의뢰인 간의 거래 행위가 무효·취소 또는 해제된 경우에는 그러하지 아니하다.
제2항. 개업공인중개사는 중개 의뢰인으로부터 제25조 제1항의 규정에 의한 중개 대상물의 권리관계 등의 확인 또는 제31조의 규정에 의한 계약금 등의 반환채무이행 보장에 소요되는 실비를 받을 수 있다.

었을 때 비로소 중개업자는 중개 의뢰인에 대한 중개 보수 청구권을 갖게 되기 때문이다. 물론, 중개업자와 중개 의뢰인 간 약정을 통해 계약 체결이 종료된 때 등으로 중개 보수 지급 시기를 정할 수 있다. 그러나 중훈 씨와 같이 예외적인 경우에는 부동산 계약이 체결되지 않았던 시점에라도 중개업자가 일정 정도의 중개 보수 청구권을 갖는다고 보는 것이 맞다. 그렇다고 중개업자가 매물 관련 상담을 하고 그 이후 중개업자가 매물 몇 개를 제시해주었다고 해서 언제나 중개 보수를 청구할 수 있다는 의미는 아니다. 중훈 씨의 경우에는 계약 체결 바로 직전 단계까지 도달해 중개 업무의 대부분이 이루어졌던 상황이기 때문에 차이가 있다. 그렇다면 어느 정도의 중개 보수가 적절할까?

중개 보수 약정을 두고 종종 갈등이 발생하기도 한다. 당연히 중개업자 입장에서는 더 많은 보수를 받고 싶고, 고객인 중개 의뢰인의 입장에서는 최대한 적은 보수를 지급하고 싶을 것이기 때문이다.

이러한 분쟁을 막기 위해서 공인중개사법 시행령과 시행규칙에 따라 부동산 중개수수수료율은 상한이 정해져 있다. 구체적인 상한

....

제3항. 제1항에 따른 보수의 지급 시기는 대통령령으로 정한다.

제4항. 주택(부속토지를 포함한다. 이하 이 항에서 같다)의 중개에 대한 보수와 제2항에 따른 실비의 한도 등에 관하여 필요한 사항은 국토교통부령이 정하는 범위 안에서 특별시·광역시·도 또는 특별자치도(이하 "시·도"라 한다)의 조례로 정하고, 주택 외의 중개 대상물의 중개에 대한 보수는 국토교통부령으로 정한다.

공인중개사법 시행령 제27조의 2(중개 보수의 지급 시기)

법 제32조 제3항에 따른 중개 보수의 지급 시기는 개업공인중개사와 중개 의뢰인 간의 약정에 따르되, 약정이 없을 때에는 중개 대상물의 거래대금 지급이 완료된 날로 한다.

금액은 부동산이 소재한 지역의 조례로 정해져 있기 때문에 지역마다 중개 보수가 다르다. 따라서 공인중개사협회 홈페이지에 들어가 검색하거나, 공인중개사에 찾아가 부동산 중개 보수 요율표를 확인해보는 것을 추천한다. 만약 부동산 거래가 처음이고 중개 보수에 대해 하나도 모르겠는 경우 포털 사이트에 검색되는 중개 보수 계산기를 이용해보자. 중개 보수에 대한 대략적인 감을 잡을 수 있을 것이다. 방법은 이렇다. 우선 거래 지역을 고르고 주택인지 주거용 오피스텔인지 혹은 그 외의 부동산인지 선택한다. 그다음 매매, 전세, 월세 등 거래의 종류를 선택하고, 거래가액을 입력하면 대략적인 중개 보수가 산출되어 나올 것이다.

(서울시 기준, 부동산 중개 보수 요율표)

구분	거래가액	상한 요율	한도액	비고
주택 매매·교환	5,000만 원 미만	0.6%	25만 원	중개 수수료 = 거래금액×상한요율 (단, 한도액을 넘을 수 없다)
	5,000만 원 이상 ~2억 원 미만	0.5%	80만 원	
	2억 원 이상~6억 원 미만	0.4%	없음	
	6억 원 이상~9억 원 미만	0.5%	없음	
	9억 원 이상	거래금액 0.9% 이하 협의		
주택 임대차 등	5,000만 원 미만	0.5%	20만 원	전세: 보증금 월세: 보증금+(월세×100) 단, 거래금액이 5,000만 원 미만인 경우는 월세: 보증금+(월세×70)
	5,000만 원 이상 ~1억 원 미만	0.4%	30만 원	
	1억 원 이상~3억 원 미만	0.3%	없음	
	3억 원 이상~6억 원 미만	0.4%	없음	
	6억 원 이상	거래금액 0.8% 이하 협의		
오피스텔 (85㎡ 이하, 일정설비 갖춤)	매매, 교환	0.5%		
	임대차 등	0.4%		

한 예로 2020년 기준, 서울의 경우에는 주택의 매매에 해당한다면 거래가액에 따라 상한 요율이 ① 5,000만 원 미만이면 0.6%, ② 5,000만 원 이상 2억 원 미만이면 0.5%, ③ 2억 원 이상 6억 원 미만이면 0.4%, ④ 6억 원 이상 9억 원 미만이면 0.5%, ⑤ 9억 원 이상이면 0.9% 이내에서 중개업자와 협의로 정해져 있다. 한도액이 정해져 있는 구간도 있기 때문에 확인이 필요하다. 또한 상한 요율과 한도액은 얼마든지 조례에 따라 바뀔 수 있으므로 각 지역의 조례를 잘 확인한 후 상한 금액을 알아둘 필요가 있다.

계약 만료 전 급하게 이사 가는 경우, 중개 수수료는 어떻게?

응급 내원 사례

서울에 거주하는 신지 씨는 회사에서 갑자기 지방으로 발령을 받게 되었다. 지금 살고 있는 집의 임대차 계약 기간이 아직 남아 있지만 회사 상황이 급해 어쩔 수 없이 이사를 해야만 했다. 신지 씨는 발령 사실을 알게 되자마자 집주인에게 연락해 이사를 가야 한다고 알렸다. 집주인은 신지 씨에게 부동산에 연락해서 임차인을 구해보겠다며 단, 중개 수수료는 신지 씨가 부담해야 한다고 했다. 신지 씨는 발령받은 곳으로 가서 집을 구할 때 또 중개 수수료를 내야 하는데 이중으로 본인이 부담하는 것이 맞는지 의문이 들었다.

임대차 계약을 체결하고 지내다 보면 그 계약 기간을 채우지 못하고 이사를 가야 하는 상황이 생길 수 있다. 신지 씨의 경우도 마찬가지이다.

　보통 계약 기간이 아직 남은 상황에서 이사를 가는 경우, 3개월 정도의 여유를 두고 집주인과 상의해 이사 날짜를 잡는 것이 좋다. 이사 날짜는 곧 보증금을 돌려받는 날짜이므로 반드시 집주인과 협의가 필요하다. 그런데 신지 씨는 그럴 겨를도 없이 최대한 빨리 이사를 가야 하는 상황이다.

　보통의 계약과 마찬가지로 임대차 계약 역시 임대인과 임차인 사이의 약속이다. 따라서 계약 기간을 다 채우는 것이 원칙이다. 그런데 계약 기간 만료 전 이사의 경우는 임차인의 개인적인 사정으로 말미암아 그 약속을 지키지 못하게 된 경우이므로, 새로운 임차인을 찾는 데 드는 부수적 비용(부동산 중개 수수료 등)은 임차인이 부담하는 것으로 생각하는 것이 일반적인 듯하다.

　관련 법에 이러한 경우 임차인이 중개 수수료를 내야 한다고 못 박아 정해져 있는 것은 아니다. 오히려 부동산 중개의 당사자는 임대를 하려는 중개 의뢰인(임대인)과 새롭게 임차를 하려는 중개 의뢰인이므로, 이사를 나가려는 임차인은 중개 수수료를 내지 않아도 된다는 유권해석이 존재한다. 그럼에도 불구하고 이사를 나가려는 임차인이 중개 수수료를 부담하는 것으로 여겨지는 이유는 무엇일까.

　계약 기간 만료 전 이사의 경우, 집주인은 임차인이 이사를 나가더라도 보증금 반환 의무가 없다. 계약 기간이 종료될 때 지급하면 되기 때문이다. 오로지 임차인의 편의를 위해 임차인이 이사를 가는 날 보증금을 지급하는 것이다. 그리고 이렇게 임대인과 잘 협의하기 위해서는 임차인이 중개 수수료를 부담할 수밖에 없을 것인데, 이러한 관행이 굳어진 것이다. 그렇다면 임대차 계약 기간 연장 중 이사를 가게 된다면 어떨까?

묵시적으로 계약을 갱신한 이후,
계약 만료 전 이사를 가게 됐다면?

응급 내원 사례

상민 씨는 2년 약정의 임대차 계약을 체결하고 거주 중이었다. 거의 2년 가까이 흘러 임대차 계약 기간이 끝나가던 중, 상민 씨와 집주인 모두 별다른 의사 표시를 하지 않아 임대차 계약은 묵시적 갱신이 되었다. 이렇게 묵시적 갱신이 되고 몇 달 후, 상민 씨는 회사 일로 갑자기 이사를 가게 되었다. 상민 씨에게 주어진 여유 시간은 약 3개월 정도. 상민 씨는 그 즉시 집주인에게 연락해 3개월 후에 이사를 가야 한다고 말했다. 그랬더니 집주인이 자신도 3개월 동안 반환해줄 보증금을 급하게 구해보겠다며, 대신 새로운 임차인을 구하는 데 필요한 부동산 중개 수수료는 상민 씨에게 부담하라고 했다. 상민 씨는 어디선가 계약 만료 전 이사의 경우에는 임차인이 중개 수수료를 부담하는 것이라고 들은 기억이 나서 집주인에게 당연히 본인이 부담하겠다고 말했다.

앞선 사례에서 신지 씨는 2년 약정의 임대차 계약 기간이 끝나기도 전에 이사를 가게 된 경우였다. 그런데 상민 씨는 2년 약정의 임대차 계약 기간은 모두 도과하였고 그 이후 계약이 묵시적 갱신이 된 상황에서 이사를 가게 된 경우이다. 이렇게 두 사람의 상황에 차이가 있다면 중개 수수료 부담의 책임 여부도 달라질까?

달라진다. 상민 씨는 미안한 마음에 집주인에게 중개 수수료를 본인이 부담하겠다고 말했지만, 사실은 전혀 중개 수수료를 부담할 필요가 없었다.

임대차 계약의 묵시적 갱신이란 계약이 만료된 이후 임대인과 임차인 모두 계약 갱신이나 거절 등 별다른 의사 표시 없이 임대차를 이어가는 경우를 말한다. 묵시적 갱신이 되기 위해서는 계약 기간이 끝나기 6개월 전부터 1개월 전까지의 기간 동안 임대인이 임차인에게 갱신 거절의 통지를 하지 않거나 계약 조건을 변경하자는 통지 등을 하지 않아야 한다. 또한 임차인 역시 임대차 기간이 끝나기 1개월 전까지 임대인에게 그런 통지를 하지 않아야 한다. 이러한 경우 임대차 기간이 끝나면 기존의 동일한 조건으로 임대차 계약을 유지하는 것으로 간주된다.

그런데 이렇게 임대차 계약이 묵시적 갱신에 따라서 연장되는 경우, 임차인에게는 언제든지 갱신된 임대차 계약을 해지할 수 있는 권

주택임대차보호법 제6조 (계약의 갱신)

제1항. 임대인이 임대차 기간이 끝나기 6개월 전부터 1개월 전까지의 기간에 임차인에게 갱신 거절(更新拒絶)의 통지를 하지 아니하거나 계약 조건을 변경하지 아니하면 갱신하지 아니한다는 뜻의 통지를 하지 아니한 경우에는 그 기간이 끝난 때에 전 임대차와 동일한 조건으로 다시 임대차한 것으로 본다. 임차인이 임대차 기간이 끝나기 1개월 전까지 통지하지 아니한 경우에도 또한 같다.

제2항. 제1항의 경우 임대차의 존속기간은 2년으로 본다.

한이 있다. 다만 그 해지의 효력은 임대인이 임차인으로부터 통지를 받은 날부터 3개월이 지나야 효력이 발생한다.

즉, 상민 씨는 묵시적 갱신에 따라 임대차 계약이 연장된 상황이었기 때문에 언제든지 임대인인 집주인에게 계약 해지를 통지할 수 있다. 상민 씨는 3개월 후에 이사를 가겠다고 했기 때문에 임대인은 그러한 통지를 받은 후 3개월이 지나면 임대차 계약 해지의 효력이 발생하는 것을 인정할 수밖에 없다. 이러한 임차인의 권리는 주택임대차보호법에서 보장하는 권리이기 때문에 당연히 행사할 수 있는 것이고 집주인에게 미안해할 필요도 없다. 또한 그러한 계약 해지로 인해 발생하는 부수적 비용이라고 볼 수 있는 중개 수수료 역시 상민 씨가 부담할 이유는 없는 것이다.

신지 씨와 상민 씨의 상황이 비슷한 듯하면서도 '임대차 계약이 묵시적으로 갱신되었다'라는 조건 하나로 중개 수수료 부담에 차이가 발생했다. 그러니 내가 어떤 계약 상황에 놓여 있고 어떤 권리를 행사할 수 있는지를 확실히 아는 것은 계약을 체결할 때나 해지할 때나 매우 중요하다. 아는 만큼 보이는 법이다.

주택임대차보호법 제6조의 2(묵시적 갱신의 경우 계약의 해지)
제1항. 제6조 제1항에 따라 계약이 갱신된 경우 같은 조 제2항에도 불구하고 임차인은 언제든지 임대인에게 계약 해지(契約解止)를 통지할 수 있다.
제2항. 제1항에 따른 해지는 임대인이 그 통지를 받은 날부터 3개월이 지나면 그 효력이 발생한다.

만약 집 보증금을
돌려받지 못하면 어쩌죠?

#보증금 #내용증명 #임차권 등기명령 #임대차 보증금 반환청구 소송

#전세권 설정 등기

🚨 응급 내원 사례

주영 씨는 4년 동안 거주한 아파트를 떠나 새로운 곳으로 이사하려고 한다. 임대차 계약 기간 만료일도 다가오고 이사를 갈 것이라는 사실도 집주인과 합의가 되었다. 집주인에게 돌려받을 임대차보증금에 지금까지 열심히 모은 돈을 보태 조금 더 큰 아파트로 이사를 갈 생각을 하니 주영 씨는 매우 설렜다. 그런데 집주인에게 연락이 왔다. 아무래도 새로운 세입자를 찾기가 어려워서 주영 씨의 보증금을 제때 돌려줄 수 없을 것 같다고 말이다. 집주인은 지금까지의 정을 생각해서 자기를 믿고 기다려달라 하지만, 그렇게 되면 주영 씨는 이사 갈 새로운 집의 임대차보증금을 구할 방법이 없어진다. 게다가 부동산 아저씨 말로는 요새 집주인이 하는 사업이 어려워져서 가지고 있는 다른 부동산도 모두 처분하는 중이라는데…. 주영 씨는 점점 불안하다.

📋 지금 당장 필요한 응급 처치

① 집주인에게 '임대차보증금을 돌려달라'는 내용의 내용증명을 보내자!

② 임차권 등기명령을 신청하고, 꼭 신청이 완료되었는지 확인하자!

③ 내용증명을 보내도 회신이 없다면 임대차보증금 반환청구 소송을 제기하자!

실제로 많은 임차인들이 호소하는 문제이다. 가끔 집주인이 임대차 보증금을 돌려주지 않으려고 하는데 어떻게 해야 하냐고 묻는 지인들도 있다. 요새는 임대차 보증금이 집값과 비슷한 수준인 경우가 많기 때문에 만약 보증금 반환에 문제가 생기면 평생 모아온 돈을 한 번에 날릴지 모르니 임차인의 스트레스는 막심할 것이다.

집을 고를 때 주의할 점

우선 주영 씨가 저 시점에서 취할 수 있는 현실적인 대응 방안에 앞서, 이 같은 상황에 미리 대비하기 위해 어떠한 집을 골라야 하는지부터 간단히 짚고 넘어가자.

앞에서도 살펴본 것처럼 등기부등본 '을구' 부분에 근저당권 설정 등의 내용이 없는 집이 가장 좋다. 쉽게 말해 등기부등본이 깨끗한 집으로, 적어도 집주인이 여기저기서 집을 담보로 돈을 빌리지 않은 집을 말한다. 이러한 집인 경우 최악의 상황이 닥치더라도 내 보증금은 안전할 수 있다. 만약 선순위 저당권이 존재하더라도 그 금액이 적으면, 즉 전체 집값에서 채권 최고액을 제하고 남은 금액이 내 임대차 보증금보다 훨씬 웃도는 금액이라면 괜찮은 것 아닐까 생각할 수도 있다. 그러나 임대차 계약이 만료된 때 집값이 하락한다면 집값에서 채권 최고액을 제했을 때 내 보증금보다 적을 수 있다. 그만큼 나의 위험 부담률이 높아진다는 의미이다. 따라서 집을 고를 때에는 등기부등본을 잘 살펴 신중히 결정해야 한다.

또한 많은 사람이 놓치는 부분이 있다. 바로 국세와 지방세 완납을 확인하는 일이다. 집주인이 국세와 지방세를 완납했는지는 등기부등본에 나오지 않는다. 그래서 집주인에게 명시적으로 요구하지 않으면 확인할 길도 없다. 일반적으로 세금을 징수할 권리는 다른 권리들보다 우선한다. 등기부등본이 깨끗하더라도 집주인이 막대한 국세와 지방세를 체납했다면, 나중에 그 집이 경매로 넘어갔을 때 국세청 등이 임차인보다 먼저 배당받을 권리를 가진다. 그렇게 되면 임차인의 임대차 보증금은 위태로워질 수 있다.

이러한 점을 꼼꼼히 살피고 임대차 계약을 체결했다면, 결국에는 임대차 보증금을 돌려받을 수 있는 길은 열린다고 할 수 있다. 그럼, 이제 구체적으로 주영 씨 입장에서 취할 수 있는 사후적인 조치들을 알아보자.

**임대차 보증금을 반환받기 위한
본격적인 조치들**

① 내용증명

민사적으로 어떠한 분쟁이 있을 때 가장 먼저 떠올리는 것은 **내용증명**이다. 내용증명은 비교적 작성이 용이하기 때문에 변호사 선임

없이도 당사자가 스스로 하는 경우도 많다. 내용증명은 훗날 소송을 하게 될 때 중요한 증거로 쓰일 수 있으니 내가 보낸 것뿐만 아니라 상대방으로부터 온 회신도 잘 모아두어야 한다.

주영 씨의 경우, 내용증명에는 '임대차 보증금을 돌려달라. 그렇지 않으면 법적 조치를 취하겠다' 등의 비교적 간단한 내용을 담을 수 있을 것이다. 얼핏 보면 별거 아닐 수 있어도 사실 내용증명을 받는 당사자에게는 심리적으로 압박이 된다. 그래서인지 실제 사건들을 보면 내용증명을 통해 의외로 손쉽게 해결되는 경우가 많다.

② 임차권 등기명령

다음은 **임차권 등기명령**을 신청하는 것이다. 이사 갈 집이 있다고 해서 섣불리 주민등록을 옮기면 그전에 갖추었던 대항력과 우선변제권을 잃게 되니 신중해야 한다. 이사를 가긴 가야 하는데 주민등록을 옮기지도 못하겠고…. 이때에는 법원에 임차권 등기명령을 신청해보자.

임차권 등기명령은 임대차 계약이 종료되었는데도 임대차 보증금을 돌려받지 못한 임차인을 위해 등기부등본에 임차인의 권리를 표시해놓는 제도이다. 법원에 신청하면 최초 전입신고 일자와 임대차 보증금 액수가 등기부등본에 기록된다. 따라서 임차권등기가 된 이

주택임대차보호법 제3조의 3(임차권 등기명령)
제1항. 임대차가 끝난 후 보증금이 반환되지 아니한 경우 임차인은 임차주택의 소재지를 관할하는 지방법원·지방법원지원 또는 시·군 법원에 임차권 등기명령을 신청할 수 있다.

후에는 새 집으로 이사를 가더라도 보증금을 돌려받을 수 있는 종전의 권리가 그대로 유지된다. 여전히 강력하게 임차인으로서의 권리를 주장할 수 있는 것이다. 여기서 주의할 점은, 임차권등기를 신청한 즉시 대항력이 생기는 것은 아니라는 점이다. 따라서 반드시 내가 신청한 임차권등기가 완료되었는지를 확인한 뒤에 다른 곳으로 이사를 해야 한다.

③ 임대차 보증금 반환청구 소송

그다음으로 취할 수 있는 조치는 보다 본격적인 조치이다. 내용증명을 보내도 회신이 없거나 임대차 보증금을 돌려주겠다고 말은 하지만 현실적으로 돌려받을 수 있는 가능성이 희박해 보인다면, 직접 소송을 제기하는 수밖에 없다. 이 소송을 **임대차 보증금 반환청구 소송**이라 한다. 이렇게 소송을 제기해서 승소판결을 받으면 집주인의 재산에 대해 강제집행할 수 있는 권한을 갖게 된다. 이 권한을 바탕으로 경매 등을 통해 보증금을 강제적으로 돌려받을 수도 있고, 집주인이 패소한 뒤, 혹은 소송 진행 중에라도 자발적으로 보증금을 입금해줄 수도 있다. 물론 임차인은 집주인이 임대차 보증금을 제때 지급하지 않음으로써 발생한 손해, 지연이자, 임차권등기 비용까지 모두 청구할 수 있다.

그런데 이러한 소송의 단점은 생각보다 시간이 오래 소요된다는 것이다. 소송을 제기하면 여러 과정을 거쳐야 한다. 소장을 법원에 제출한 뒤 재판 기일이 잡히면 수차례의 변론을 거쳐 판결이 난다.

하루가 급한 임차인 입장에서는 쉽게 고려할 만한 방법은 아니다. 따라서 소송 제기는 이전의 조치들이 다 실패한 경우에 최후의 수단으로 사용하면 적절할 것이다.

더욱 강력한 대항, 전세권 설정 등기

이사를 하자마자 전입신고와 확정일자를 받아 대항력을 갖추는 방법에 대해서는 이미 앞에서 자세히 설명했다. 이와 동시에 **전세권 설정 등기**를 해서 이중으로 보호받는 방법도 있다. 전세권자는 임차권자와 달리 직접 거주하지 않아도 그 권리가 등기부등본상에 기재되고, 보증금을 보호받을 수 있는 권한이 있다. 전세권자는 만약에 집주인이 보증금을 돌려주지 않는 경우에도 소송을 거치지 않고 등기부등본상의 권한으로 바로 경매를 신청할 수 있다. 따라서 전세권 설정 등기를 해놓으면 임차인 입장에서는 차후에 문제가 생겼을 때 이를 해결하기가 매우 쉬워진다. 그러나 일반적인 임대차 계약에서 집주인이 전세권 설정 등기까지 동의해서 진행하는 경우는 흔치 않다. 따라서 만약 전세권 설정 등기를 하고자 한다면 집주인과 사전에 원만한 합의가 되어야 가능할 것이다.

4장

성폭력 · 불법 촬영 · 스토킹

▼

#강제추행(성추행)

#성희롱

#강간(성폭행)

#데이트 폭력

#불법 촬영

#리벤지 포르노

#스토킹

1 강제추행(성추행)

강압적으로 신체 접촉을 당했어요. 어떻게 해야 할까요?

#강제추행   #기습추행   #공중 밀집 장소에서의 추행

🔔 응급 내원 사례

아라 씨는 한 회사의 영업사원이다. 어느 날 회사 선배의 소개로 영업에 도움을 줄 거라는 거래처 이사님과 술자리를 갖게 되었다. 어색할 줄 알고 걱정했던 자리였지만 이사님은 굉장히 젠틀했다. 덕분에 아라 씨와 선배도 마음을 놓고 술을 마시게 되었다. 그런데 술을 몇 잔 마시고 나자 이사님의 행동이 달라졌다. 이사님은 아라 씨 귀에 대고 "힘든 일 있으면 언제든지 말하라"라고 말하며 아라 씨의 허벅지를 쓰다듬었다. 아라 씨는 너무 놀랐지만 회사 선배도 있는 자리에서 강하게 이야기할 수 없어 조용하게 "하지 마세요"라고 이야기를 했다.

📋 지금 당장 필요한 응급 처치

① 강제추행죄로 인정되는 기습추행 행위가 있었는지 확인하자!

② 목격자를 확보하고, 연락처를 받아두자!

③ 최대한 빠른 시일 내에 신고하자! (시간 순서대로 발생한 일을 차근히 정리해 신고하고 관련 증거가 있으면 함께 제출하자)

　　아라 씨의 경우, 집에 와서 곰곰이 생각해 보았을 때 '난 아까 성추행을 당한 걸까?' 고민이 될 수 있다. TV나 신문에서 보도되는 성추행 사건을 보면 누가 봐도 범죄라는 생각이 확연히 드는데, 막상 본인의 사건이 되고 보니 회식 자리에서 빈번히 발생하는 이런 일로 고소한들 누가 내 목소리에 귀 기울여 주기나 할까 의문이 들 수 있다. 실제로 '내가 너무 유난 떠는 것 아닌가' 하는 생각에 이런 일이 발생해도 그저 언짢았던 사회생활의 쓴맛 정도로만 생각하고 아무런 법적 조치 없이 넘기는 사람들이 많다. 게다가 막상 상대방을 고소했을 때 잃게 되는 것들을 생각해보면, 실제 처벌이 이뤄질지도 확실치 않은 고소를 감행하기란 쉽지 않은 것이 현실이다.

　　그러나 앞으로는 이러한 일을 당하면, 사소하게 생각되는 행위일지라도 절대 그냥 넘기지 말자. 아라 씨가 당한 행위 역시 충분히 **강제추행죄**가 성립할 수 있기 때문이다.

　　강제추행죄란 누군가를 폭행 또는 협박해 강제추행을 하는 경우 성립하는 범죄이다. 아라 씨의 경우 눈에 보이기에는 폭행이나 협박은 없었다. 오히려 그 이사님이라는 사람은 아라 씨에게 힘들 때 이

형법 제298조 (강제추행)

폭행 또는 협박으로 사람에 대하여 추행을 한 자는 10년 이하의 징역 또는 1,500만 원 이하의 벌금에 처한다.

야기하라면서 아무렇지 않게 아라 씨의 허벅지를 만졌다. 폭행이라 하면 누군가를 물리적으로 제압하는 정도의 유형력의 행사, 협박이라 하면 공포심이 들 만큼의 협박이 떠오르는데, 아라 씨의 경우에는 이러한 폭행, 협박이 없었던 것이다. 그렇다면 아라 씨는 이사님을 강제추행죄로 고소할 수 없다는 것일까? 아니다. 법원은 폭행과 추행이 동시에 이루어진 것으로 볼 수 있는 '기습추행'에 대해서도 강제추행으로 인정한다.

기습추행이란 회식자리에서든 어디서든 피해자가 예상치 못하게 갑작스럽게 이루어지는 추행 행위를 말한다. 아라 씨의 경우도 기습추행을 당한 것으로 볼 수 있겠다. 이러한 사례에 대해 법원은 "상대방을 폭행, 협박으로 저항할 수 없게 한 경우뿐만 아니라 폭행과 추행이 동시에 이루어지는 기습추행도 강제추행죄가 인정된다"라고 보았고 "이때 폭행 행위는 상대방의 의사에 반하면 될 뿐, 힘의 차이는 문제되지 않는다"라고 판단했다. 즉, 이사님은 아라 씨를 제압할 정도의 물리적 유형력이 행사된 폭행은 하지 않았더라도 기습적인 추행 정도의 유형력 행사를 하였으므로 추행과 폭행이 함께 이루어진 기습추행을 한 것으로 보아야 한다는 것이다.

이렇게 명백한 범죄가 성립함에도 불구하고 직장 내에서 또는 지인들 사이에서 발생하는 성추행에 대해 별다른 조치를 취하지 않고 그냥 넘어가는 경우가 많다. 성범죄를 관심과 애정이라는 말로 용인해왔던 사회적 분위기 때문일 것이다. 그래도 요즈음에는 성범죄에 대한 민감도가 높아지고 있고, 지위를 이용해 아랫사람을 추행하는 일을 사전에 방지하기 위해 아예 회식을 없애는 회사들도 많아졌다고 하니 좋은 흐름이라는 생각이 든다.

그럼 매일같이 이용하는 대중교통에서 일어나는 강제추행의 경우는 어떨까?

지하철에서
성추행을 당한 경우는?

🚨 응급 내원 사례

윤서 씨는 매일 아침 지하철을 이용해 출퇴근을 한다. 그런데 얼마 전 지하철에서 겪은 일 때문에 이제는 지하철을 탈 때마다 트라우마처럼 그때의 기억이 떠오르곤 한다. 그날도 윤서 씨는 출근하기 위해 지하철을 탔다. 가장 붐비는 2호선 열차에서 콩나물시루처럼 손도 뻗을 수 없을 정도로 사람들과 맞붙어 서 있던 그때, 무언가가 윤서 씨의 엉덩이에 닿았다. 워낙 사람이 많다 보니 가방이 닿았나 싶어 뒤를 돌아보려고 해도 몸을 돌리는 것조차 여의치 않았다. 그러다 또다시 무언가가 엉덩이에 닿았는데, 이번에는 윤서 씨의 엉덩이를 슬며시 주무르는 게 아닌가! 그때서야 계속 엉덩이에 닿았던 게 뒷사람의 손이란 걸 알 수 있었다. 소리를 질러야 하는 건가 아니면 엉덩이를 만지는 손을 낚아채 경찰서로 향해야 하는 건가 윤서 씨의 머릿속엔 수많은 생각이 스쳤다.

윤서 씨 같은 사례는 정말 빈번하다. 그러나 정작 지하철 안에서는 추행을 당하면서도 겁에 질려서 아무 말도 못 하는 경우가 대부분이다. 그래서 실제 그 상황에 맞닥뜨렸을 때 제대로 대처하기가 쉽지 않다.

앞의 사례에서 강제추행죄에 대해 알아보았다. 강제추행죄는 폭행이나 협박을 그 수단으로 하고, 기습추행의 경우에는 폭행이 추행 행위 그 자체라고 보아 폭행과 추행이 함께 이루어진 것으로 간주된 다는 것을 배웠다. 그런데 윤서 씨의 경우에는 생전 처음 본 사람이 지하철에서 엉덩이를 만진 경우이다. 어떠한 폭행이나 협박이 있었다고 보기 어렵다. 이런 경우에는 어떤 범죄가 성립할까?

윤서 씨와 같은 피해자를 위해 **공중 밀집 장소에서의 추행죄**가 별도로 마련되어 있다. 대중교통 수단이나 공연이 이루어지는 장소와 같이 여러 사람이 밀집하는 장소에서 추행을 하는 경우에 성립하는 범죄로, 폭행이나 협박이 반드시 있어야 하는 건 아니다. 그래서 위에서 살펴본 형법상 강제추행죄보다는 상대적으로 형량이 낮다. 강제추행죄의 경우에는 '10년 이하의 징역 또는 1,500만 원 이하의 벌금'이지만, 공중 밀집 장소에서의 추행죄의 경우에는 '1년 이하의 징역 또는 300만 원 이하의 벌금'이니 말이다.

경찰청에서 발표한 조사 결과에 따르면, 서울 지하철 성범죄가 2015년에 1,519건을 기록해 2012년 700건과 비교해 무려 3년 만에 2배 이상 급증했고, 그 이후 매년 1,000건을 훨씬 웃도는 것으로 나

성폭력범죄의 처벌 등에 관한 특례법 제11조 (공중 밀집 장소에서의 추행)
대중교통수단, 공연·집회 장소, 그 밖에 공중(公衆)이 밀집하는 장소에서 사람을 추행한 사람은 1년 이하의 징역 또는 300만 원 이하의 벌금에 처한다.

타났다. 한편 피해자 중 대다수는 현장에서 큰 소리로 주변에 알리는 것이 겁이 나서, 너무 수치스러워서, 또는 가해자를 힘으로 제지해서 경찰서에 데려가거나 잡아둘 수도 없을 것 같아서 그냥 놀란 마음만 진정시키고 없던 일로 넘기는 경우가 많다.

그러나 최근에는 지하철 보안관 제도 강화, 지하철 안전지킴이 앱(앱 이름: 또타지하철) 사용 증가 등으로 현행범 검거율이 더욱 높아지고 있다고 하니 앞으로는 반드시 피해 사실을 주변에 알리고 신고하라 조언하고 싶다. 물론 지하철 보안관 제도의 경우, 2011년 지하철 질서 유지와 범죄 예방을 위해 서울시가 도입한 제도로 아직 전국 지자체에 도입되어 있지는 않지만, 점차 확대될 것이 기대된다.

또한 과거에는 성범죄가 피해자의 고소가 있어야만 처벌이 가능한 친고죄였지만, 지금은 더 이상 친고죄가 아니다. 즉, 피해자가 부끄러워서 혹은 무서워서 직접 성추행 사실을 신고하지 않더라도 주변의 제보로 가해자가 처벌받는 사례도 늘고 있는 것이다. 가령 사복 차림의 지하철 보안관이 지하철을 순찰하다가 지하철 성추행범을 목격해 그를 고발하면 피해자의 신고가 없더라도 성추행범을 결국 형사 처벌까지 받게 할 수 있다.

마지막으로 강제추행죄나 공중 밀집 장소에서의 추행죄로 누군가에게 책임을 묻기 전에 알아둘 것이 또 하나 있다. 바로 '추행'에 관한 내용이다.

바지를 내려 자신의 성기를 보여주는 남성은 나를 성추행한 걸까?

🚨 응급 내원 사례

휴일 이른 시간에 지하철에 탄 지은 씨. 지하철은 한 칸에 서너 사람밖에 없을 정도로 한산했다. 자리가 많아 일단 자리를 차지하고 앉았는데 다음 역에서 한 남성이 타더니 지은 씨 앞에 서는 게 아닌가? 지은 씨가 '지하철에 자리가 저렇게 많은데 왜 앉지 않고 내 앞에 서는 거지?'라고 생각하는 순간, 앞에 선 남성이 갑자기 심한 욕설을 퍼부으며 바지를 내렸다. 내린 바지 너머로는 그 남성의 성기가 눈높이에 맞춰 딱 보였다. 지은 씨는 너무 당황해서 "악!" 소리를 질렀고 그 남성은 도망갔다.

지하철에서 벌어진 일명 '바바리맨' 사건으로 볼 수 있겠다. 그럼 지은 씨의 경우에도 윤서 씨처럼 이 남성을 '공중 밀집 장소에서의 추행죄'로 신고할 수 있을까? 아니면 욕설을 퍼부으며 자신의 성기를 보여줬으니 협박을 통해 추행한 것이 되는 걸까? 둘 다 '아니오'다.

실제 비슷한 일이 과거에 있었는데 법원은 추행이 성립하지 않는다고 보았다. 법원은 "그 남성과 피해자 간 어떠한 신체 접촉도 없었던 점, 남성이 한 욕설은 성적인 성질을 가지지 않고 '추행'과 관련이 없는 점 등을 고려하면 단순히 남성이 바지를 벗어 자신의 성기를 보여준 것만으로는 추행이라고 할 수 없다"라고 판단했다. 즉, 형법 제245조의 공연음란죄를 고려해볼 수는 있겠지만, 강제추행죄나 공중

형법 제245조(공연음란) 공연히 음란한 행위를 한 자는 1년 이하의 징역, 500만 원 이하의 벌금, 구류 또는 과료에 처한다.

밀집 장소에서의 추행죄에 해당하지는 않는다는 것이다.

보다 쉽게 설명하면, 추행이 성립하려면 신체의 어떠한 접촉이나 그에 준하는 정도의 어떠한 행위가 있어야 한다는 의미다. 단지 욕을 한다든지 아니면 자신의 성기를 보여 준다든지 하는 행동은 추행으로 보기엔 무리가 있다고 이해하면 되겠다.

피해자가 느끼기에는 갑작스러운 바바리맨의 공격도, 누군가 지하철에서 내 엉덩이를 슬며시 만지는 공격도, 피할 수 없는 상황을 만들어놓고 러브샷을 요구하는 공격도 모두 같은 수준으로 느껴질 수 있다. 마음으로는 가해자 모두를 엄벌에 처해야 할 것 같지만 법적으로는 세 가지 모두 각기 다른 범죄에 해당함을 기억하자.

응급 로펌의 처방 ⚖️

* 서울시에서 시행하는 지하철 보안관 제도를 이용하자. 사복을 입은 지하철 보안관이 역과 지하철 내부를 살피니 쉽게 도움을 요청할 수 있다. 성범죄가 발생했을 때는 지하철 보안관의 도움을 받아 경찰에 인계할 수도 있을 것이다.
* 성추행을 당했다면 주변 목격자를 확보하는 것이 매우 중요하다. CCTV 등 객관적 증거가 없는 상황에서 상대방이 그런 일이 없다고 부인해버리면 내 주장을 입증하기 힘들 수 있다. 따라서 주변에 목격자가 있다면 연락처를 받아놓는다거나 진술서를 받는 등의 조치를 미리 취해놓을 필요가 있다.
* 전국 각지에 성폭력 상담소가 있다. 한국성폭력상담소(www.sisters.or.kr)를 찾아 상담받는 것도 좋은 방법이다.
* 서울교통공사에서는 지하철 안전지킴이 앱을 만들어 성추행 등의 피해를 입은 경우에 앱을 통해 손쉽게 신고할 수 있도록 돕고 있다. 안전지킴이 앱을 다운로드받아 이용해보자.

직장 내 성희롱에
어떻게 대처해야 할까요?

→

#성희롱 #직장 내 성희롱 #성차별

응급 내원 사례

도연 씨는 입사 1년 차 신입사원이다. 여자들은 약하고 일도 열심히 하지 않는다는 편견을 깨기 위해 남자 동기들보다 강도 높은 업무를 도맡아 하고 야근도 마다하지 않는다. 이런 도연 씨가 회사에서 유일하게 스트레스 받아 하는 건 바로 사장님이다. 사장님은 도연 씨에게 걸핏하면 "오늘 엉덩이가 타이트한 옷을 입었네?", "우리 도연 씨는 글래머 스타일이야! 여자가 이래야지!" 하는 농담을 던진다. 또 사장님은 일주일에 두세 번씩은 회식이라는 핑계로 술자리를 강요하고, 술이 취하면 "이번에 원샷 안 하면 도연 씨는 오늘 나랑 단 둘이 끝까지 있어야 할 줄 알아!"라고 야한 농담을 한다. 도연 씨는 이런 이야기를 들을 때마다 너무 창피해서 적당히 분위기를 보다가 집에 가려고 하지만 사장님은 도연 씨를 절대 못 가게 한다.

지금 당장 필요한 응급 처치

① 거부의사를 최대한 명확히 밝히고, 문자나 녹취 등 증거물을 수집하자!

② 직장 내에서 나의 피해에 대해 잘 알고 있는 목격자를 찾아보자!

③ 거부의사 후에도 성희롱이 계속된다면 관련 기관에 상담을 신청하자!

* 여성노동법률지원센터 0505-515-5050 / 국가인권위원회 국번없이 1331

　　잘 보이고 싶고 반드시 잘 보여야만 하는 회사 상사에게 야한 농담을 들으면 처음에는 그저 당황할 것이다. 배우기는 그런 성희롱에 적극 이의제기하고 당장 그 자리를 박차고 나와야 한다고 배웠으나, 현실은 어디 그러기가 쉬운가. 피해자들 중 반 이상은 멋쩍게 웃으며 당황만 할 것이다. 분명 가해자가 잘못한 일임에도 불구하고 아마 피해자들이 더 많이 고민할 것이다. 이게 여러 번 반복되고 쌓이다 보면 그 상사와 일적으로 얼굴을 마주하는 것조차 피하고 싶을 정도로 큰 스트레스가 된다. 도연 씨의 경우도 그럴 것이다. 하지만 도연 씨는 당연히 회사 사장님을 직장 내 성희롱으로 고소할 수 있고 그렇게 해야만 한다.

　남녀고용평등과 일·가정 양립 지원에 관한 법률 제12조에서는 직장 내 성희롱에 대해 규정하고 있다. 특히나 직장 내에서 성희롱이 빈번하게 발생하다 보니 직장 내에서 발생하는 성희롱만이라도 확실히 근절하자는 취지에서 마련된 규정일 것이라 생각된다. 필자의 경우에도 유일하게 경험한 성희롱이 직장 내에서 발생했었다. 직장

남녀고용평등과 일·가정 양립 지원에 관한 법률

제12조 (직장 내 성희롱의 금지) 사업주, 상급자 또는 근로자는 직장 내 성희롱을 하여서는 아니 된다.

제39조 제1항 (과태료) 사업주가 제12조를 위반하여 직장 내 성희롱을 한 경우에는 1,000만 원 이하의 과태료를 부과한다.

내 성희롱은 사업주와 근로자 등이 사업주를 제외한 모든 남녀 근로자에게, 또는 채용 과정에서의 구직자에게 성희롱을 하는 경우에 성립한다. 따라서 단지 거래처 관계이거나 직장이라는 울타리 내에 있다고 볼 수 없는 고객과의 관계에서는 직장 내 성희롱으로 처벌할 수 없다. 물론 그렇다고 전혀 처벌이 불가능하다는 것은 아니다. 다만 직장 내 성희롱이 아닌 다른 범죄를 검토해 보아야 한다.

도연 씨의 경우를 살펴보자. 같은 직장에 근무하는 사장이 신입사원인 도연 씨를 상대로 걸핏하면 야한 농담을 던지고 회식을 강요하며 회식 자리에서 집에 가려고 하는 도연 씨를 못 가게 막는 등의 행위를 했다. 직장 내 상사이자 사업주인 사장이 부하 직원에게 성희롱을 한 것으로 볼 수 있다. 즉, 남녀고용평등과 일·가정 양립 지원에 관한 법률 제12조의 직장 내 성희롱에 해당하고 이런 경우 사업주에게 1,000만 원 이하의 과태료를 부과할 수 있다.

만약 사장이 아닌 직원이 자신의 부하직원을 상대로 직장 내 성희롱을 한 경우라면, 그 직원에 대해서는 회사 차원의 징계를 생각해 볼 수 있을 것이다. 남녀고용평등과 일·가정 양립 지원에 관한 법률에는 사업주에 대한 처벌 규정만 있기 때문에 보통 직장 내 성희롱을 저지른 직원에 대해서는 회사 차원의 징계가 내려지는 경우가 많다. 그런데 명심할 점이 있다. 내가 기분 나쁘게 느끼는 상사의 모든 발언을 성희롱이라고 볼 수는 없다는 것이다.

물론 성희롱인지 아닌지를 판단함에 있어 피해자가 성적 모욕감이나 혐오감 등을 느꼈는지, 피해자가 어떻게 생각하는지를 주요하게 고려하지만 피해자가 기분 나빴다고 해서 무조건 성희롱이라고 판단되는 것은 아니라는 것이다. 따라서 직장 내 질서, 고용환경, 당사자 관계 등을 종합적으로 고려해 판단해야 할 것이다. 그럼 아래의 사례는 어떨까. 살펴보자.

요즈음 세상이 어떤 세상인데 커피를 타오라고?

응급 내원 사례

나랑 씨는 오랜 취업준비 기간을 마치고 드디어 한 중소기업에 취직을 했다. 주요 업무는 세일즈였다. 나랑 씨는 전국 각지를 돌아다니며 회사의 제품을 적극 세일즈하는 자신의 모습을 꿈꾸며 회사에 첫 출근을 했다. 그런데 아침부터 부장님이 나랑 씨에게 건네는 말은 "나랑 씨, 앞으로 아침마다 커피 한 잔씩 부탁해. 일단 지금 설탕 한 스푼 넣어서 커피 좀 타와!"였다. 나랑 씨는 '아니 내가 여자라고 지금 무시하는 건가?', '내가 세일즈를 하러 회사에 들어왔지 커피 타러 들어왔나?' 하는 여러 생각이 들었으나 출근 첫날부터 상사에게 찍히기 싫어 울며 겨자 먹기로 커피를 탔다.

나랑 씨는 '여성은 커피를 타오는 부하 직원'이라는 구시대적 고정관념을 가지고 자신을 대하는 직장 상사의 태도가 처벌받아야 마땅하다고 생각했을 수 있다. 그럼 부장님의 "커피 타와!" 발언은 나랑 씨가 느끼기에 여성으로서의 수치심과 모욕이 느껴졌으므로 직장 내 성희롱으로 볼 수 있을까? 아쉽지만 성희롱으로 보기에는 무리가 있다.

법원은 성희롱과 성차별을 분리하여 판단하기 때문이다. "커피 타와"라는 발언이 물론 한 개인에게는 매우 기분 나쁘게 들릴 수 있겠지만, 성적 불쾌감을 불러일으키는 성희롱과는 달리 보아야 한다는 것이다. 이것은 직장 상사가 성에 대한 부정적인 고정관념을 가지고 부당한 요구를 한 것일 뿐, 직장 내 성희롱에는 해당하지 않는다. 피해자의 입장에서는 정신적 피해가 있고 가해자를 처벌하고 싶다고 느낄 수 있지만, 기분이 나쁘다고 다 법의 심판대 앞에서 처벌받게 되는 것은 아니다.

한 사건에서 직장 상사가 회식자리에서 임신한 부하 직원에게 "임신해도 술 마시는 거 괜찮으니 분위기 깨지 말고 그냥 술 마셔라"라고 한 일이 있었는데, 법원은 마찬가지로 이를 두고 성적 불쾌감을 주는 성희롱으로 볼 수는 없다는 판단을 했다. 즉 법적인 시각에서 보았을 때 단순히 여성을 경시하는 듯한 느낌을 받아서 기분 나쁜 것과 성희롱은 구별된다는 것을 기억하자.

대부분의 범죄가 그렇겠지만 성희롱의 가장 악랄한 점은 자신보다 약자를 상대로 한 범죄라는 것이다. 그리고 평소와 같은 일상 속에서 일어난다는 점을 생각해보면 누구나 피해자가 될 수 있다. 여성가족부에서 발표한 2018년 성희롱 실태 조사 결과에 따르면, 전체 응답자의 8.1%가 직장에서 일하는 동안 한 번이라도 성희롱 피해를 경험했다고 답했다. 그중에서도 20대(12.3%) 여성(14.2%) 비정규직(9.9%) 근로자가 직장 내 성희롱 피해에 가장 취약한 것으로 나타났다. 가장 약한 지위에 있는 사람들이 가장 큰 피해를 보고 있는 것이다.

또한 성희롱 발생 직후 피해 대처를 물은 결과, 피해자의 81.6%가 성희롱 피해에 대처하지 않고 '참고 넘어갔다'고 답했고, 피해자 중 2차 피해를 경험했다고 답한 경우도 27.8%나 되었다. 직장 내 성희롱은 가해자와 피해자가 지속적으로 봐야 하는 상황이고, 피해자가 가해자의 지시를 받아 업무를 수행해야 하는 경우가 많다. 따라서 자연히 피해자들은 신고를 꺼리게 되고, 용기를 내서 신고를 한다 하더라도 2차 피해를 보지는 않을까 우려하게 되는 것이다. 자신의 모든 사회생활, 커리어를 걸고 신고해야 한다는 점에서 위험부담이 크기 때문에 단순한 해프닝 정도로 여기고 참는 그 마음이 일면 이해가 되기도 한다.

실제로 예전에는 직장 내에서 상사가 아무리 수위 높은 농담을 던지더라도 묵묵히 참아내는 것이 사회생활을 잘하는 것으로 여겨지던 때가 있었다. 오히려 그땐 상사에게 이의를 제기하고 신고하는 사람을 사회성이 떨어지고 사람들과 어울릴 줄 모르는 이상한 사람으로 보는 시선이 있었다. 그러나 지금은 적어도 직장 내 성희롱이 명백한 범죄이고 성희롱 피해자는 구제받아야 한다는 인식이 늘고 있다. 성희롱의 피해자들이 하나둘씩 움직이기 시작한 결과로 볼 수 있겠다. 하나둘의 적극적 움직임이 결국 전체를 움직이게 만든다.

응급 로펌의 처방 ⚖

* 직장 내 성희롱을 당하면 우선 거부 의사를 분명히 밝히자. 쉽지 않겠지만, 나중에 가해자를 처벌받도록 하기 위해서는 피해자의 명백한 거부 의사가 있으면 수월하다.

* 문자, 이메일, 메신저 대화 등 성희롱의 증거가 될 수 있는 모든 증거를 수집한다. 직접 얼굴을 보고 말하는 경우에는 녹취를 하는 것도 방법이다.

* 직장 상사가 성희롱을 계속하는 경우, 직장 내 고충 처리 부서나 사업주에게 직접 이 사실을 알리고 시정 조치를 요구해야 한다. 회사는 직장 내 성희롱을 방지해야 하는 의무가 있기 때문에 그 요구를 무시할 수는 없을 것이다.

* 만약 직장 내 해결 절차가 미흡하다는 생각이 들면, 고용노동부(www.moel.go.kr), 노동위원회(www.nlrc.go.kr)에 진정하여 조사가 시작되게 할 수 있다.

* 국가인권위원회(www.humanrights.go.kr)에 진정을 해 상담 조사관이 회사에 나와 조사를 하도록 하는 방법도 있다.

술에 취해 성폭행을 당했는데, 그래도 고소할 수 있나요?

#성폭행 #강간 #준강간 #준강제추행 #특수강간

응급 내원 사례

수현 씨는 오랜만에 친구들과 스트레스를 풀기 위해 클럽에 갔다. 신나게 춤을 추고 노는데 웬 남자들이 호감을 표시하며 접근해 왔다. 자신들이 잡은 테이블에 가서 술 한 잔 마시고 같이 놀자는 것이었다. 수현 씨는 술도 조금 취한 상태였기 때문에 경계가 풀어졌고 친구들과 함께 남자들의 테이블에 가서 대화도 나누며 그들이 주는 술을 받아 마셨다. 평소 소주 2병은 거뜬히 마시는 수현 씨였기 때문에 샴페인 몇 잔에 무슨 일이 나겠냐 싶어 한 잔, 두 잔 받아 마셨는데…. 그 후 눈을 떠보니 클럽 근처 호텔이었고 몸에는 성관계의 흔적이 남아 있었다. 남자들은 샴페인에 미리 수면제를 타놓고 수현 씨 일행을 부른 것이었다.

지금 당장 필요한 응급 처치

① 피해를 인지한 즉시 병원에 가서 진단서를 받자!

② 몸에 멍이나 상처가 있을 경우 사진을 찍어놓자!

③ 도움을 받을 수 있는 가족이나 친구에게 연락하자!

④ 365일 24시간 운영하는 여성 긴급전화 국번없이 1366에 전화하자!

　　수현 씨의 평소 주량으로 비추어보면, 수현 씨는 잠에서 깨자마자 남자들이 클럽에서 건넨 샴페인에 수면제가 들어 있었다는 것을 직감적으로 알았을 것이다. 아울러 원치 않는 성관계를 가졌다는 생각에 당연히 신고를 하고 싶을 것이다. 그런데 수현 씨는 고민하게 된다. '내가 남자들의 제안에 응해서 그 테이블에 가게 되었고, 가서 술을 마신 것도 내 자의에 의한 것인데, 이 남자를 고소할 수 있나?' 수현 씨가 고민을 하는 부분도 이해는 되지만, 아무리 피해자가 자의로 술을 마셨다고 하더라도 그 술에 수면제를 타고 정신을 잃게 한 뒤 성관계를 하는 것을 피해자의 책임으로 돌리는 경우가 세상 어디에 있을까. 수현 씨는 엄연한 성폭행 피해자이며, 그 남성은 당연히 처벌받아야 한다.

　　형법 제297조에는 **강간죄**가 규정되어 있다. 폭행이나 협박을 통해 누군가를 강간하게 되면 처벌받는다. 참고로 강제추행죄는 폭행이나 협박을 통해 누군가를 추행하면 성립하는 범죄이다. 이처럼 두 죄는 폭행과 협박이라는 수단은 동일하나 추행 또는 강간의 구체적인 행위의 차이에 따라 죄명이 달라지는 것이다.

　　수현 씨의 경우를 살펴보자. 이 남성은 수현 씨를 전혀 때리진 않았다. 아니, 때릴 필요조차 없었다. 수현 씨가 클럽에서 정신을 잃고 잠에 빠져들었기 때문에 굳이 폭행이나 협박을 할 필요가 없었기 때문이다. 또한 수현 씨가 기억하는 바에 따르면, 수현 씨와 그 남성 사이의 기류는 오히려 협박의 반대였다. 화기애애하게 샴페인을 마시며 대화를 나누던 친구들과 낯선 남자들, 그리고 역시 그 사이에서 웃으며 대화 나누던 그 남성과 수현 씨. 전혀 협박은 없었다. 수현 씨의 입장에서 그 화기애애함이 성관계에 대한 오케이 사인은 아니었지만 제3자가 보았을 때는 오해를 할 수도 있겠다 싶다. 이러한 상황에도 불구하고 이 남성을 처벌할 수 있을까?

법원은 강간죄가 성립하기 위한 폭행과 협박의 정도에 관해, 상대방의 반항을 불가능하게 하거나 반항이 매우 어렵게 만드는 정도면 된다는 입장이다. 즉, 여기서 말하는 폭행은 물리적으로 누군가를 한 대 때리는 폭행뿐만 아니라 강압적으로 반항을 포기하게 만드는 경우도 포함된다. 따라서 '누군가에게 마취제나 수면제와 같은 약을 먹여서 성관계를 했다'는 사실을 법적인 언어로 해석하면 '누군가에게 반항이 불가능하게 하는 유형력을 사용해서 성관계를 했다'가 된다고 볼 수 있다. 실제 법원도 그렇게 판단하고 있다. 수면제를 먹여 수면 또는 의식불명의 상태로 만든 것은 반항을 절대적으로 불가능하게 했다는 점에서 강간죄가 성립한다고 보았다. 그렇기에 수현 씨에게 샴페인에 탄 수면제를 먹이고 반항을 불가능하게 한 후 성관계를 가진 이 남성은 당연히 강간죄로 처벌될 수 있다.

형법 제297조 (강간)
폭행 또는 협박으로 사람을 강간한 자는 3년 이상의 유기징역에 처한다.

이미 만취해 있는 상태에서
성폭력을 당했다면?

🚨 응급 내원 사례

연아 씨는 회사 워크숍에 참석하게 되었다. 그 워크숍은 회사 사람들이 너나 할 것 없이 술을 많이 마시기로 유명한 워크숍이어서 연아 씨도 마음의 준비를 단단히 하고 갔다. 아니나 다를까 워크숍 장소에 도착해 이른 저녁을 먹으면서부터 끝이 없는 파도타기가 시작되었고 평소 술이 약했던 연아 씨는 필름이 끊기는 상태가 되었다. 언제 잠이 들었는지조차 기억이 안 날 정도로 정신을 잃고 만취 상태가 된 것이다. 그런데 아침에 눈을 떠보니 방에는 연아 씨 외에도 평소 친하게 지냈던 남자 동기가 구석에 쓰러져 자고 있었고, 연아 씨 몸 곳곳에는 성관계의 흔적이 남아 있었다. 연아 씨는 그 자리에서 얼음이 되고 말았다.

연아 씨는 회사 워크숍에 참석했다가 만취 상태로 잠이 들게 되었는데 친했던 남자 동기가 그 상황을 이용해 연아 씨를 성폭행한 사건이다. 연아 씨의 경우는 앞의 수현 씨와는 다르게 그 남자 동기가 연아 씨를 성폭행하기 위해 술을 먹인 것도 아니었고, 따라서 반항을 불가능하게 하는 폭행의 행사는 아예 존재하지 않았다. 협박도 전혀 없었다. 그렇다면 이 남자 동기를 처벌할 방법은 없는 것일까? 아니다. 이는 준강간죄로서 강간죄와 마찬가지로 처벌받는다.

우리 법률은 이런 사람까지 처벌하기 위해서 형법 제299조를 마련해두고 있다. 술을 마시고 깊은 잠에 빠진 경우, 즉 만취 상태로 몸을 가눌 수 없을 정도의 거동이 안 되는 상태는 심신상실 또는 항거불능의 상태로, 만약 이런 상황을 이용해 다른 사람을 강간하는 경우는 강간죄와 같이 처벌받는다는 조항이다. 즉, 반드시 형법 제297조의 강간죄에서 말하는 폭행, 협박이 없더라도 충분히 강간죄와 마찬가지의 처벌을 받을 수 있다는 것이다. 상식적으로 생각해보면 이것은 당연하다. 성폭행을 하기 위해서 처음부터 술을 먹이고 성폭행을 하는 것이나 피해자가 술에 취해 있는 것을 악용해 성폭행을 하는 것이나 강제적 성폭행인 것은 마찬가지 아닌가. 사실상 죄질을 비교해보더라도 거의 비슷한 정도로 불량하다고 볼 수 있다.

한 명이 아닌 두 명에게
성폭행을 당했다면?

응급 내원 사례

가희 씨는 새벽까지 야근을 하고 퇴근을 하던 길이었다. 버스에서 내려서 집으로 걸어가는데 새벽이라 그런지 길거리에 지나다니는 사람이 하나도 없는 것 같았다. 그런데 갑자기 괴한 두 명이 나타나 가희 씨를 인적이 없는 골목길로 끌고 갔다. 한 사람은 가희 씨의 목을 졸라 가희 씨를 어지럽게 만든 후 몸을 붙잡아 제압하고, 다른 한 사람은 가희 씨를 성폭행했다. 가희 씨는 소리 지르고 싶었지만 괴한들이 소리를 내면 죽이겠다고 협박해서 소리를 지를 수도 없었다.

형법 제299조 (준강간, 준강제추행)
사람의 심신상실 또는 항거불능의 상태를 이용하여 간음 또는 추행을 한 자는 제297조, 제297조의 2 및 제298조의 예에 의한다.

가희 씨는 괴한들에게 성폭행을 당한 피해자이다. 두 명이 달려들어 가희 씨를 골목으로 끌고 갔지만 실제 강간 행위를 한 사람은 둘중 한 명이었다. 하지만 가희 씨는 당연히 강간 행위를 한 사람뿐만아니라 자신의 목을 조르고 몸을 붙잡아 움직이지 못하게 한 사람까지도 처벌받게 하고 싶을 것이다. 그럼에도 불구하고 실제 강간 행위를 한 사람은 한 명뿐이니 이 사람만 처벌받을까? 아니다. 당연히둘 다 처벌받으며, 그것이 정의의 개념에도 더욱 부합할 것이다.

위에서 살펴본 강간죄, 준강간죄는 형법에 규정되어 있지만, 가희씨의 사례와 같이 한 명이 아닌 두 명이 성폭력을 휘두르는 행위와같은 범죄는 성폭력범죄의 처벌 등에 관한 특례법에 별도로 규정하여더욱 엄하게 처벌하고 있다. 그중에서도 제4조 제1항에서는 2명 이상이 합동해 누군가를 강간하는 경우인 특수강간죄에 대해 설명하고있다. 여기서 '합동하여'라는 의미는 말 그대로 힘을 합쳐 강간이라는 범죄를 저지른다는 뜻이다. 즉 반드시 2명 이상이 실제 강간 행위를 해야 한다는 것을 의미하지 않는다. 따라서 가희 씨를 직접 강간한 사람뿐만 아니라 가희 씨의 목을 조르고 몸을 붙잡아 제압한 사람까지 모두 성폭력범죄의 처벌 등에 관한 특례법 제4조 제1항에 따라특수강간죄의 처벌을 받는다.

상식적으로 생각해보더라도, 한 명이 아닌 두 명이 함께 범죄를 저

성폭력범죄의 처벌 등에 관한 특례법 제4조 제1항 (특수강간 등)
흉기나 그 밖의 위험한 물건을 지닌 채 또는 2명 이상이 합동하여 「형법」 제297조(강간)의
죄를 범한 사람은 무기징역 또는 5년 이상의 징역에 처한다.

지르는 것은 물리력으로 보나 죄의 중한 정도로 보나 더 엄격하게 처벌해야 할 것 같은 느낌이 든다. 따라서 수현 씨 사례의 강간죄보다 가희 씨 사례의 특수강간죄의 법정형이 더 무겁다. 형법상 강간죄는 법정형이 '3년 이상의 유기징역'이지만, 성폭력범죄의 처벌 등에 관한 특례법상 특수강간죄는 법정형이 무려 '무기징역 또는 5년 이상의 징역'이다. 이러한 특수강간죄는 2명 이상이 합동해 강간의 범죄를 저지른 경우뿐만 아니라 가해자가 한 명이라도 흉기나 그 밖의 위험한 물건을 지닌 채 강간한 때에도 성립한다. 즉, 한 명이 칼을 몰래 숨겨 가서 그 칼로 피해자를 협박해 강간한 경우라면, 가해자는 2인이 아니지만 마찬가지로 특수강간죄의 처벌을 받는다. 흉기를 소지한 채 범죄를 저질렀기 때문에 더 중한 처벌을 받게 되는 것으로 이해하면 되겠다.

그 외 성폭력 범죄와 관련해 알아두면 유용한 것이 있다. 앞의 〈강제추행(성추행)〉 파트에서 언급했듯 성범죄에 대한 친고죄가 폐지되었다는 것이다. 친고죄란 피해자가 반드시 고소를 해야만 검사가 공소를 제기할 수 있는 범죄로, 피해자가 고소하지 않으면 가해자를 처벌할 수 없다.

그럼 친고죄인데 만약 피해자가 수치스럽고 두려워서 고소를 하지 않는다면? 검사는 아무리 성폭행을 저지른 범인을 알고 그 증거가 있더라도 공소 제기를 할 수 없고, 따라서 가해자는 처벌받지 않는다. 그런데 다행히도 이제는 성범죄에 대한 친고죄가 폐지되었으니, 성범죄에 대해서라면 피해자가 고소하지 않더라도 수사기관은 적극적으로 수사해 가해자를 처벌할 수 있게 되었다. 그러니 주변 누군가가 성폭행 피해를 당했는데 고소를 망설이고 있다면 제3자로서 수사기관에 이를 고발해 가해자가 반드시 처벌받도록 하는 것도 피해자를 돕는 방법일 수 있다.

응급 로펌의 처방 ⚖

* 성폭력과 관련해 상담을 받거나 법률 구조를 받을 수 있는 기관은 많이 마련되어 있다. 법적인 정보 안내뿐만 아니라 심리적 상담을 받을 수 있는 곳도 있으니 적극 활용하자. 한국성폭력상담소 02-338-5801~2, 한국여성민우회 02-335-1858, 여성긴급전화 국번없이 1366, 대한법률구조공단 132, 한국여성의전화 02-2263-6465.
* 성폭행 범죄에 있어서도 증거는 매우 중요하다. 성폭행이 발생한 직후라면 병원에 방문해 성폭행 발생에 대한 진단을 받을 수 있고, 추후 수사기관에 이 진단서 및 관련 서류를 제출하면 범죄 사실의 입증이 보다 쉬워진다.
* 범죄 현장 주변에 CCTV가 있다면 미리 확보해두자. 성폭행의 직접적 행위가 담긴 영상이 아니더라도 예를 들면 만취 상태인 피해자를 가해자가 들쳐 엎고 호텔로 들어가는 등의 장면과 같이 범죄 행위의 전후 사정이 담긴 영상도 매우 유용하게 쓰인다.

사랑한다는 핑계로 나를 때리는 사람, 어떻게 하죠? →

#데이트 폭력   #클레어법

응급 내원 사례

미라 씨에게는 2년간 사귄 남자친구가 있다. 남자친구는 미라 씨의 이상형에 딱 맞아 떨어졌고 애교도 많아서 미라 씨는 늘 남들이 부러워하는 달달한 연애를 했다. 그러던 어느 날, 남자친구 집에서 데이트를 하던 중 사소한 말다툼이 시작됐다. 미라 씨는 우발적으로 남자친구에게 "이럴 거면 우리 헤어져! 나 너랑 더 이상 못 만나겠어!"라고 소리 질렀다. 그러자 남자친구가 갑자기 미라 씨를 벽으로 밀치더니 "사랑해서 절대 못 헤어져!"라며 목을 졸랐다. 미라 씨가 숨을 못 쉬겠다면서 캑캑 거렸는데도 남자친구는 그녀를 바닥에 내동댕이치듯 던져버렸다. 미라 씨는 '이 남자가 내가 2년 동안 사랑한 사람이 맞나' 싶었다.

지금 당장 필요한 응급 처치

① 상해를 입었다면 멍이나 상처를 사진으로 남겨두고 병원에 가서 진단서를 받자!

② 폭력을 당한 상황, 날짜, 장소 등에 대해 세세하게 기록해놓자!

③ 이후 폭력이나 상처에 대한 대화 내용을 캡처하거나 녹음하자!

미라 씨는 전형적인 데이트 폭력의 피해자이다. 데이트 폭력이라는 말은 법적 용어는 아니지만 서로 데이트하는 남녀 간 발생하는 폭력을 일컫는 말인데, 그 폭력의 종류는 가히 다양하다. 실제 사례들을 보면 단순 폭행부터 상해, 협박, 감금은 물론이고 심각한 경우에는 살인에까지 이른다.

데이트 폭력에 대한 처벌에는 형법상 어느 한 조항이 적용되는 것이 아니라 실제 발생한 행위와 결과에 따라 적절한 조항이 적용된다. 경찰청이 집계한 자료에 따르면, 2014년부터 2019년 8월까지 데이트 폭력을 당한 피해자는 무려 4만 4,064명에 이르렀다. 이 중 여성 피해자는 전체의 71.8%였고 남성 피해자는 9.3%였다. 데이트 폭력은 매년 증가 추세이다. 2016년 대비 2019년 8월의 데이트 폭력 피해자 증가율은 64.6%에 달한다. 연령대는 20대, 30대에서 빈번하게 나타났고 재범율도 높았다.

이 중에서도 필자의 눈길을 끄는 점은 가해자의 재범 현황이었다.

형법 제260조 제1항 (폭행)
사람의 신체에 대하여 폭행을 가한 자는 2년 이하의 징역, 500만 원 이하의 벌금, 구류 또는 과료에 처한다.
형법 제257조 제1항 (상해)
사람의 신체를 상해한 자는 7년 이하의 징역, 10년 이하의 자격정지 또는 1,000만 원 이하의 벌금에 처한다.

재범 현황을 보면 초범인 경우가 1만 2,998명으로 전체의 30.5%였고 5범 이상인 경우는 29.8%였다. 10범 이상인 경우도 12.5%에 달해 데이트 폭력 재발 방지 대책이 정말 실효성이 있는 것인가 하는 의문이 들었다. 피해자의 입장에서 보면 데이트 폭력은 반복할수록, 갈수록 강도가 세지는 경향이 있어서 더욱 공포스러울 것으로 생각된다. 재발 방지를 위한 대책 마련이 시급해 보인다.

예전에만 하더라도 미라 씨와 같은 상황에 처하면 '내가 정말 남자복이 없지' 또는 '그가 나를 너무 사랑하다 보니 이렇게 됐다' 하고 넘기는 경우가 대부분이었다. 데이트 폭력이라는 개념 자체가 사람들에게 익숙하지 않았고, 서로 사귀는 사이에 화가 나서 한 대 때리는 정도의 폭력을 가지고 경찰서까지 찾아간다는 것에 대해 오히려 피해자가 유별나다는 인식이 있었다. 그리고 '먼저 원인 제공을 했겠지'라며 피해자를 몰아세우는 인식도 만연했던 것 같다. 그러나 요즈음에는 데이트 폭력을 중범죄로 보는 인식이 많이 확산되어 그나마 다행이라는 생각이 든다.

형법 제283조 제1항 (협박)
사람을 협박한 자는 3년 이하의 징역, 500만 원 이하의 벌금, 구류 또는 과료에 처한다.
협박 제259조 제1항 (상해치사)
사람의 신체를 상해하여 사망에 이르게 한 자는 3년 이상의 유기징역에 처한다.
형법 제250조 제1항 (살인)
사람을 살해한 자는 사형, 무기 또는 5년 이상의 징역에 처한다.

사랑해서 놓아줄 수 없다고?

현지 씨에게는 대학에 입학해 1년간 교제한 남자친구가 있었다. 새내기 시절 한눈에 반해 만난 남자친구였지만 과도하게 집착하는 모습을 보여 현지 씨는 지쳤고 결국 남자친구에게 이별을 선언했다. 하지만 남자친구는 그 이별을 쉽게 받아들이지 못하는 눈치였다. 계속해서 밤낮 없이 전화했고, 번호를 차단하니 집 앞이나 수업이 있는 강의실에도 불쑥불쑥 찾아왔다. 현지 씨가 무대응으로 일관하던 어느 날, 남자친구는 현지 씨 집 앞에 숨어 있다가 귀가하는 현지 씨에게 염산을 뿌렸다. 갑작스러운 공격에 당황한 현지 씨가 넘어지자 남자친구는 쇠파이프로 현지 씨를 때리며 "내가 못 가면 다른 남자도 널 가질 수 없어!"라고 소리쳤다. 현지 씨는 '이러다가 내가 목숨을 잃게 될 수도 있겠구나…' 하는 생각이 들었다.

현지 씨의 사례는 실제 필자가 상담했던 사건이다. 현지 씨는 상담을 하면서도 남자친구에 대해 법적 조치를 취할지 말지 쉽게 결정하지 못했다. 고소를 하면 가족의 신상이라든지 집 주소, 늘 운동하러 가는 곳, 주변 인간관계 등 현지 씨에 대해 많은 정보를 알고 있는 남자친구가 더 큰 보복을 할지 모른다는 불안감 때문이었다.

그리고 현지 씨는 데이트 폭력 피해자들이 많이 겪는 외상 후 스트레스 장애 증상도 보였다. 조그마한 일에도 쉽게 불안해했고 자존감 높고 인기 많던 여대생의 모습은 점차 사라졌으며 사람을 만날 때도 늘 부정적인 성향을 보이게 되었다. 상담을 진행하면서 현지 씨에게 병원을 찾아 심리 상담을 받아야 한다는 조언을 했을 정도로

그녀는 보기 안쓰러웠다. 무엇보다도 이렇게 큰일을 당하고도 상대방을 처벌해야 하는지 혼란스러워 하는 모습이 가장 안타까웠다.

데이트 폭력은 발생 직후 빠른 해결이 이루어지지 않을 때가 많다. 서로 사랑하는 사이에서 발생한 일이기 때문이다. 사랑하는 사람에게서 협박을 당하거나 폭행을 당하는 경우, 순간적인 배신감은 이루 말할 수 없이 크겠지만 그래도 상대방에 대한 애정이 남아 있는 때가 더 많다. 그래서 상대방을 한 번 더 믿어주자는 결론에 이르거나 심하게는 '원래 그런 사람이 아닌데 너무 화가 나서 저지른 단한 번의 실수였을 것이다'라 생각하며 자기합리화를 하는 것이다. 하지만 이렇게 한 번, 두 번 넘어갈수록 데이트 폭력은 더 빈번해지고 강도도 세진다. 그 사람이 나를 사랑하는 방식이라는 잘못된 믿음을 가지고 상대방 곁에 무방비 상태로 오랜 시간 머무를수록 상황은 점점 최악으로 치닫는다고 할 수 있겠다.

상황이 이렇다 보니 경찰도 데이트 폭력 집중 신고 기간 등을 지정해 운영하는 등 다양한 노력을 기울이고 있다. 피해자뿐 아니라 주변에서도 적극적으로 데이트 폭력을 신고할 수 있도록 사회적 분위기를 조성하려는 목적이 있는 것으로 보인다. 물론 경찰 역시도 과거에는 데이트 폭력에 소극적인 태도를 보였다. 부부 사이에 발생한 가정폭력의 경우에는 그 심각성이 사회적으로 깊이 인식되고 있을 뿐만 아니라 가정폭력범죄의 처벌 등에 관한 특례법에 따라 적절한 초기 대응이 가능하지만, 데이트 폭력은 별도의 법률이나 대응 프로토콜이 마련되어 있지 않다 보니 경찰도 이에 적절한 조치를 취하기 어려웠던 것이다.

　영국은 2014년부터 '클레어법'을 시행해 데이트 상대의 폭력 전과를 공개 열람할 수 있게 하고 있다. 2009년 클레어 우드라는 여성이 남자친구에게 살해당한 사건이 있었는데, 이 사건을 계기로 데이트 상대의 전과기록을 알 수 있는 권리의 필요성이 실제 입법으로 이어진 것이다. 다만, 정보공개는 각종 심사단계와 지역정보공개결정위원회의 심의를 거쳐 필요성이 인정되는 경우에만 이뤄진다. 우리나라가 꼭 이와 똑같은 제도를 실시해야 한다는 것은 아니지만, 해외에서는 이렇게 데이트 폭력 가해자에 대해 강력한 대응을 하고 있으니 우리도 이러한 시각을 참고해야 할 필요성은 있어 보인다.

　1999년 일본에서는 '오케가와 살인사건'이 발생했는데, 전 남자친구와 그 형이 고용한 남자에 의해 한 여성이 살해된 사건이었다. 이별 후 스토킹을 하다가 결국에는 살인까지 하게 된 이 사건에서 피해자는 수차례 경찰에 신고한 적이 있다는 사실이 알려지며 일본 경찰은 큰 비난을 받았다. 그야말로 소 잃고 외양간 고치기 아닌가. 우리나라 역시 더 이상은 이렇게 안타까운 사건이 발생하지 않도록 하기 위해서라도 피해 당사자 및 주변 사람들의 적극적인 신고가 있어야 할 것이다. 더불어 경찰과 같은 수사기관, 더 나아가서는 사회 전체적으로 데이트 폭력 피해를 근절하기 위한 진지한 대책 마련이 시급해 보인다.

응급 로펌의 처방 ⚖️

* 데이트 폭력도 증거수집이 중요하다. 데이트 폭력이 발생한 즉시 병원에 가서 진단서를 확보한다. 병원에서 왜 상처가 나게 되었느냐 등의 질문을 할 때 부끄럽다고 '넘어졌다' 등의 거짓말을 하면 그 내용이 진료 기록부에 그대로 적혀 나중에 불리할 수 있으니 사실 그대로 대답하자.

* 경찰에 데이트 폭력에 대해 적극적으로 신고해 신고 기록을 남겨두는 것도 도움이 된다. 나중에 심한 경우 가해자를 내 주변에 접근하지 못하도록 접근금지 가처분 신청 등을 진행할 수도 있는데, 그때 여러 차례에 걸쳐 신고를 했으나 피해가 지속되었다는 점을 입증하기 유용하다.

* 증거를 잘 수집해 형사 고소 및 민사 소송을 진행한다. 형사 고소는 상대방을 처벌하기 위한 목적이고 민사 소송은 상대방으로부터 입은 피해에 대해 내가 금전적으로 보상받기 위한 목적이다. 두 가지는 각각 목적이 다르니 혼동하지 말자.

* 데이트 폭력은 폭행을 행사하는 것뿐만 아니라, 정신적으로 괴롭히거나(스토킹, 협박, 자해 등) 원하지 않는 성관계를 요구하는 행위, 연인의 행동을 통제하는 행위(인간관계, 옷차림) 등도 포함된다. 인터넷에 데이트 폭력 체크리스트가 있으니 검색해서 확인해보자.

5 불법 촬영

누군가 나를
몰래 촬영한 것 같아요.

➡️

#몰래카메라 #불법 촬영 #지하철 몰카

🚨 응급 내원 사례

퇴근을 하던 추운 한겨울의 어느 날, 인경 씨는 한 남성이 뒤를 따라오는 듯한 느낌을 받았다. 하지만 집으로 가는 길이 인적이 드문 길은 아니어서 인경 씨는 큰 걱정은 하지 않고 가던 길을 계속 갔다. 그 남성은 결국 인경 씨의 아파트 입구 안까지 따라왔다. 뭔가 이상하다는 느낌을 받은 인경 씨가 있는 힘껏 달려 아파트 엘리베이터를 타려고 하자 그 남성은 갑자기 방향을 틀어 아파트 건물 밖으로 빠져나갔다. 그때 불현듯 어떤 장면이 떠올랐다. 그 남성은 계속해서 인경 씨를 향하는 방향으로 휴대폰을 들고 있었는데 지금 생각해보니 무언가를 찍고 있는 듯한 모습이었던 것이다. 인경 씨는 즉시 경찰에 신고하고 CCTV를 조회해 다행히 그 남성을 잡을 수 있었다. 압수된 남성의 휴대폰에는 인경 씨의 뒷모습을 찍은 사진이 열 장 넘게 담겨 있었다.

📑 지금 당장 필요한 응급 처치

① CCTV나 목격자를 확보하자!
② 증거가 없어도 상황에 대한 구체적인 진술이 있다면 신고가 가능하다!
③ '성적 욕망 또는 수치심을 유발할 수 있는 신체의 촬영'인지 확인하자.

대중교통을 이용하거나 길거리를 지나다니다 보면 휴대폰을 들고 다니는 사람을 수도 없이 마주치게 된다. 보통은 이상하게 비춰질 일 없는 일상적인 모습이지만, 종종 이렇게 휴대폰을 이용해 다른 사람의 모습을 몰래 찍는 나쁜 사람도 있다. 문제는 사진이 찍히는 사람은 그 사실을 전혀 모른 채 지나가는 일이 얼마든지 발생할 수 있다는 것이다.

인경 씨의 경우는 그래도 아파트 CCTV라는 증거가 확보돼 있어서 범인을 쉽게 찾을 수 있었다. 하지만 대부분 몰카(몰래카메라), 즉 불법 촬영의 피해자들은 첫째, 자신들의 모습이 사진에 찍힌 줄도 모르고, 둘째, 찍힌 것을 알더라도 그 순간 상대방에게 휴대폰을 달라고 해서 사실 확인을 하는 것을 어려워한다. 따라서 의심이 가더라도 실제로 범인을 검거하기란 쉬운 일이 아니다. 불현듯 내 모습도 누군가의 휴대폰에 몰카로 찍혀있을 수도 있다고 생각하면 소름이 끼치지 않는가?

그런데 여기서 보다 근본적인 질문을 해보자. 누군가가 내 모습을 촬영했다는 점만으로 그 사람들을 모두 다 처벌할 수 있을까? 인경 씨의 뒷모습을 찍은 남성은 처벌을 받을까? 얼핏 '나에게도 초상권이 있는데 누군가 내 허락 없이 내 사진을 찍는다면 당연히 무언가 조치를 취할 수 있어야 할 것이고, 잘못된 행동이니 당연히 처벌받지 않을까?' 하는 생각이 들 수 있다. 그러나 아쉽게도 인경 씨의 뒷모습을 촬영한 남성은 처벌받지 않았다. 마음 같아서는 인경 씨 뒤를 졸졸 따라가며 공포심까지 유발한 것도 고려하여 처벌받아야 할 것 같지만, 결론적으로 이 남성은 무죄였다.

실제 이와 같은 사건이 대법원까지 갔는데, 대법원은 피고인에게 무죄를 선고했다. 그 이유는 우선 사진에 찍힌 여성이 거의 노출이 없는 옷차림이었기 때문이라는 점, 그리고 피고인이 사진을 찍을 때 여성의 특정 신체 부위를 강조해서 찍지도 않았다는 점 때문이었다. 법원이 이와 같이 판단할 수밖에 없었던 이유는 몰카 범죄를 처벌하는 법률 규정이 그렇게 되어 있기 때문이다.

몰카 범죄는 성폭력범죄의 처벌 등에 관한 특례법 제14조 제1항에 따라 처벌된다. 그 내용을 보면, 카메라를 이용해 다른 사람의 신체를 동의 없이 촬영하면 처벌받는다고 되어 있다. 그런데 그냥 촬영하는 것이 아니라 '성적 욕망 또는 수치심을 유발할 수 있는 신체의 촬영'이어야 한다. 그리고 그렇게 촬영한 사진을 배포하는 경우도 처벌받는다고 되어 있다. 즉, 단순히 다른 사람의 신체를 촬영하는 것은 이 조항의 처벌 대상이 아니며 반드시 성적 욕망 또는 수치심을 유발할 수 있는 신체의 촬영인 경우에만 이 조항이 적용돼 처벌할 수 있는 것이다.

성폭력범죄의 처벌 등에 관한 특례법 제14조 (카메라 등을 이용한 촬영)
제1항. 카메라나 그 밖에 이와 유사한 기능을 갖춘 기계장치를 이용하여 성적 욕망 또는 수치심을 유발할 수 있는 사람의 신체를 촬영대상자의 의사에 반하여 촬영한 자는 5년 이하의 징역 또는 3,000만 원 이하의 벌금에 처한다.

인경 씨의 사례를 생각해보자. 그 남성은 인경 씨의 뒷모습을 찍었다. 압수한 휴대폰에서 사진이 수두룩하게 나왔으니 관련 증거도 충분히 확보되었다고 볼 수 있다. 그러나 법원에서는 사진이 찍혔다는 사실만으로 그 남성을 처벌하는 것이 아니라, '과연 그 사진이 성적 욕망 또는 수치심을 유발할 만한가?'라는 문제에 대해 반드시 고민하고 그 기준에 따라서 판결을 내린다. 그 결과, 법원은 단지 인경 씨의 뒷모습이 전체적으로 찍힌 사진은 성적 욕망 또는 수치심을 유발하는 사진이 아니라고 판단한 것이다. 더구나 추운 겨울이라 코트로 몸을 가리는 복장이었다는 점도 그 판단의 기준이 되었다.

몰카를 찍히는 여성이
전혀 눈치 채지 못한 상황이라면?

응급 내원 사례

세연 씨는 출근할 때면 늘 지하철을 이용한다. 출근 시간대이다 보니 지하철에 사람이 붐벼 세연 씨는 아침에 늘 정신이 없다. 이 날도 여느 때와 같이 지하철을 이용해 출근을 하는 길이었다. 교통카드를 찍고 나가려는 순간 옆을 지나는 한 여성이 세연 씨를 붙잡고 "저 남자가 그쪽 사진을 찍는 것 같던데… 확인해 보셔야 할 것 같아요"라고 말을 건넸다. 무더운 여름이라 세연씨는 짧은 옷을 입고 있는 상황이라 더욱 당황스러웠다. 하지만 세연 씨는 사진이 찍히는 느낌을 전혀 받지 못했고 처음 보는 여자 말을 어떻게 다 믿나 싶어서 그냥 가던 길을 갔다. 사실 그 남성은 세연 씨의 엉덩이 부분을 확대해 한 장의 사진을 찍었는데 옆에 있던 여성에게 들켰던 것이다.

그러나 세연 씨가 눈치 채지 못해 결국 잡히지 않고 역을 빠져나갔다.

　세연 씨의 경우에는 전혀 자신의 신체가 촬영되었다는 점을 느끼지 못했고 따라서 수치심도 느끼지 못했다. 인경 씨의 사례에서처럼 남성이 졸졸 쫓아다니며 사진을 찍은 것도 아니었고 여러 장을 촬영한 것도 아니었다. 그렇다면 이 남성은 유죄일까 무죄일까?

　이 남성은 성폭력범죄의 처벌 등에 관한 특례법 제14조 제1항에 따라 처벌받는다. 공포감까지 조성하며 상대적으로 긴 시간 뒤를 밟으며 그것도 여러 장의 사진을 찍은 인경 씨 사례 속 남성은 무죄인데, 왜 세연 씨와 스치듯 지나치며 한 장의 사진을 찍은 남성은 유죄일까? 더구나 세연 씨는 공포감이나 수치심을 느낄 겨를도 전혀 없었는데 왜 이 남성에게는 더 가혹한 잣대를 들이대는 것일까? 충분히 이런 의문점들을 가질 수 있다. 그러나 성폭력범죄의 처벌 등에 관한 특례법 제14조를 명문 그대로 충실히 적용해보면 이 남성이 유죄라는 판단은 쉽게 나온다.

　우선 몰카 범죄의 처벌은 오랜 시간 피해자의 뒤를 따라다니며 촬영을 했든, 아니면 스치듯 지나치며 촬영을 했든 그 촬영 방식을 고려하지 않는다. 또한 사진 촬영을 한 번이라도 했으면 한 것이지, 한 장만 촬영했다고 해서 처벌을 받고 안 받고가 정해지는 것은 아니다. 그렇다면 가장 중요한 '성적 욕망 또는 수치심'의 판단에 있어서는 어떨까? 피해자가 느끼는 정도를 기준으로 하는 것이 아니라 '촬영된 신체 부위와 옷차림, 촬영 경위, 장소, 거리' 등을 객관적이고 종합적으로 판단해 유무죄를 선고한다.

이제 이러한 기준에 따라서 세연 씨의 사례를 보면 왜 그 남성이 유죄인지 이해가 될 것이다. 더운 여름, 짧은 옷을 입은 세연 씨의 엉덩이를 확대해 촬영한 사진은 아무리 단 한 번의 촬영이라도 충분히 '성적 욕망 또는 수치심'이 발생할 수 있는 경우에 해당한다. 따라서 세연 씨의 엉덩이를 촬영한 남성은 유죄인 것이다. 구체적으로 어떤 부위를 어떻게 찍었는지도 중요하다는 걸 알 수 있다.

실제 몰카 범죄로 인한 피해 사례를 보면, 세연 씨와 같이 자신의 모습이 촬영되는지도 모르고 그냥 지나치는 경우가 대부분이다. 하지만 몰카 관련 범죄는 나날이 증가하고 있어 주요 피해자인 여성들의 불안은 이만저만이 아니다. 누군가 내가 화장실에서 볼일 보는 모습을 은밀하게 촬영하고 있다고 생각하면 정말이지 아찔하지 않은가?

그러나 몰카 범죄에 대한 처벌은 여전히 솜방망이 처벌이라는 지적이 많다. 성폭력 범죄의 처벌 등에 관한 특례법을 보면 법정형은 '5년 이하의 징역 또는 3,000만 원 이하의 벌금'으로 규정되어 있긴 하다. 하지만 몰카를 찍은 사람이 초범이거나 절대 다시는 안 그러겠다고 반성하는 경우에는 벌금형이나 집행유예가 선고되는 경우가 많다. 아무래도 몰카 범죄를 심각한 범죄라고 여기기보다는 그저 호기심에 벌이는 장난 정도로 생각하는 사회적 인식이 아직도 남은 탓인 듯하다. 사실 몰카 범죄라고 부르는 것 자체도 무언가 범죄의 중대성과 심각성을 반감시키는 느낌이 들기도 해서 그 호칭부터 바꿔야 하는 것 아닌가 싶다. 따지고 보면 비뚤어진 성적 욕망에서 비롯된 범죄 아닌가. 사회적인 인식도 변화해야 할 필요가 있다.

응급 로펌의 처방 ⚖️

* 지하철에서 몰카 피해를 입었더라도 여성 혼자서 가해자를 잡아두기란 쉽지 않다. 하지만 서울시의 경우 지하철 보안관 제도를 운영 중이니 만약 피해를 입은 경우 지하철 보안관에게 도움을 요청해보자.

* 증거를 확보하면 바로 경찰에 신고한다. 이때 증거란 몰카 범인이 찍은 사진과 같은 직접 증거가 가장 좋겠지만 만약 휴대폰을 넘기길 거부한다면 강제로 무언가를 하지 말고 목격자를 확보하는 것도 방법이다. 자칫 강제로 휴대폰을 빼앗다가 상대방에게 유형력을 행사하게 되면 오히려 내가 범죄자가 될 수 있다는 점을 기억하자.

* 만약 경찰에 신고까지는 하지 않고 원만하게 해결하고 싶은 경우에는 내가 보는 앞에서 사진을 모두 지우게 하자. 혹시나 거짓으로 지워서 다른 곳에 이용하는 경우를 방지하기 위해 '만에 하나 사진을 지우지 않아 촬영한 사진이 다른 곳에 이용되면 손해배상을 한다'는 내용의 확인서를 써놓는 것도 좋다.

* 몰카 범죄 가해자에 대해 법적 조치를 취함에 있어 법률 상담 및 법률 구조를 받고 싶다면 대한법률구조공단 132, 한국여성의전화 02-2263-6465에서 상담을 받아보자.

촬영엔 동의했지만
유포엔 동의한 적 없어요!

#리벤지 포르노   #불법 유포   #사이버 성폭력   #디지털 성범죄

응급 내원 사례

유영 씨는 회사에서 열심히 일하고 있는 도중 친구로부터 전화 한 통을 받았다. 친구가 머뭇거리면서 어렵게 말을 꺼냈다. "인터넷에서 네가 나오는 포르노를 봤는데, 알고 있어?" 그런 동영상을 찍은 적이 없기에 친구가 잘못 봤다고 생각하고 대수롭지 않게 넘겼다. 그런데 불현듯 스치는 생각이 있었다. 예전에 사귀었던 남자친구가 헤어질 때 화가 나서 "나 너 몰래 찍은 동영상 있는데, 그거 다 유포해버릴 거야!"라고 소리쳤던 것. 유영 씨는 갑자기 속이 타들어가기 시작했다.

지금 당장 필요한 응급 처치

① 신고하는 데 필요한 기본적인 근거자료를 수집하자!

② 피해 촬영물이 게시된 사이트 및 해당 플랫폼이 어디인지 파악하자!

③ 디지털 성범죄 피해자 지원센터 또는 한국사이버성폭력대응센터에 상담을 신청하자!

유영 씨는 전형적인 리벤지 포르노의 피해자이다. 리벤지 포르노란 복수를 뜻하는 영어 'revenge'와 이른바 성인 동영상을 칭하는 'porno'의 합성어이다. 과거 연인 사이일 때 성관계 동영상을 몰래 찍어두었다가, 헤어지면서 영상을 인터넷상에 유포하며 복수하는 범죄를 말한다. 남녀 모두 피해자가 될 수 있지만, 통계를 살펴보면 여성이 피해자인 경우가 훨씬 많다.

가끔씩 논란이 되는 유명 할리우드 여배우의 나체 사진 또는 국내에서도 일명 유명 여배우의 동영상이라고 불리며 인터넷에서 빠르게 불법 유포되는 동영상들 역시 리벤지 포르노의 일종으로 볼 수 있다.

과거 리벤지 포르노 관련 캠페인을 본 적이 있다. 거기서 가장 가슴에 박히는 문구는 한국사이버성폭력대응센터 직원의 한마디였다. "내가 이 일을 하면서 가장 힘든 건 영상에서 여자가 상대방을 사랑하는 게 느껴질 때…." 그렇다. 리벤지 포르노는 우리가 쉽게 생각하는 포르노, 야동이 아니다. 포르노와 리벤지 포르노는 절대로 교집합이 있을 수 없는 전혀 다른 개념임을 우선 알아야 한다.

내가 모르는 수많은 사람들이 내 성관계 동영상을 손쉽게 다운받아 볼 수 있다면? 생각만 해도 너무나 끔찍하다. 리벤지 포르노를 헤어지면서 상처받아 저지르는 소심한 복수쯤으로 생각하는 일부 사람들이 있는데, 리벤지 포르노는 명백한 처벌 조항도 있는 엄연한 범죄이다.

성폭력 범죄의 처벌 등에 관한 특례법 제14조 제1항을 보면, 남 몰래 다른 사람의 신체를 촬영하거나 그걸 반포, 전시 등을 하는 자에 대하여 처벌하고 있음을 알 수 있다. 연인 사이라 해도 상대방 모르게 성관계하는 영상을 찍거나 신체 사진을 몰래 찍은 후 이를 인터넷에 게시해 많은 이들이 볼 수 있게 하였다면 엄연히 처벌 대상이 된다. 또한 이러한 리벤지 포르노에서 촬영한 당사자의 신체가 함께 노출이 되든 안 되든 그것은 처벌에 영향을 미치지 않는다.

그런데 누가 보더라도 합의하에 촬영한 듯한 동영상을 볼 수 있다. 카메라가 자신을 찍고 있다는 것을 알고 있는 것처럼 보이는 동영상은 어떻게 되는 걸까? 해당 영상의 피해자는 상대방이 자신의 모습을 촬영한다는 것을 알고 있었으니 이러한 영상의 유포는 범죄가 되지 않는 걸까? 아마 동영상을 찍는 것까진 동의했더라도 인터넷에 게시돼 수많은 누군가가 그 동영상을 보는 것까지는 허락하지 않은 경우가 거의 대부분일 것이다. 바로 다음 사례가 그러한 예다.

성폭력 범죄의 처벌 등에 관한 특례법 제14조 (카메라 등을 이용한 촬영)
제1항. 카메라나 그 밖에 이와 유사한 기능을 갖춘 기계장치를 이용하여 성적 욕망 또는 수치심을 유발할 수 있는 사람의 신체를 촬영대상자의 의사에 반하여 촬영한 자는 5년 이하의 징역 또는 3,000만 원 이하의 벌금에 처한다.

동영상 촬영에는 동의하였지만
유포에는 동의하지 않은 경우

노랑 씨는 남자친구의 요구로 성관계 동영상을 찍는 데 동의하였다. 한편으로는 걱정이 앞섰지만, 사랑하는 남자친구가 곧바로 지운다고 약속하였기에 그 말을 믿었다. 이후 그 남자친구와는 2년 교제 끝에 헤어졌고, 노랑 씨는 다른 남자와 결혼해 가정을 꾸렸다. 그러던 어느 날, 인터넷에 노랑 씨의 성관계 동영상이 돌아다닌다는 말을 듣고 혼비백산하게 되었다. 찾아보니 분명 자신의 모습이 맞았고 동영상 속에 등장하는 남성은 과거 남자친구였다. 지운 줄로만 알았던 동영상이 조회 수 수천 건인 인기 동영상이라니. 노랑 씨는 자살 충동을 느낄 정도로 괴로웠다.

노랑 씨는 당시 남자친구를 사랑했기에 무엇이든 들어주고 싶었고 동영상 촬영까지 하게 되었다. 엄연히 노랑 씨의 동의하에 카메라가 켜졌고 촬영 내내 카메라가 자신을 향하고 있다는 것을 명확히 인지하고 있었다. 그렇다면 노랑 씨의 과거 남자친구는 처벌에 있어 자유로울 수 있을까? 절대로 아니다. 노랑 씨 역시 리벤지 포르노의 피해자인 것은 명백하고 전 남자친구 역시 처벌받는다.

노랑 씨는 촬영하는 것에만 동의했을 뿐이지 그 동영상을 퍼뜨리는 것에 동의하지는 않았다. 따라서 노랑 의사에 반하는 이러한 동영상을 인터넷에 게시하게 되면, 성폭력 범죄의 처벌 등에 관한 특례법 제14조 제2항에 따라 처벌받는다. 2018년 12월 법 개정 전에는 제14조 제1항과 제14조 제2항의 법정형이 차이가 났다. 상대방의 의사에 반해 촬영한 것을 상대방의 동의를 받아 촬영했지만 동의 없이 유포한 경우보다 더욱 엄하게 처벌했다. 그러나 개정 이후 두 조항의 법정형은 동일하게 '5년 이하의 징역 또는 3,000만 원 이하의 벌금'으로 바뀌었다. 상대방의 의사에 반해 촬영하는 것도 엄벌에 처해야 하겠지만, 노랑 씨와 같은 경우도 그 피해가 결코 더 가볍다고 볼 수는 없는 것이기에 마찬가지로 엄벌에 처해야 하는 것이 맞다고 본다.

그럼 최악의 경우를 가정해보자. 동의도 없이 찍힌 동영상을 전 연인이 거액의 돈을 받고 인터넷에 게시한 경우는 어떠할까? 허락도 없이 타인의 나체를 찍고 그 동영상을 인터넷에 올린 것도 분노할 일이지만, 남에게는 이토록 상처를 주는 행동을 하면서 자신은 거액의 수입을 올린다고 생각하면, 아무래도 더 강하게 처벌해야 할 것 같지 않은가! 실제로 법은 이러한 점을 반영하여 영리 목적이 있는 경우 더 무겁게 처벌한다.

앞선 유영 씨나 노랑 씨 사례의 가해자에게 적용되는 법정형은 5년

성폭력 범죄의 처벌 등에 관한 특례법 제14조

제2항. 제1항에 따른 촬영물 또는 복제물(복제물의 복제물을 포함한다. 이하 이 항에서 같다)을 반포·판매·임대·제공 또는 공공연하게 전시·상영(이하 "반포 등"이라 한다)한 자 또는 제1항의 촬영이 촬영 당시에는 촬영대상자의 의사에 반하지 아니한 경우에도 사후에 그 촬영물 또는 복제물을 촬영대상자의 의사에 반하여 반포 등을 한 자는 5년 이하의 징역 또는 3,000만 원 이하의 벌금에 처한다.

제3항. 영리를 목적으로 촬영대상자의 의사에 반하여 「정보통신망 이용촉진 및 정보보호 등에 관한 법률」 제2조 제1항 제1호의 정보통신망(이하 "정보통신망"이라 한다)을 이용하여 제2항의 죄를 범한 자는 7년 이하의 징역에 처한다.

이하의 징역 또는 3,000만 원 이하의 벌금에 불과하지만, 여기에 만약 영리를 목적으로 한다는 점이 더해지면 7년 이하의 징역으로 처벌 수위가 껑충 뛰게 된다. 여기서 주목해야 할 점은 영리 목적의 유포인 경우에는 벌금형이 없다는 것이다. 오로지 징역형만 가능하다. 죄질이 나쁘기 때문에 그만큼 가중처벌을 받는 것이다. 누군가에게 평생 씻을 수 없는 상처를 입히면서 자신은 돈을 번다는 것에 대한 괘씸죄가 반영된 듯하다.

리벤지 포르노의 피해자들은 극심한 정신적 고통에 시달려 치료를 받거나 심각한 경우에는 자살하기도 한다. 자신의 동영상이 인터넷에 게시되어 있다는 것을 안 피해자가 직접 동영상을 삭제해주는 업체에 연락해 거금을 들여 영상을 삭제하는 경우도 있다. 그러나 일단 누군가가 다운로드를 받았다면 그것까지 삭제할 수는 없기 때문에 현실적인 한계가 분명 있다.

한 동영상 삭제 업체의 대표가 인터넷에 글을 올린 적이 있다. "동영상 삭제 문의를 받고 얼마 지나 전화를 걸면 다른 가족이 받는 경우가 있다. 이유를 물으면, 피해자가 자살했다고 한다"라며 안타까워하는 글이었다. 리벤지 포르노가 얼마나 심각한 범죄인지 알 수 있는 대목이다.

리벤지 포르노는 상처받아 홧김에 저지를 수 있는 단순한 복수가 아니다. 명백한 범죄이다. 일각에서는 그런 상황을 만든 것이 잘못이고, 그런 범죄를 저지르는 상대를 만난 것 자체가 잘못이라며 피해자를 탓하기도 한다. 하지만 이것은 범죄자들의 입장을 합리화해주며 그들이 책임져야 하는 범죄의 무게를 가볍게 해주는 것밖에 안 된다. 이러한 시선 자체가 우리 사회에서 뿌리 뽑혀야 한다. 그래야만 피해자들이 2차 피해를 겪는 일이 없고 범죄자들이 제대로 죗값을 치를 수 있을 것이다.

응급 로펌의 처방 ⚖️

* 피해 촬영물을 신고할 때 필요한 근거자료로는 URL, 게시글 제목과 내용 등 검색 가능한 정보, 원본영상 및 사진이 있다.
* 디지털 성범죄의 특성상 피해 발생 시점이 명확하지 않은 경우가 많다. 그러나 정확한 피해 유형과 대략적인 피해 발생 시점을 파악해야 신고 가능 여부도 파악할 수 있다.
* 디지털 성범죄 피해자 지원센터(www.women1366.kr/stopds)를 이용하자. 상담을 신청하면 피해 촬영물 삭제 지원과 수사·법률·의료 등의 연계 지원을 받을 수 있다. 모든 내용은 비공개로 진행되며 비밀이 보장된다. 민간기관인 한국사이버성폭력대응센터(cyber-lion.com)도 있다.

싫다고 했는데도 과하게 구애하는 사람, 너무 무서워요. ⟶

#스토킹 #경범죄 처벌법 #통신매체를 이용한 음란 행위

응급 내원 사례

초록 씨는 골프 동호회를 통해 한 남성을 알게 되었다. 남성은 하루에도 두세 통의 메시지를 보내며 초록 씨에게 호감을 드러냈다. 그러나 초록 씨는 그 남성과 사귈 생각이 없었고, 계속 받아주다간 큰 오해를 할 수 있겠다 싶어서 남성에게 명시적으로 그만하라고 이야기했다. 그러나 남성의 구애는 더 심해졌다. 초록 씨의 퇴근 시간에 맞춰 자꾸만 회사에 찾아오고, 그래도 만나주지 않자 "이 세상을 살 이유가 더 이상 없다"며 한강에 가서 뛰어내리겠다고 협박하는 문자를 보냈다. 그리고 자신은 초록 씨가 어디를 가서 무얼 하는지 다 알고 있다면서 실제로 초록 씨가 친구들을 만나는 장면이나 운동하는 장면을 몰래 찍은 사진을 인증하듯 보내왔다.

지금 당장 필요한 응급 처치

① 상대방에게 확실하게 거절 의사를 표현하고 증거로 남겨놓자!
② 상대방이 보낸 문자 등 증거를 수집해 경찰에 신고하자!
③ 접근 금지 가처분도 함께 신청하자!

누군가 나에게 사랑을 구애하며 내 일거수일투족을 감시하고 있다고 생각하면 섬뜩하다. 사랑과 집착은 명확히 구분해야 하는데, 실제 우리 일상에서는 그 구분을 제대로 하지 못하는 사건들이 많이 벌어지고 있다. 비단 새로 알게 된 사이에서뿐만 아니라 사귀다 헤어진 사이, 심지어는 부부였던 사이 등 매우 친밀한 관계에서도 얼마든지 스토킹 피해가 발생할 수 있다.

초록 씨 역시 스토킹 피해자라고 볼 수 있다. 물론 스토킹이라는 것이 참 애매하다. 두 사람이 만나 사랑에 빠져 연인 사이까지 발전하려면 어느 한 쪽의 적극적 구애가 있어야 하고, 그 구애의 과정에서 상대방의 거절이 몇 번 있을 수도 있다. 이렇게 상대방의 거절에도 굴하지 않고 '열 번 찍어 안 넘어가는 나무 없다'는 정신으로 줄기차게 상대방에게 구애해 실제로 결혼까지 골인해 행복하게 잘 사는 부부들도 많다. 그런데 그 구애라는 것이 참 주관적이다. 누군가에겐 스토킹으로 느껴질 수도 있기 때문이다.

초록 씨는 그 남성에게 명시적으로 그만하라고 이야기함으로써

경범죄 처벌법 제3조 제1항 (경범죄의 종류)
다음 각 호의 어느 하나에 해당하는 사람은 10만 원 이하의 벌금, 구류 또는 과료(科料)의 형으로 처벌한다.
41. (지속적 괴롭힘) 상대방의 명시적 의사에 반하여 지속적으로 접근을 시도하여 면회 또는 교제를 요구하거나 지켜보기, 따라다니기, 잠복하여 기다리기 등의 행위를 반복하여 하는 사람

거절의 의사 표시를 했다. 그럼에도 불구하고 남성은 계속 초록 씨를 찾아오고 괴롭혔다. 게다가 마치 자살을 암시하는 내용의 메시지까지 보냄으로써 초록 씨가 공포감, 불안감을 느끼게 만들었다. 결국 이러한 남성의 행위는 스토킹으로 결론 내릴 수 있다.

우리나라의 경우 스토킹은 경범죄 처벌법 제3조 제1항에 규정되어 있다. 스토킹을 하는 방식은 천차만별이지만, 경범죄 처벌법에서 처벌하는 스토킹은 지속적으로 괴롭히는 정도의 비교적 가벼운 행위를 말한다. 예를 들어 싫다는 사람에게 지속적으로 구애하며 졸졸 따라다닌다거나, 집 주소를 알아내 집 앞에 머물며 계속 마주치도록 하는 등의 행위이다. 여기서 더 나아가서 협박을 한다든지 폭행을 휘두르게 되면 각각 별도의 법이 적용돼 협박죄, 폭행죄 등이 성립한다. 따라서 경범죄 처벌법에서 정한 스토킹은 아주 경미한 정도의 스토킹이라고 이해하면 되겠다.

자신의 음란한 사진을 자꾸 보내는 남성도 스토커에 해당할까?

🚨 응급 내원 사례

다래 씨는 우연한 기회로 뉴스 인터뷰를 하게 되었다. 그런데 방송이 나간 이후 의문의 남성으로부터 메일이 왔다. 뉴스에서 봤는데 한 번 직접 만나 보고 싶다는 내용이었다. 그냥 무시하고 지내던 다래 씨는 그 남성이 자신이 일하는 사무실에 전화도 하고 심지어 사무실 앞을 종종 배회한다는 사실을 알게 되었다. 남성은 이에 그치지 않고 다래 씨에게 또다시 메일을 보내왔다. 다래 씨는 무심코 메일을 클릭했다가 소스라치게 놀랐다. 메일에는 그 남성의 성기 사진 수십 장이 들어 있었고 여전히 다래 씨에게 만나자고 하는 내용이 담겨 있었다.

이상한 방식으로 상대방에게 관심을 표현하고, 그 관심이 묵살당하면 더 엽기적인 방식으로 관심을 끌기 위해 노력하는 사람들이 의외로 많다. 다래 씨의 사례는 사실 필자가 직접 경험한 이야기이다. 몇 통의 메일을 보내왔던 한 남성이 결국 성기 사진이 담긴 메일을 보내왔을 때는 경악을 금치 못했다. 수많은 성범죄 사건을 대리하며 이런 저런 일들을 많이 봤지만 나에게 직접 이런 일이 생기니 일단은 나도 모르게 놀라고 겁을 먹게 되었다.

이 사례에서 남성을 스토킹으로 고소한다면 이 남성은 초록 씨의 사례처럼 경범죄 처벌법에 따라 처벌받게 될까? 어쩐지 좀 더 죄질이 나쁘고 더 강하게 처벌받아야 한다는 생각이 들지 않는가? 맞다. 음란 메일을 보낸 남성은 스토킹의 수준을 넘었다고 보아야 한다. 따라서 성폭력범죄의 처벌 등에 관한 특례법에 따라 처벌받는다.

성폭력범죄의 처벌 등에 관한 특례법 제13조는 통신매체를 이용한 음란 행위를 처벌하고 있다. 자기 또는 다른 사람의 성적 욕망을 유발하거나 만족시킬 목적으로 성적 수치심이나 혐오감을 일으키는 말, 그림 등을 전달하면 처벌된다는 조항으로, 위의 사례에서 다래 씨에게 자신의 성기 사진을 보낸 남성은 이 조건을 충분히 충족한다고 볼 수 있다. 통신매체를 이용한 음란 행위에 대한 법정형은 경범죄 처벌법상 스토킹의 처벌 수위와는 비교되지 않을 정도로 높다. 2년 이하의 징역 또는 500만 원 이하의 벌금이니, 초록 씨를 괴롭힌 남성보다 다래 씨를 괴롭힌 남성이 훨씬 중한 처벌을 받는 것은 불 보듯 뻔한 일이다.

그런데 만약 이 남성이 자신의 음란 사진을 다래 씨를 찾아가 직접 전달하면 어떻게 될까? 가만 생각해보면, 메일로 음란 사진을 받는 것 자체도 여성에게는 큰 충격이었을 텐데 그 사진을 직접 전달한다고 하면 더 공포스러울 것이다. 그래서 더 강하게 처벌해야 할 것 같다.

하지만 성폭력범죄의 처벌 등에 관한 특례법 제13조는 오로지 '전화, 우편, 컴퓨터, 그 밖의 통신매체'를 통해 전달하는 경우만을 처벌한다. 즉, 다래 씨를 만나 직접 사진을 건넨 경우라면 통신매체를 이용한 음란 행위에 속하지 않는다.

실제 이러한 쟁점으로 대법원까지 간 사건이 있었는데, 대법원은 직접 전달하는 경우까지 통신매체를 이용한 음란 행위로 처벌하는 것은 법률에 정한 규정보다 벗어나는 해석이라고 보았다. 즉, 이 규정은 오로지 전화, 우편, 컴퓨터나 그 밖의 통신매체를 통하는 경우에만 적용된다고 판단했다. 법률 규정만 본다면 대법원의 판결이 당

성폭력범죄의 처벌 등에 관한 특례법 제13조 (통신매체를 이용한 음란 행위)
자기 또는 다른 사람의 성적 욕망을 유발하거나 만족시킬 목적으로 전화, 우편, 컴퓨터, 그 밖의 통신매체를 통하여 성적 수치심이나 혐오감을 일으키는 말, 음향, 글, 그림, 영상 또는 물건을 상대방에게 도달하게 한 사람은 2년 이하의 징역 또는 500만 원 이하의 벌금에 처한다.

연하고 명확하지만, 실제 이런 일을 겪은 피해자의 입장에서 본다면 분명 법적 공백이 있어 보인다.

스토킹은 처음에는 사소하게 괴롭히거나 쫓아다니는 등 낮은 수준의 위험을 가지고 시작된다. 하지만 상대방이 자신의 마음을 받아주지 않는다는 생각이 커지거나 아니면 자신을 무시한다는 등의 감정적인 요인이 합쳐지면 매우 큰 위험으로 발전할 수 있다.

한국형사정책연구원에 따르면, 2012년부터 2018년까지 실시된 전국 범죄피해조사 자료를 분석한 결과 스토킹 피해 경험이 있는 경우 성폭력 범죄 피해가 발생할 위험이 13.266배 높다는 결과가 나왔다. 사소하게 시작하지만 결국에는 성폭력, 상해, 감금 등 강력범죄로 이어질 가능성이 매우 높기 때문에 스토킹 범죄를 마냥 경범죄로 치부할 수 없는 것이다.

스토킹 피해가 발생했을 때 이를 가볍게 여기고 안일하게 대처해서는 안 된다. 초반에 아예 더 큰 위험을 차단하는 것이 현명한 방법이다. 그러나 피해를 당하는 입장에서 직접 스토커를 때려눕힐 수도 없는 노릇 아닌가. 피해자 입장에서는 결국 수사기관에 도움을 요청할 수밖에 없는데 법적 공백이 있고 처벌 수위 역시 턱없이 낮다 보니 아무래도 현실적 한계가 있다.

한 여성이 계속 만나자고 스토킹을 해온 지인을 고소했다. 그런데 그 지인이 이에 앙심을 품고 여성을 찾아가 둔기로 수차례 폭행했던 사건도 있었다. 이러한 사건 역시 스토킹에 대한 처벌 수위가 낮기 때문에 발생한 일로 생각된다.

범죄의 처벌 정도가 워낙 약하다 보니 가해자가 되어도 '벌금 내고 말지 뭐' 하며 대수롭지 않게 생각하는 사람들이 많다. 게다가 구속 등 그 어떠한 인신의 구속도 없다 보니 자유롭게 돌아다니며 또 다른 피해를 발생시키는 것이다. 스토킹 피해만으로도 두렵고 겁이 나는데, 그걸 무릅쓰고 신고한 피해자가 더 큰 피해를 입게 놔둬서야 되겠는가.

경찰청에 따르면 스토킹 범죄는 2014년 297건에서 2015년 363건, 2016년 555건에 이어 2017년은 5월까지 171건이 적발됐다. 특히 이 기간 적발된 1,386건의 스토킹 사건 가운데 77.4%가 범칙금 8만 원으로 종결됐다고 하니, 스토킹에 대한 처벌 수준이 얼마나 낮은지 알 수 있다. 미국, 일본과 같이 우리나라 역시 스토킹을 중범죄로 규정하고 엄하게 처벌하는 날이 오길 기대한다.

응급 로펌의 처방 ⚖️

* 경찰이 제시한 경범죄 처벌법상 스토킹 처벌 기준에 따르면 단순히 1~2회 교제 요구 수준의 구애는 처벌하지 않지만 3회 이상 면회, 교제를 요구하거나 2회라도 상대방에게 공포, 불안감을 주는 사유가 있다면 처벌한다. 따라서 이 기준에 따라 스토킹에 해당하면 바로 경찰에 신고하자.
* 피해자가 아무리 무섭게 느껴도 스토킹 상대방에게 거절 의사 표현이 없다면 경찰은 입건하지 않는다. 상대방에게 거절의 의사 표시를 하고 그 증거를 가지고 있거나 경찰에 신고한 이력을 남겨놓는 것이 좋다.
* 상대방이 메일이나 메신저 등을 통해 음란 문구, 사진 등을 보내오면 바로 삭제하지 말고 모두 다 캡처해놓거나 녹음하는 등 증거를 남긴다.
* 접근 금지 가처분 신청을 해서 스토킹 가해자가 피해자에게 접근하지 못하도록 할 수 있다. 주소지 관할 법원에 신청하면 된다.

5장

금전 · 상속 · 이혼   🔍

▼

#개인 회생

#증여

#금전 거래

#상속

#이혼

투자 실패로 하루아침에
빚더미에 앉았는데 이제 어쩌죠?

#개인 파산 #개인 회생 #파산 신청 #파산 선고

응급 내원 사례

미도 씨는 좋은 투자처가 있으니 함께 투자하자는 친한 친구의 이야기를 들었다. 고민하던 미도 씨는 받을 수 있는 대출을 다 끌어다 받고 전셋집 보증금까지 빼 투자를 했다. 한 1년 정도는 배당도 받고 투자한 재미가 쏠쏠했다. 그런데 점점 배당금이 줄더니 갑자기 투자한 회사가 부도가 나버렸다. 투자금도 건질 수 없을 정도로 투자처의 상황은 어려워졌고 미도 씨는 하루아침에 빚 독촉을 받는 신세가 되었다. 회사를 다니고 있어서 매달 따박따박 월급은 받지만 회사원 월급으로 그 많은 빚을 다 갚을 수 있을지 막막할 뿐이다. 주변 사람들에게 알려지는 게 창피하고 두렵긴 하지만 빚을 해결하기 위해서는 파산 신청이라도 해볼까 하는 생각이 들었다.

지금 당장 필요한 응급 처치

① 파산 선고 시 일정한 직업을 선택할 수 없는 등의 불이익이 있다!

② 면책 불허가 사유에 해당하는 것은 없는지 살펴보자.

③ 개인 회생 제도를 알아본다.

　　주변 지인도 미도 씨와 같은 상황에 처해 많은 스트레스를 받았던 적이 있다. 회사를 다니며 매달 월급을 받아 생활하는 사람으로선 한 번에 큰돈을 벌고 싶다는 생각을 하게 마련이고, 그러다 보면 좋은 투자처가 있다는 말에 솔깃할 것이다. 물론 정말 좋은 투자처를 찾아 안전하게 투자해 돈을 벌면 좋겠지만 그렇지 못한 경우도 분명 있다. 그리고 그렇게 감당할 수 없는 거액의 빚을 떠안게 되면 개인 회생이나 파산을 떠올릴 수밖에 없다.

　미도 씨도 돈을 갚을 길이 막막하다. 그래서 파산 신청을 해볼까 하는 생각을 하게 되었다. 개인이 파산을 인정받게 되면 어떻게 될까?

　흔히 개인 파산이라고 하면 내가 과도한 빚을 지게 되었을 때 그 빚을 탕감받을 수 있는 제도라고 생각한다. 물론 맞는 말이다. 빚을 없애준다니 누구라도 이용하고 싶을 것이다. 그럼에도 많은 사람들이 파산 신청을 하지 않은 채 차곡차곡 빚을 갚아나가고 있다. 왜일까? 이유는 두 가지이다. 첫째, 파산 선고를 받게 되면 일정한 불이익이 발생하고 그걸 감수해야 한다. 둘째, 누구나 파산 선고를 받을 수 있는 건 아니다.

　그럼 미도 씨의 경우에는 파산 신청을 하면 법원에서 받아들여 줄까? 미도 씨가 진 빚은 모두 탕감받을 수 있는 것일까?

　결론적으로 미도 씨가 파산 신청을 하더라도 법원에서 이를 받아

줄 가능성은 희박하다. 다시 말해 채무를 면책받을 수 있는 가능성이 희박하다. 그 이유는 무엇일지 하나씩 살펴보자.

개인 파산

우선, 개인 파산에 대해 알아야 한다. 개인 파산은 자신이 감당할 수 없는 채무를 진 상태에 빠졌을 때 신청할 수 있다. 쉽게 말해 개인 파산은 채무자가 성실하지만 불운하게도 과도한 채무를 지게 된 경우에 구제해주는 제도이다. 채무의 종류는 관계없다. 은행 대출, 사채, 카드 빚, 물품 대금 등 모두 포함된다.

보통 파산 신청을 하면서 면책 신청도 같이 하게 된다. 결과적으로 법원에서 파산 선고와 함께 면책 허가를 받아야 채무가 탕감되기 때문이다. 그런데 모든 채무자가 채무를 면책받을 수 있는 것은 아니다. 법원은 채무자를 심문하거나 채권자로부터 의견을 들어 면책해줄지 말지를 결정한다. 예를 들어 채무자가 자기 재산을 숨기거나 다른 사람 명의로 바꾸어 놓은 후에 '난 재산이 한 푼도 없어요'라면서 파산 및 면책 신청을 하는 경우를 생각해보자. 당연히 법원이 채무를 탕감해줘서는 안 될 것이다. 이처럼 일정한 면책 불허가 사유가 있는 경우에는 법원은 면책 허가를 해주지 않는다. 면책 불허가 사유에는 다음과 같은 것들이 있다.

면책 불허가 사유

1. 채무자가 자기 재산을 숨기거나 부수거나 다른 사람 명의로 바꾸거나 헐값에 팔아버린 행위

2. 채무자가 채무를 허위로 증가시키는 행위

3. 채무자가 과다한 낭비 또는 도박 등을 하여 현저히 재산을 감소시키거나 과대한 채무를 부담하는 행위

4. 채무자가 신용거래로 구입한 상품을 현저히 불리한 조건으로 처분하는 행위

5. 채무자가 파산의 원인이 되는 사실이 있음을 알면서 어느 채권자에게 특별한 이익을 줄 목적으로 채무자의 의무에 속하지 않거나 그 방법 또는 시기가 채무자의 의무에 속하지 않는데도 일부 채권자에게만 변제하거나 담보를 제공하는 행위(아직 변제기가 도래하지 않은 일부 채권자에게만 변제하거나 원래 대물 변제 약정이 없는데도 일부 채권자에게 대물 변제하는 행위를 포함)

6. 채무자가 허위의 채권자 목록 그 밖의 신청서류를 제출하거나 법원에 대하여 그 재산 상태에 관하여 허위의 진술을 하는 행위

7. 채무자가 파산 선고를 받기 전 1년 이내에 파산의 원인이 되는 사실이 있음에도 불구하고 그 사실이 없는 것으로 믿게 하기 위하여 그 사실을 속이거나 감추고 신용거래로 재산을 취득한 사실이 있는 때

8. 과거 일정 기간(개인 파산 면책 확정일부터 7년, 개인 회생 면책 확정일부터 5년) 내에 면책을 받은 일이 있는 때

파산 선고를 받게 되면 채무자는 파산자가 되고 파산자는 일정한 불이익을 받게 된다. 공무원, 변호사, 공인회계사, 변리사, 공증인 등

이 될 수 없다. 또한 후견인, 유언집행자 등이 될 수 없다. 채무를 면책받는 대신 이러한 불이익을 감수해야 하는 것이다.

개인 회생

다음으로, 개인 파산과 비교할 수 있는 제도인 **개인 회생**이 있다. 개인 회생 역시 재정적 어려움이 있는 채무자가 신청하는 것은 맞다. 그러나 파산과 다른 점은 장래 계속적 또는 반복적으로 수입을 얻을 가능성이 있는 사람이 신청한다는 것이다. 개인 회생은 채무의 조정, 개인 파산은 채무의 면책과 연결지어 생각하면 이해가 쉬울 것이다.

개인 회생은 재정적 어려움으로 인하여 파탄에 직면한 채무자를 정부에서 지원하는 제도로, 가지고 있는 채무의 원금을 상황에 따라 약 90%까지 탕감받을 수 있다. 보통 일정한 변제계획에 따라 3년 또는 5년 이내 채권자에게 분할해 변제를 하고 나머지 채무는 면책해 준다.

미도 씨는 개인 파산을 고려했지만, 회사에 다니며 매달 월급을 받고 있다. 고정적이고 지속적인 소득이 있다는 것이다. 그렇다면 가능성을 따져보았을 때 파산보다는 개인 회생 신청을 하는 것이 더 가능성 있어 보인다. 물론 개인 회생 신청을 한다고 해서 이 역시 법원이 다 받아들이는 것은 아니다. 하지만 미도 씨의 경우에는 개인 회생이 법원에 받아들여질 가능성이 더 높다는 것이다.

또한 미도 씨의 입장에서 잃는 부분도 고려해야 한다. 개인 파산이 법원에서 받아들여지면 일정 직업을 가질 수 없고, 전부 면책을 받지 못하는 경우에는 신원 조회 시 파산 선고 사실이 나타나는 등의 불이익이 있다. 따라서 앞으로 열심히 일해서 다시금 재기하고자 하는 사람은 파산보다는 개인 회생을 고려해보는 것이 더 낫다.

아울러 법원에서는 개인 파산이든 회생이든 이 같은 제도를 악용하는 경우를 반드시 걸러낸다는 점을 명심하자. 즉, '나중에 파산하면 되지' 하는 생각으로 흥청망청 소비한다거나 재산이나 소득을 속여 채무를 탕감받는 것은 절대 통하지 않는다. 성실하게 생활했으나 빚의 늪에 빠져 허우적대는 사람에게 재기의 기회를 제공한다는 차원에서 마련된 제도인 만큼, 최후의 수단으로만 사용해야 할 것이다.

응급 로펌의 처방 ⚖

* 서울회생법원(slb.scourt.go.kr) 대한민국법원 전자민원센터 등 사이트를 참고해 개인 파산/개인 회생 무료 신청 지원을 확인해보자.
* 개인 회생 신청서류를 꼼꼼하게 챙기자.
  - 개인 회생 채권자목록 1통, 재산목록 1통, 채무자의 수입 및 지출에 관한 목록 1통, 신청일 전 10년 이내에 화의 사건, 파산 사건 또는 개인 회생 사건을 신청한 사실이 있는 때에는 그 관련서류 1통, 급여소득자 또는 영업소득자임을 소명하는 자료, 진술서 1통, 주민등록등본 및 가족 관계 증명서 각 1통, 재산 증명 서류로서 소유 부동산의 등기부등본 1통, 자동차등록증 사본 1통, 변제계획안 1통, 기타 신청자 개인별로 사건 내용에 따라 필요한 서면이 있을 수 있다.
* 대한법률구조공단에서는 법률상담 및 소송대리 지원 등을 하고 있으니 전화해보자! (국번 없이 132)

2 증여

사귈 때 선물받은 고가의 물건, 헤어질 때 돌려줘야 하나요?

#증여   #조건부 증여

🚨 응급 내원 사례

우주 씨는 남자친구와 결혼까지 생각하며 진지하게 교제해왔다. 남자친구는 두 사람이 만난 지 2년이 되는 기념일을 맞아 우주 씨에게 커플링을 선물했다. 우주 씨는 남자친구와 결혼해서도 같이 끼면 좋겠다는 생각에 흔쾌히 선물을 받았다. 자연스럽게 두 사람은 부모님께도 서로를 소개했고 상견례 날짜를 잡는 단계까지 가게 되었다. 그런데 결혼 준비를 하며 두 사람은 사사건건 부딪히며 하루가 멀다 하고 싸웠고, 잦은 다툼에 지친 우주 씨는 '이 사람과 결혼을 해도 잘살 수 없을 것 같다'는 생각이 들었다. 결국 우주 씨는 남자친구에게 성격 차이를 이유로 헤어지자고 선언했다. 그러자 남자친구가 건넨 첫 마디는 "내가 준 반지 돌려줘"였다.

📑 지금 당장 필요한 응급 처치

① 증여 / 조건부 증여의 차이점을 알자!

② '결혼한다' 등 일정한 조건으로 증여받은 물건이 아닌지 확인하자!

　　　이성과 교제하며 사랑하는 마음의 표시로 선물을 주고받는 일은 흔하다. 종종 고가의 선물을 하기도 한다. 그런데 고가의 선물은 연인이 헤어졌을 때 문제가 된다. 헤어질 때 하는 유치한 말 중 하나가 "내가 준 선물 다 돌려줘"이지만, 만약에 그 선물이 몇 달 치 월급을 모아 살 정도의 비싼 물건이라고 생각해보면 돌려달라고 말하는 사람의 심정도 이해가 간다. 그렇다면 이런 경우 정말 선물을 돌려줘야 하는 걸까? 법적으로도 한번 생각해볼 필요가 있다.

　　어떤 사람에게 아무런 대가 없이 자신의 재산을 주는 것을 증여라 한다. 흔히 우리가 누군가에게 선물을 주는 것을 생각하면 된다. 선물을 줄 때 상대방에게 돈을 받는 것도 아니고 말 그대로 마음에서 우러나서 주지 않는가. 바로 그것이 증여이다.

　　그럼 헤어질 때 내가 준 것이니 내 마음대로 뺏어도 될까? 선물을 받은 사람은 꼭 돌려줘야 하는 걸까? 감정적으로는 상대방이 "그동안 준 것 다 돌려줘!"라 하면 이것저것 박스에 가득 담아 "다 가져가!"라고 하고 싶겠지만, 사실 법적으로는 그렇게 돌려줄 의무가 없다. 증여를 받으면 그 물건의 소유권은 받은 사람에게로 넘어간다. 더

민법 제554조 (증여의 의의)
증여는 당사자 일방이 무상으로 재산을 상대방에 수여하는 의사를 표시하고 상대방이 이를 승낙함으로써 그 효력이 생긴다.

이상 준 사람이 마음대로 뺏어갈 수 없는 것이다. 우주 씨의 경우에도 남자친구가 우주 씨에게 커플링을 증여한 것이기 때문에 반지의 소유권은 우주 씨에게 있다. 이것을 남자친구에게 줄지 말지는 우주 씨의 선택에 달린 것이다.

다만 실제로 이러한 사건이 소송까지 가게 돼 법원에서 판단을 받을 때에는 그 물건의 가격도 고려된다. 간혹 결혼을 전제로 증여를 한 것으로 볼 수 있을 정도의 고액의 선물을 하는 경우도 있는데, 이러한 경우에는 증여가 아니라 조건부 증여로 본 사례도 있다.

그럼 **조건부 증여**란 무엇인가. 말 그대로 일정한 조건을 전제로 증여를 하는 것이다. 예를 들어 '상품 가격의 1/2만 지급할 것'을 조건으로 하는 조건부 증여도 가능할 것이고 아니면 '결혼할 것'을 전제로 하는 조건부 증여도 가능할 것이다. 이렇게 일정한 조건이 성취되는 조건으로 조건부 증여를 했는데 그 조건이 성취되지 않았다면 어떻게 될까? 증여를 한 사람에게 돌려줘야 한다. 관련 사례를 하나 살펴보자.

부양을 약속받고 증여했는데, 자식이 나 몰라라 한다면?

🚨 **응급 내원 사례**

도훈 씨는 여러 가지 사업에 도전했으나 번번이 실패하고 있다. 이번엔 정말 마지막이라 생각하고 사업 자금을 모으고 있는데, 자금이 부족해 부모님께 돈을 조금만 받으면 될 것 같다는 생각이 들었다. 그런데 문제는 부모님도 사정이 여의치 않다는 것이다. 그래도 도훈 씨의 사정을 알게 된 아버지는 흔쾌히 집을 팔아 도훈 씨에게 증여하고자 했다. 다만 전 재산인 집을 팔면 말 그대로 빈털터리가 되기 때문에 부모님은 증여 후 도훈 씨에게 일정 정도의 부양을 받길 원했다. 도훈 씨는 당연히 부모님을 모시겠다면서 효도 계약서까지 썼다. 도훈 씨는 증여받은 돈으로 사업에 도전했고, 몇 년 뒤 사업은 대박이 났다. 도훈 씨는 하루아침에 돈방석에 앉게 되었다. 그런데 부모님께는 연락 한 번 안 드렸고 찾아뵌 지도 1년이 다 되어간다.

도훈 씨 역시 부모님으로부터 증여를 받았다. 그런데 일정한 조건이 있다. 부모님을 부양해야 하는 조건이다. 이것이 앞에서 말한 조건부 증여에 해당한다. 도훈 씨는 '부모님을 봉양한다는 조건을 전제로 부모님의 집을 판 돈을 증여받는다'는 내용의 효도 계약서도 작성했다. 그런데 증여받은 후 도훈 씨는 전혀 그 조건을 이행하기 위한 노력을 하지 않았다. 부모님을 부양하겠다고 했지만 연락은커녕 찾아뵙지도 않고 부모님을 방치했다.

이런 경우 부모님이 "내가 준 돈 다시 돌려줘"라고 하면 도훈 씨는 그 돈을 부모님께 반환해야 할까? 그렇다. 조건부 증여를 받았기 때문에 부모님께서 반환받길 원하는 경우 반환해야 한다. 조건부 증여의 증거로 효도 계약서도 있기 때문에 도훈 씨는 이에 대한 반론을 하기 힘들 것이다.

씁쓸하지만 이렇게 부모님들로부터 재산을 받으면서 효도 계약서를 작성하는 경우가 많다. 얼마나 방문할 것인지, 병간호를 할 것인지, 용돈으로 얼마를 드릴 것인지 등의 내용을 담아 작성한다. 자식에게 부양의 약속을 서면으로 받아둬야 한다는 현실이 슬프게도 느껴지지만 향후 불필요한 법적 분쟁을 피하려면 이만큼 현명한 방법도 없다.

연인, 부부, 부모자식 간에 무언가를 주고받을 때도 증여를 하는 것인지 아니면 일정한 조건을 전제로 주는 것인지 한번쯤 생각해 봐야 한다. 그리고 혹시나 조건부 증여를 하는 경우에는 그것을 입증할 만한 각서 등을 남겨놓는 것이 좋다. 그렇지 않으면 단순히 증여를 한 것으로 보아 되돌릴 수 없는 경우도 많기 때문이다.

물건을 샀는데 판매자가 도망갔어요. 사기죄 성립하나요?

#금전 거래   #사기   #고소

🚨 응급 내원 사례

설아 씨는 코로나19 바이러스가 기승을 부리는 시기에도 지하철을 타고 출근해야 하는 상황이다. 집에 남아 있는 마스크는 딱 2개뿐이라 슬슬 조바심이 났다. 설아 씨는 밤새 인터넷을 뒤져서 마스크를 대량으로 판매하는 곳을 발견했다. 마스크 품귀 현상이 심해 가격이 두세 배가 올랐는데도 이 판매처는 기존 가격에 판매하고 있었다. 설아 씨는 지방에 계시는 부모님께도 보내드릴 생각에 마스크 80장을 결제했다. 조금 부담스러운 금액이었지만 급하니 어쩔 수 없었다. 그런데 마스크는 몇 주를 기다려도 오지 않았다. 항의하기 위해 결제한 사이트에 다시 들어가려 하니 사이트는 이미 폐쇄되고 없었다.

📋 지금 당장 필요한 응급 처치

① 거래처 정보를 확인하고 입출금 내역, 카드 결제 문자 등 증거를 확보하자!

② 거래처의 고의성을 입증할 수 있다면 사기죄로 고소를 할 수도 있다!

급한 마음에 혹은 지나치게 싼 가격에 무엇을 사려고 하다 보면 이런 일이 생기기도 한다. 설아 씨는 흔히 말해 사기를 당한 듯하다.

우리는 일상에서 "사기 치지마!"라는 말을 자주 한다. 중고거래를 하며 사기를 당했다는 사연도 여기저기서 쉽게 들려온다. 그만큼 사기 피해가 많다 보니 어느새 온 국민이 '사기 친다, 사기 당한다'는 말에 친숙해진 듯하다.

법률상 사기죄는 어떤 사람을 고의로 속여서 재산상 이득을 얻는 경우 성립한다. 우리는 흔히 말이 안 되는 상황에서 "에이 안 믿어! 사기 치지마!"라고 이야기하지만 그것이 법적으로 보면 늘 사기 범죄에 귀속하는 상황은 아니다. 사기죄가 성립하려면 반드시 금전을 비롯한 재산상 이익을 취득하는 상황이 있어야만 하는데, 그런 상황이 아니라 단순히 믿기 힘든 내용으로 속이는 것 정도로는 사기죄가 성립하지 않는다.

그럼 설아 씨는 사기를 당한 것일까? 그렇다. 설아 씨에게 마스크

형법 제347조 (사기)
제1항. 사람을 기망하여 재물의 교부를 받거나 재산상의 이익을 취득한 자는 10년 이하의 징역 또는 2,000만 원 이하의 벌금에 처한다.
제2항. 전항의 방법으로 제삼자로 하여금 재물의 교부를 받게 하거나 재산상의 이익을 취득하게 한 때에도 전항의 형과 같다.

를 판매하겠다고 한 업체는 실제로 설아 씨에게 마스크를 보내줄 생각이 없었던 것으로 보인다. 그럼에도 불구하고 설아 씨에게 저렴한 가격으로 마스크를 판매할 것처럼 속여서 설아 씨로부터 돈을 받았다. 사기죄 성립이 딱 맞아떨어지는 상황이다.

흔한 예로, 여행사에서 여행 상품을 계약하는 것처럼 속여 여러 사람에게 계약금을 받아놓고 연락이 두절되는 경우, 돈이 없으면서 가게에 들어가 음식을 잔뜩 시켜 먹고는 돈을 지불하지 않는 경우, 모두 사기죄가 성립한다.

사기죄는 물건 거래뿐만 아니라 금전 거래를 할 때에도 흔히 발생한다. 친구가 나에게 돈을 빌려달라 해서 믿고 빌려줬는데 갚지 않는 경우, 정말 많지 않은가. 그럼 친구가 돈을 안 갚는 경우에는 다 사기죄가 성립할까? 그건 아니다. 사기죄 성립 여부는 민사적으로 내가 돈을 받을 것이 있다는 것과는 별개의, 즉 '형사처벌을 받고 안 받고'의 문제이기 때문이다.

우선 친구가 돈을 갚지 않은 경우 민사적으로 나에게 돈을 받아낼 권리인 채권이 있는 것은 맞다. 반대로 친구는 돈을 갚아야 하는 채무를 지게 된다. 최후의 수단으로 민사 소송을 통해 돈을 받아낼 수도 있다. 그러나 사기죄로 처벌받게 하기 위해서는 형사 고소를 해야 한다. 물론 민사 소송과 별개의 절차이고 정말 사기죄가 성립하는지 여부는 따로 따져야 한다.

만약 실제로 돈을 빌려간 친구가 돈을 갚을 능력이 전혀 되지 않으면서 나뿐만 아니라 친구 스무 명 정도로부터 돈을 빌렸다고 하자.

그런 경우에는 사기죄가 성립할 가능성이 높아진다. 실제로 돈을 갚을 생각이 없으면서도 마치 나에게 돈을 갚을 것처럼 속여서 돈을 받아간 것이기 때문이다. 그러나 그게 아니라 갑자기 자금 순환에 문제가 생겨서 피치 못하게 돈을 갚지 못한 경우라면, 사기죄는 성립하지 않는다. 즉, 누군가를 속일 목적, 의도가 있는지가 중요하다.

누군가와 금전 거래를 할 때 사기를 당하는 줄 알면서도 거래를 하는 사람은 없을 것이다. 설마, 설마 하다가 피해를 입게 되는 경우가 대부분이다. 혹여나 사기 피해를 당하더라도 계약서, 차용증 등 관련 서류를 가지고 있다면 고소할 때 용이하다. 따라서 누군가와 금전 거래를 할 때에는 언제, 누가, 얼마를, 어떻게 거래하는지에 대해 상세히 나와 있는 서류를 작성할 것을 추천한다. 그럼 만약 내가 금전거래를 하다 막심한 피해를 입게 된 경우, 가령 사기를 당한 경우에 정확히 어떠한 조치를 취해야 하는 것일까. 형사 고소를 진행하는 것은 알겠는데, 민사 소송도 가능한 걸까?

형사 소송과 민사 소송

형사 소송과 민사 소송, 동시에 진행할 수 있다. 내가 사기 사건의 피해자라면 우선 가해자를 고소해야 한다. 수사기관에 가해자를 고소하면 수사가 시작되고 혐의가 있다고 판단되면 결국 검사가 기소한다. 검사의 기소로 형사 소송이 시작되고 만약 가해자, 즉 피고인의 잘못이 인정되면 유죄 판결이 선고된다. 이때 가령 벌금 100만 원이 선고되었다고 하자. 이 벌금은 피고인이 피해자에게 지급하는 것이 아니다. 본인이 잘못한 대가로 형벌을 받는 것이다.

피해자 입장에서는 가해자가 처벌받아 좋겠지만 실질적으로 피해가 회복된 것은 전혀 없다. 따라서 실질적인 피해를 보상받기 위해 민사 소송을 제기할 수 있다. 형사 소송은 가해자를 처벌받게 하기 위해 필요한 것이고, 민사 소송은 피해자가 가해자로부터 실질적으로 피해를 보상받기 위해 필요한 것이다. 결국, 둘 다 동시 진행이 가능하고 대부분 그렇게 진행된다.

형사 소송과 민사 소송을 헷갈려하는 의뢰인들이 의외로 많다. 두 절차에 대해 간략히 알아보자. 일단 형사 소송과 민사 소송 모두 법원에서 판사에 의해 '재판'을 받는다는 것이 동일하고 1심, 2심, 3심까지 있는 것도 동일하다. 최종적인 판단을 판사가 '선고'를 통해 하는 것도 같다. 선고기일에는 판사가 판결을 하는데 '판결문'에 그러한 판결을 하는 이유를 설명한다.

다만, 형사 소송에서는 '피고인'에 대한 유무죄 판단과 함께 형량이 선고된다. 민사 소송에서는 '원고'의 청구를 인용하거나 기각한다는 차이점이 있다. (1장의 〈형사와 민사〉 글을 참고하자.)

돌아가신 아버지의 재산, 어떻게 나누어야 하나요?

#상속 #법적 상속분 #상속 포기 #한정 승인

응급 내원 사례

아인 씨는 아버지, 어머니, 남동생과 함께 살고 있었다. 그런데 아인 씨의 아버지가 사고로 갑자기 돌아가셨다. 아버지의 사망 소식을 들은 아인 씨는 깜짝 놀랐지만 집안의 맏이로서 어머니를 도와 장례 절차를 잘 치르기 위해 노력했다. 장례를 다 치른 후 아버지의 재산을 상속하는 절차가 남았는데, 어디서부터 시작해야 할지 막막하다. 누가 얼마나 상속을 받을 수 있을까? 어머니는 정신적 충격이 커서인지 아인 씨에게 모든 걸 맡겼다. 아버지의 전 재산은 7억 원. 어떻게 나눠야 할까.

지금 당장 필요한 응급 처치

① 아버지에게 빚이 얼마나 있었는지 살핀다! 만약 재산보다 빚이 더 많다면 상속 포기나 한정 승인 등을 해야 할 수도 있다.

② 상속 순위를 따져 누가 상속받는지를 살핀다! 직계비속은 1순위, 배우자는 직계비속과 공동 상속인이 된다.

③ 법적 상속분을 따져 누가, 얼마나 받을 수 있는지 살핀다.

아인 씨가 아버지의 재산을 어떻게 나눠야 하는지를 알려면 우선 민법에서 정한 상속 순위를 알아야 한다. 상속은 한 사람이 한 평생 모은 재산을 분배하는 것이기 때문에 그만큼 법적 분쟁이 생기기 쉽고, 그렇다 보니 엄격하게 법에 정한 사람만이 정해진 순위대로 상속을 받을 수 있다.

상속의 가장 중요한 원칙은 상속 순위 중 가장 높은 사람이 있으면 다음 순위 사람은 상속을 받을 수 없다는 것이다. 1순위, 2순위, 3순위가 모두 사이좋게 나눠 갖는 것이 아니라 1순위가 있다면 2순위는 하나도 받지 못한다. 그럼 그 순위는 어떻게 정해져 있을까? 민법 제 1000조를 보면 된다.

1순위 직계비속은 자녀, 손자, 증손자 등을 말하고, 2순위 직계존속은 부모, 조부모 등을 말한다. 3순위는 형제자매이고, 4순위 4촌

민법 제1000조 (상속의 순위)
제1항. 상속에 있어서는 다음 순위로 상속인이 된다.
1. 피상속인의 직계비속
2. 피상속인의 직계존속
3. 피상속인의 형제자매
4. 피상속인의 4촌 이내의 방계혈족
제2항. 전항의 경우에 동순위의 상속인이 수인인 때에는 최근친을 선순위로 하고 동친등의 상속인이 수인인 때에는 공동 상속인이 된다.
제3항. 태아는 상속 순위에 관하여는 이미 출생한 것으로 본다.

이내의 방계혈족은 삼촌, 고모, 사촌형제 등을 말한다. 자, 그럼 몇 가지 예를 들어 정확히 살펴보자.

아래로는 아들, 딸, 위로는 부모가 남겨진 경우에는 어떨까? 아들, 딸은 1순위, 부모는 2순위가 된다. 이럴 때는 1순위만 상속받고 2순위는 상속받지 못한다. 즉, 아들과 딸만 상속을 받을 수 있다.

그럼 아들, 손주가 남겨진 경우에는 어떠할까. 아들과 손주는 직계비속으로 모두 1순위이다. 그럼 모두가 상속받을까? 아니다. 같은 직계비속이라도 아들은 1촌이고 손자는 2촌이다. 그러면 아들만 상속받을 수 있다.

아인 씨의 경우를 보자. 아버지가 돌아가시고 어머니, 그리고 자식인 아인 씨와 남동생이 남았다. 어머니는 상속을 받을 수 있을까?. 민법 제1003조를 보면 배우자의 상속 순위에 대해 나와 있다. 배우자는 상속에 있어서 특별한 권한이 있다. 1순위, 2순위의 상속인이 있는 경우에는 동순위로 같이 상속을 받는다. 1순위, 2순위 상속인

민법 제1003조 (배우자의 상속 순위)
제1항. 피상속인의 배우자는 제1000조 제1항 제1호와 제2호의 규정에 의한 상속인이 있는 경우에는 그 상속인과 동순위로 공동 상속인이 되고 그 상속인이 없는 때에는 단독 상속인이 된다.
제2항. 제1001조의 경우에 상속개시전에 사망 또는 결격된 자의 배우자는 동조의 규정에 의한 상속인과 동순위로 공동 상속인이 되고 그 상속인이 없는 때에는 단독 상속인이 된다.
민법 제1009조 (법정상속분)
제1항. 동순위의 상속인이 수인인 때에는 그 상속분은 균분으로 한다.
제2항. 피상속인의 배우자의 상속분은 직계비속과 공동으로 상속하는 때에는 직계비속의 상속분의 5할을 가산하고, 직계존속과 공동으로 상속하는 때에는 직계존속의 상속분의 5할을 가산한다.

이 없는 경우에는 단독으로 상속을 받는다. 즉 아인 씨 어머니는 1순위인 자식들과 공동 상속인이 된다.

지금까지 '누가' 상속을 받는지를 살펴봤다면, 이제는 '얼마나' 상속을 받는지를 살펴보자. 누가 상속을 받을지가 민법에 정해져 있는 것처럼 얼마나 상속을 받을지도 민법에 정해져 있다. 이것을 법적 상속분이라고 한다. 민법 제1005조에 따르면 원칙적으로 동순위의 상속인은 똑같이 상속받는다. 다만 배우자의 경우에는 다른 사람보다 50%를 가산해 받는다. 배우자는 상속 순위에 있어서도, 상속 비율에 있어서도 특별한 권한이 있는 것이다.

자, 그럼 아인 씨의 경우 아버지의 재산을 어떻게 나눠야 할까? 어머니, 아인 씨, 남동생이 있고, 어머니는 배우자, 아인 씨와 남동생은 상속 순위에서 1순위에 해당한다. 즉, 어머니, 아인 씨, 남동생 모두가 상속받을 수 있다. 상속 비율은 1순위인 아인 씨와 남동생은 똑같고, 배우자인 어머니만 50% 가산해 받는다. (어머니:아인 씨:남동생 =1.5:1:1) 아버지의 재산은 총 7억 원이다. 따라서 어머니의 상속분은 3억 원(7억 원×3/7)이고 아인 씨와 남동생의 상속분은 각 2억 원(7억 원 ×2/7)이 된다.

만약 아인 씨의 할머니, 할아버지도 계셨다고 가정해보자. 그럼 상속인과 상속 비율은 달라질까? 아니다. 아인 씨의 아버지 기준에서 부모님, 즉 아인 씨의 할머니, 할아버지는 상속 순위에서 2순위에 해당한다. 1순위인 아인 씨와 남동생이 있기 때문에 2순위인 할머니, 할아버지는 상속받을 수 없다.

이처럼 상속의 간단한 원칙만 잘 이해하고 있으면 누가, 얼마나 상속을 받을 수 있는지 쉽게 알 수 있다. 물론 유류분, 기여분이나 유증으로 인한 차이가 발생할 수 있지만 기본적인 틀은 이러하다. 상속의 몇 가지 개념을 조금 더 알아보자.

기여분

우선 기여분이라는 것이 있다. 말 그대로 기여한 만큼의 대가 같은 것이다. 즉, 상속인 중에서 피상속인을 부양하거나 재산의 유지, 증가에 특별히 기여한 사람에게 상속분을 더 줄 수 있는 제도이다.

예를 들어 부모님이 편찮으셨는데 자식들 중 막내딸이 부모님을 극진히 모시고 돌보았던 경우, 막내딸에게 기여분이 인정될 수 있다. 그런데 얼마나, 어떻게 간호를 했어야 하는지 판단하는 것은 주관적일 수 있기 때문에 이 지점에서 분쟁이 생길 수 있다. 법원은 결혼한 자식이 부모님과 장기간 함께 거주하면서 생활비를 지출하는 경우, 아들이 무보수로 아버지의 가게에서 장기간 일한 경우 등에는 기여분을 인정할 수 있다고 보았다.

민법 제1008조의 2(기여분)

제1항. 공동 상속 중에 상당한 기간 동거·간호 그 밖의 방법으로 피상속인을 특별히 부양하거나 피상속인의 재산의 유지 또는 증가에 특별히 기여한 자가 있을 때에는 상속개시 당시의 피상속인의 재산가액에서 공동 상속인의 협의로 정한 그 자의 기여분을 공제한 것을 상속재산으로 보고 제1009조 및 제1010조에 의하여 산정한 상속분에 기여분을 가산한 액으로써 그 자의 상속분으로 한다.

피상속인에게 얼마나 헌신했는지에 따라 이것이 결국 상속 비율에 반영될 수 있다. 부모님께 잘한 자식에게 그만큼 재산을 더 물려줄 수 있도록 한 것은 어찌 보면 당연한 것이고 법도 이를 반영한 것 같다. 만약 이러한 기여분을 두고 상속인 간에 분쟁이 생겼다면 가정법원에 심판을 청구해 판단받을 수 있다.

지금까지 누가, 얼마나 상속을 받을 수 있는지에 대해 알아보았다. 그런데 이 외에도 상속에 있어서 반드시 거쳐야 하는 중요한 과정이 있다. 바로 상속을 받을 것인지 말 것인지 결정하는 것이다. '상속은 당연히 받아야 하는 것 아닌가?' 하고 생각할 수 있다. 그러나 상속은 피상속인의 적극 재산뿐만 아니라 소극 재산, 즉 빚도 함께 상속받는 것이다. 따라서 남겨진 재산보다 빚이 더 많은 경우에는 상속을 받을지 말지 결정해야 한다.

단순 승인

상속인들이 피상속인의 재산을 모두 상속받는 것이다. 가장 기본

제2항. 제1항의 협의가 되지 아니하거나 협의할 수 없는 때에는 가정법원은 제1항에 규정된 기여자의 청구에 의하여 기여의 시기·방법 및 정도와 상속 재산의 액 기타의 사정을 참작하여 기여분을 정한다.
제3항. 기여분은 상속이 개시된 때의 피상속인의 재산가액에서 유증의 가액을 공제한 액을 넘지 못한다.
제4항. 제2항의 규정에 의한 청구는 제1013조 제2항의 규정에 의한 청구가 있을 경우 또는 제1014조에 규정하는 경우에 할 수 있다.

적인 상속의 개념이다. 적극 재산이 1억 원, 소극 재산이 3,000만 원이라면 단순 승인은 받는 것이 맞다. 단순 승인을 하기 위해서는 특별한 절차가 필요 없기 때문에 그냥 상속의 절차대로 따라가면 단순 승인을 한 것으로 본다.

상속 포기

상속을 받지 않겠다는 것이 상속 포기이다. 보통 빚이 적극 재산보다 많을 때 상속 포기를 한다. 예를 들어 적극 재산은 1,000만 원 정도인데 빚이 10억 원이라고 해보자. 그대로 상속받으면 그 빚을 결국 다 상속인들이 갚아야 하기 때문에 상속을 포기하는 것이 낫다. 상속 포기는 가만히 있는다고 되는 것이 아니기 때문에 반드시 상속 포기 신고, 즉 상속 포기 심판 청구를 해야 한다. 상속 포기 심판 청구는 상속 개시가 있음을 안 날로부터 3개월 내에 가정법원에 청구하면 된다. 상속인 모두가 공동으로 청구해야만 나 홀로 상속받는 상속인이 생기지 않는다.

한정 승인

한정 승인은 단순 승인과 상속 포기의 중간이라고 보면 된다. 재산을 상속받아서 상속 재산의 내에서만 빚을 책임지겠다는 것이다. 상속받을 재산이 얼마나 되는지 잘 판단이 안 되는 경우에는 한정 승인이 절대적으로 유리하다. 섣불리 상속 포기를 하게 되면 혹시나 받을 수 있는 재산을 못 받게 될 수도 있기 때문이다. 한정 승인 역시 상속 포기와 마찬가지로 상속 개시가 있음을 안 날로부터 3개월 이내에 가정법원에 청구해야 한다.

참고로 특별 한정 승인이라는 것이 있다. 상속 개시가 된 사실을 안 날로 부터 3개월이 경과한 이후 상속 채무가 상속 재산보다 많다는 사실을 알게 된 경우에 할 수 있다. 특별 한정 승인 심판 청구를 해서 결정을 받으면 상속받은 재산 범위 내에서 상속 채무를 변제하면 된다. 예를 들어 아버지가 돌아가신 지 3개월이 이미 지났는데 그제서야 아버지의 빚이 재산보다 더 많다는 걸 알게 되었다면 그것을 알게 된 때로부터 3개월 이내에 특별 한정 승인 심판 청구를 하면 된다.

누군가 돌아가셨을 때, 해야 하는 것도 많고 정신이 없는 와중에도 마무리 지어야 하는 가장 큰 절차 중 하나가 바로 상속이다. 상속에는 우리가 살펴본 순위인 법정 상속분 외에도 상속 포기를 할지 한정 승인을 할지, 상속세를 얼마나 내야 하는지 등 알아보고 처리해야 하는 것들이 매우 많다. 복잡하고 어려워 마주하고 싶지 않을 수 있겠지만, 상속까지가 돌아가신 고인의 일을 모두 마무리하는 것이라 생각한다면 그만큼 사명감이 들기도 할 것이다.

남편이 이혼을 요구합니다. 무엇부터 준비해야 하나요?

#이혼   #협의 이혼   #이혼 소송   #유책배우자   #재산 분할

응급 내원 사례

서향 씨는 가정주부이다. 결혼을 한 지는 5년이 되었고 두 명의 자녀를 키우고 있다. 그런데 몇 달 전부터 남편의 행동이 이상하다. 서향 씨와 남편이 원래 잉꼬부부인 건 아니었지만 그래도 두 아이와 주말이면 외출도 함께 하곤 했는데, 언제부터인지 남편은 주말에 약속을 핑계로 나가 밤늦게나 들어왔다. 그러던 어느 날 남편이 갑자기 이혼하자며 서류뭉치를 건넸다. 서향 씨는 두 아이가 걱정돼 차마 이혼은 할 수 없을 것 같다고 했지만, 남편의 태도는 완강했다. 이미 사랑하는 사람이 생겼다며 이 가정을 떠나겠다고 한다. 서향 씨는 드라마에서나 보던 상황이 생기니 망연자실하면서도 적반하장인 남편의 태도에 화가 난다.

지금 당장 필요한 응급 처치

① 협의 이혼할 게 아니라면 유책배우자가 누구인지 따지자! 상대방이 유책배우자라면, 이를 입증할 증거를 모은다.

② 협의 이혼을 원한다면, 재산 분할, 양육권 및 양육비, 위자료 등에 있어 합의를 본다.

③ 원만한 합의가 이루어지지 않을 경우, 가정법원에 이혼 소송을 청구하자!

이혼하는 부부가 정말 많다. 지인들부터 인터넷을 보고 찾아오는 의뢰인들까지, 이혼하는 사람들이 나날이 늘어나고 있다. 이혼은 이제 흔한 일이 되었지만, 모순적이게도 한 가정이 이루어졌다 헤어지는 과정이기 때문에 당연히 많은 고민과 스트레스, 노력이 들어갈 수밖에 없다. 이혼은 겪어보지 않은 사람은 모를 정도로 매우 힘든 과정을 거쳐 이루어진다. 그래서 때로는 이혼 소송을 맡을 때 심리 상담을 하는 상담사의 마음으로 임하기도 한다.

결혼한 지 몇 달 만에 이혼하는 부부부터 몇 십 년을 같이 살다 황혼 이혼하는 부부까지, 이혼하는 부부마다 저마다의 사연이 있고 그 모습도 참 다르다. 하지만 자녀를 둔 부부의 이혼 과정이 조금 더 복잡하다. 자녀에 관한 사항까지 결정하고 합의가 되어야 하기 때문이다. 어쨌든 이혼은 매우 간단할 수도 아니면 몇 년에 걸친 소송을 불사할 정도로 복잡할 수도 있다.

서향 씨도 두 명의 자녀가 있는 상태에서 남편이 이혼을 하자고 하는 상황이다. 남편은 이혼하겠다고 완강한 태도를 보이지만, 서향 씨는 자녀들을 위해서라도 이혼을 할 생각이 없다. 사랑하는 여자가 있다고 하지만 왠지 남편은 다시 돌아올 것 같다. 이런 경우 서향 씨는 남편이 요구하는 대로 이혼을 할 수밖에 없는 것일까?

민법에는 이혼이 가능한 사유를 명시하고 있다. 총 6가지의 사유로 이혼을 할 수 있다. (페이지 하단 민법 제840조 참조) 물론 이 6가지는 재판상 이혼을 할 때 이혼이 인정되는 사유이고, 협의를 통해 이혼할 때에는 당사자 간에 협의만 되면 이혼이 가능하다.

서향 씨는 남편과 협의 이혼은 할 생각이 없다. 그렇다면 남편은 재판상 이혼을 고려해야 한다는 것인데, 서향 씨의 상황은 6가지 중 어느 것에 해당할까? 서향 씨의 경우 부정한 행위를 한 것도 아니고 그 외 사유도 존재하지 않는 것 같다. 다만 오히려 부정한 행위를 한 남편이 서향 씨에게 이혼을 요구하고 있는 상황이다.

법원은 이러한 경우 이혼을 인정하지 않는다. 우리나라는 파탄주의가 아니라 유책주의를 채택하고 있기 때문이다. 그렇다면 파탄주의와 유책주의는 무엇인가.

파탄주의는 혼인 관계 파탄의 책임이 누구에게 있는지를 따지지 않고 단순히 그 혼인 관계가 파탄된 경우에 부부 모두가 이혼을 청구할 수 있다고 본다. **유책주의**는 혼인 관계 파탄의 책임이 있는 사람에게는 이혼 청구권을 인정하지 않는다. 즉, 잘못한 사람은 잘못하지

민법 제834조(협의상 이혼) 부부는 협의에 의하여 이혼할 수 있다.
민법 제840조(재판상 이혼 원인) 부부의 일방은 다음 각호의 사유가 있는 경우에는 가정법원에 이혼을 청구할 수 있다.
1. 배우자에 부정한 행위가 있었을 때
2. 배우자가 악의로 다른 일방을 유기한 때
3. 배우자 또는 그 직계존속으로부터 심히 부당한 대우를 받았을 때
4. 자기의 직계존속이 배우자로부터 심히 부당한 대우를 받았을 때
5. 배우자의 생사가 3년 이상 분명하지 아니한 때
6. 기타 혼인을 계속하기 어려운 중대한 사유가 있을 때

않은 사람에게 이혼을 청구할 수 없다는 것이다. 우리나라는 유책주의를 따르기 때문에 부정한 행위를 한 서향 씨의 남편은 당당하게 이혼 청구를 할 수 없는 것이다.

물론 재판상 이혼을 할 수 있는 6가지 사유 중 마지막 '기타 혼인을 계속하기 어려운 중대한 사유가 있을 때'의 의미는 굉장히 포괄적이다. 그래서 사실상 혼인 관계가 파탄되었을 때 '이 사유를 근거로 이혼을 허락하는 것은 아닌가' 하고 생각할 수 있다. 하지만 법원은 누적된 판례를 통해 유책주의를 따른다는 것을 명확히 하고 있다. 본인의 잘못으로 혼인 관계 즉, 가정을 파탄 내놓고 뻔뻔하게 이혼까지 해달라고 요구하는 배우자의 행동을 용납하지 않는다는 취지로 이해하면 된다.

그럼 서향 씨의 경우처럼 배우자 일방만 이혼을 원하는 경우가 아니라 두 사람 모두 이혼을 원하는 경우를 가정해보자. 두 사람 모두 이혼을 원한다고 해서 간단하게 "우리 사이 이제 끝!"이라고 외칠 수 있는 것은 아니다. 이혼을 할 때 주요하게 고려해야 하는 3가지에 대해 합의가 이루어지지 못하면 협의 이혼은 어렵다. 그 3가지는 바로, ① 재산 분할, ② 양육권 및 양육비 (자녀가 있는 경우), ③ 위자료이다. 물론 당사자 간에 원만하게 합의가 된다면 얼마든지 협의 이혼을 할 수 있다. 유명한 연예인들이 성격 차이로 인해 이혼한다고 하면서 '이혼하기로 원만하게 합의되었다'고 말하는 것은 위 3가지에 대해 합의를 잘 마쳤음을 의미한다.

그러나 위 3가지에 대해 합의가 되지 않는다면 재판상 이혼을 하는 수밖에 없다. 법원에 가서 판사 앞에서 각자의 주장을 펼치며 '누가 옳은지 판단을 해달라'고 하는 수밖에 없는 것이다.

그럼 이혼 시 고려해야 할 3가지 합의 요소에 대해 하나씩 살펴보자. 우선, 재산 분할은 부부가 혼인 중에 형성하게 된 공동재산을 나누는 것이라고 이해하면 된다. 법원은 부부가 그 재산을 어떻게 형성하게 되었고, 두 사람의 실제 소득은 어떠하고, 혼인기간이 얼마나 되었는지 등을 고려해 판단한다. 여기서 재산 분할의 대상이 되는 것은 '혼인 중'에 형성하게 된 공동재산이다. 따라서 결혼 전에 부모님께 상속을 받은 재산이나, 결혼 전 열심히 일해 취득하게 된 고유재산 등은 재산 분할의 대상이 되지 않는다.

두 번째로, 양육권은 자녀가 있는 경우 반드시 결정해야 하는 문제이다. 잘못한 배우자라고 해서 양육권을 가질 수 없다고 딱 잘라 말하기는 어렵다. 경우에 따라 이혼의 책임이 있는 사람이라도 자녀 양육에 있어서는 보다 적합할 수 있기 때문이다. 법원도 양육권을 누구에게 줄지 결정할 때 자녀의 복지를 가장 중요하게 생각한다. 자녀가 성장하기 좋은 환경을 가진 사람에게 양육권이 주어질 확률이 높고, 이러한 자녀의 복지는 당사자의 수입, 양육 환경, 아주 어린 아이가 아니라면 아이의 의견 등을 종합적으로 고려해 판단한다. 양육비는 자녀를 키우지 않는 사람이 양육자에게 자녀가 성인이 될 때까지 매월 지급하는 돈으로, 소득에 따라 결정하게 된다.

세 번째로, 위자료는 혼인 관계 파탄에 책임이 있는 사람이 그렇지 않은 사람에게 지급하는 돈이다. 일종의 손해배상과 같은 의미도 있다. 혼인 관계를 파탄 낸 책임이 있으니 그에 맞게 책임을 진다는 의미로 보면 된다. 그런데 만약 부부 두 명 모두 각자 잘못이 있고 그 잘못의 정도도 비슷한 수준이라면 위자료는 어떻게 결정될까. 그러한 경우에는 위자료가 인정되지 않는다. 물론 누구에게 얼마만큼의 잘못이 있는지는 법원이 결정할 것이다.

　많은 사람들이 이혼이라는 것에는 친숙하면서도 정작 이혼을 할 때 어떤 것들을 고려해야 하는지, 어떻게 결정하는 것이 본인에게 유리한 것인지 잘 알지 못한다. 당연히 이혼을 미리 준비하라고 말하기는 어려운 일이지만, 만약 본인이 이혼을 해야 할 상황이라면 위 3가지에 대해서는 반드시 자세히 알아보고 이혼에 임해야 할 것이다.

6장

생활 · 여가 · 취미 🔍

▼

#온라인 쇼핑, 전자상거래

택배 사고

세탁소

#반려동물

#자동차 보험, 교통사고

#의료 사고

#여행

실크 소재라 교환이나 환불이 안 된다고요?

#온라인 쇼핑　#교환　#환불　#전자상거래　#소비자　#카드 결제 거부

응급 내원 사례

보미 씨는 평소 인터넷으로 옷을 구매한다. 자신의 단골 쇼핑몰에는 주기적으로 접속해 신상품을 체크하기도 한다. 어느 날 보미 씨는 인터넷 쇼핑몰에서 너무나 마음에 드는 실크 소재의 블라우스를 발견했다. 신상품이라 5% 할인도 해준다기에 망설임 없이 구매했고, 일주일 후 드디어 택배가 도착했다. 보미 씨는 설레는 마음에 물건을 꺼내 바로 입어 보았다. 그런데 쇼핑몰 모델이 착용한 사진과 보미 씨가 직접 입은 모습은 전혀 딴판이었다. 핏도 다르고 색상도 잘 어울리지 않자 보미 씨는 옷을 환불하기로 마음먹었다. 고객센터에 전화를 하니 상냥한 목소리로 상담원이 보미 씨에게 설명한다. "고객님, 주문하실 때 사이트에 안내 문구 못 보셨나요? 이 제품은 실크 소재로 교환, 환불이 안 되는 상품입니다." 보미 씨는 당황스러웠다. "아니 그럼 이걸 그냥 입어야 하나요?"

지금 당장 필요한 응급 처치

① 1372 소비자상담센터(www.ccn.go.kr)에서 상담 사례를 조회해 나의 상황과 비교해보자!

② 거래 거절 부당대우 가맹점은 여신금융협회에 신고 가능하다!

인터넷 쇼핑이 필수인 시대가 왔다. 비단 젊은 세대뿐만 아니라 부모님 세대도 거침없이 인터넷 쇼핑이나 홈쇼핑을 이용한다. 보통은 백화점이나 오프라인 상점보다 인터넷 쇼핑몰이나 홈쇼핑의 상품 가격이 저렴하기 때문에 스스로 '이 정도면 괜찮은 소비'라고 자기 합리화를 하며 물건을 구매하곤 한다.

그런데 인터넷 쇼핑몰에서 물건을 구매한 이후 교환이나 환불에 어려움을 겪게 되면 '그냥 오프라인 상점에서 살걸' 하고 후회될 때가 있다. 종종 쇼핑몰에 따라 교환, 환불을 잘 해주지 않으려는 곳들이 있는데, 그럴 땐 싼값에 물건을 잘 샀다고 생각했다가 돈만 날리는 격이 된다.

인터넷을 보다 보면, 여전히 '이 상품은 교환, 환불이 불가능합니다'라는 문구를 쉽게 찾아볼 수 있다. 세일 제품이기 때문에 혹은 소재가 약하기 때문에, 흰 색상이기 때문에 등 다양한 이유를 들어 교환, 환불을 원천적으로 차단하고 있다. 보미 씨의 경우도 이러한 경우에 해당한다.

그런데 정말 '교환, 환불 불가'라는 사실을 사전에 고지 받았다면 그대로 따를 수밖에 없는 것일까? 실제로 살펴보지도 못하고 산 물건을 이러한 사전 고지를 받았다는 이유만으로 무조건 구매 확정을 할 수밖에 없는 것일까? 아니다. 이러한 인터넷 쇼핑몰의 사전 고지는 법적 효력이 없다.

　전자상거래 등에서의 소비자보호에 관한 법률에서는, 소비자가 전자상거래를 통해 구매한 상품을 환불할 수 없는 경우에 대해 규정하고 있다. 즉, 여기에 규정된 경우가 아니라면 소비자는 환불을 요구할 수 있다. 그럼 어떠한 경우에 환불을 요구할 수 없다고 되어 있을까? 상식적으로 생각해보았을 때 당연히 환불을 요구할 수 없는 정도의 상황이 규정되어 있다. 소비자의 잘못으로 물건이 멸실되거나 훼손된 경우, 소비자가 사용해서 그 가치가 줄어든 경우 등이다. 거기에 더해 소비자의 주문에 따라 개별적으로 생산되는 재화에 대해 청약철회를 인정했을 때 판매업자에게 회복할 수 없는 중대한 피해가 예상되는 경우도 환불을 요구할 수 없도록 규정되어 있다. 다만 그러한 경우 사전에 그 내용에 대해 고지하고 소비자의 서면(전자문서도 가능) 동의를 받은 경우여야 한다. 물론 물건의 내용을 확인하기 위해 포장을 뜯어본 경우라면 물건을 훼손한 경우에 해당하지 않

전자상거래 등에서의 소비자보호에 관한 법률 제17조 (청약철회 등)

제2항. 소비자는 다음 각 호의 어느 하나에 해당하는 경우에는 통신판매업자의 의사에 반하여 제1항에 따른 청약철회 등을 할 수 없다. 다만, 통신판매업자가 제6항에 따른 조치를 하지 아니하는 경우에는 제2호부터 제5호까지의 규정에 해당히는 경우에도 청약철회 등을 할 수 있다.

1. 소비자에게 책임이 있는 사유로 재화 등이 멸실되거나 훼손된 경우. 다만, 재화 등의 내용을 확인하기 위하여 포장 등을 훼손한 경우는 제외한다.

2. 소비자의 사용 또는 일부 소비로 재화 등의 가치가 현저히 감소한 경우

3. 시간이 지나 다시 판매하기 곤란할 정도로 재화 등의 가치가 현저히 감소한 경우

4. 복제가 가능한 재화 등의 포장을 훼손한 경우

는다. 따라서 단순히 포장을 뜯어본 경우에는 당연히 환불을 요구할 수 있다.

그럼 온라인상에서 상품을 구매한 뒤 얼마만큼의 기간 내에 교환이나 환불을 요구해야 할까? 소비자가 상품을 구매한 후 상당 기간이 지난 뒤에도 무조건 교환이나 환불을 해줘야 한다면 판매자 입장에서도 부당하다. 이에 법률에도 그 기준이 당연히 마련되어 있다. 전자상거래 등에서의 소비자보호에 관한 법률에 따르면, 온라인상에서의 거래는 상품 수령 후 7일 내에 교환이나 환불 요청이 가능하다.

그런데 가끔 '이 상품은 주문 제작 상품으로 교환, 환불이 되지 않습니다'라는 내용을 볼 수 있다. 내가 주문하는 순간 그 주문 수량대로 제작이 되기 때문에 교환, 환불이 되지 않는다는 것인가? 선뜻 이해가 되지 않는다.

한국소비자원에 따르면, 주문자만을 위해서 별도로 제작되는 상품이 아니라 단순히 주문시점에 맞춰 기성제품을 추가 생산하는 것

5. 용역 또는 「문화산업진흥 기본법」 제2조 제5호의 디지털콘텐츠의 제공이 개시된 경우. 다만, 가분적 용역 또는 가분적 디지털콘텐츠로 구성된 계약의 경우에는 제공이 개시되지 아니한 부분에 대하여는 그러하지 아니하다.
6. 그 밖에 거래의 안전을 위하여 대통령령으로 정하는 경우
전자상거래 등에서의 소비자보호에 관한 법률 시행령 제21조 (청약철회 등의 제한)
법 제17조 제2항 제6호에서 "대통령령으로 정하는 경우"란 소비자의 주문에 따라 개별적으로 생산되는 재화 등 또는 이와 유사한 재화 등에 대하여 법 제13조 제2항 제5호에 따른 청약철회 등(이하 "청약철회 등"이라 한다)을 인정하는 경우 통신판매업자에게 회복할 수 없는 중대한 피해가 예상되는 경우로서 사전에 해당 거래에 대하여 별도로 그 사실을 고지하고 소비자의 서면(전자문서를 포함한다)에 의한 동의를 받은 경우를 말한다.

은 '주문 제작'으로 볼 수 없다. '이것은 주문 제작 상품이다'라고 말만 하고 실제로는 제작 수량만을 추가하는 경우, 주문 제작 상품에 해당하지 않는다는 뜻이다. 따라서 당연히 교환이나 환불을 요구할 수 있다. 그러나 반대로 내 발 사이즈, 발 볼 사이즈까지 정확하게 재서 나만을 위한 수제화를 만든 경우라면 환불이 어려울 수 있다. 이러한 경우 보통 교환, 환불이 안 된다는 점을 소비자에게 명확하게 고지하고 동의를 받은 후에 구매가 이루어지므로 미리 꼼꼼히 살피자.

카드 결제를 거부당했다면?

🚨 응급 내원 사례

용현 씨는 평소 블로그를 즐겨한다. 유명한 블로그를 보다 보면 같은 물건인데도 인터넷 쇼핑몰보다 저렴하게 파는 경우가 있어서 좋은 상품을 득템하는 즐거움이 있다. 인터넷 쇼핑몰을 방문하기 전에 블로그부터 찾아보는 습관이 생길 정도다. 그런데 용현 씨가 블로그를 통해 신발을 주문하려고 하던 어느 날, "카드 결제 시 발생하는 수수료는 고객님께서 부담하셔야 합니다"라는 문구를 보았다. 용현 씨는 원래 카드로 구매할 예정이었지만, 인터넷 쇼핑몰보다 저렴한 가격에 사는 것이니 그냥 현금으로 결제하자고 생각하고 안내된 계좌에 송금했다.

여신전문금융업법
제19조 (가맹점의 준수 사항)
제1항. 신용카드가맹점은 신용카드로 거래한다는 이유로 신용카드 결제를 거절하거나 신용카드회원을 불리하게 대우하지 못한다.
제4항. 신용카드가맹점은 가맹점 수수료를 신용카드회원이 부담하게 하여서는 아니 된다.

블로그나 그 밖의 SNS에서 물건을 파는 사람들이 나날이 많아지는 추세다. 그런데 막상 물건을 사려고 하면 판매자가 현금 결제를 요구하는 경우가 많고, 막상 시시비비를 따지기도 귀찮고 번거로워서 원하는 대로 현금 결제를 해주게 될 때가 많다. 하지만 이렇게 소비자에게 카드 결제 수수료를 부담시키는 것이 과연 옳은 행위일까? 소비자는 여기에 그대로 따라야만 하는 걸까?

아니다. 여신전문금융업법에 따르면, SNS든 블로그든 그 어떠한 경로로 물건을 구매하는 경우라고 하더라도 신용카드 사용을 거부해서는 안 된다.

보다 구체적으로는, 신용카드로 거래한다는 이유로 신용카드 결제를 거절하거나 아니면 카드 결제를 원하는 사람을 불리하게 대우해선 안 된다. 또 가맹점 수수료를 카드를 사용하는 소비자에게 부담하게 해서도 안 된다. 여신전문금융업법에는 이러한 내용이 명시적으로 나와 있다. 만약 이러한 사항을 지키지 않으면 여신전문금융업법에 따라 처벌받는다. 법에는 무려 1년 이하의 징역 또는 1,000만 원 이하의 벌금이라는 법정형이 규정되어 있다.

물건을 팔 때 명시적으로 "카드 수수료를 고객님이 부담하셔야 해

제70조 (벌칙)

제4항. 다음 각 호의 어느 하나에 해당하는 자는 1년 이하의 징역 또는 1,000만 원 이하의 벌금에 처한다.

4. 제19조 제1항을 위반하여 신용카드로 거래한다는 이유로 물품의 판매 또는 용역의 제공 등을 거절하거나 신용카드회원을 불리하게 대우한 자

5. 제19조 제4항을 위반하여 가맹점 수수료를 신용카드회원이 부담하게 한 자

요"라고 하지 않더라도 현금 결제 가격과 신용카드 결제 가격을 다르게 정해놓고 소비자가 현금 결제를 하도록 유도하는 것 역시 금지된다. 현금 가격과 카드 가격이 다르다는 것 자체가 신용카드 결제 수수료를 소비자에게 전가시키는 행위이기 때문이다.

사실 이러한 법에 대해 알고 있다 하더라도 실제 생활에서 일일이 개선을 요구하거나 이의 제기를 하는 것이 쉽지 않다는 것을 잘 안다. 하지만 모르고 당하는 것과 알지만 넘어가는 것은 다르다. 이러한 내용을 알고 있다면 언제든 문제 제기를 해야 하는 상황에서 당당하게 요구할 수 있기 때문이다. 앞으로는 어디서 물건을 구매하든 똑똑한 소비자로서의 권리를 정정당당하게 요구하도록 해보자.

응급 로펌의 처방 ⚖️

* 1372 소비자 상담센터 사이트(www.ccn.go.kr)에 품목별 상담 사례를 조회할 수 있으니 참고한다.
* 신용카드 결제를 이유로 카드 거래를 거절하거나 신용카드 결제 시 가맹점 수수료를 카드 회원에게 전가하는 등 신용카드 회원을 부당하게 대우하는 불법행위는 여신금융협회에 신고가 가능하다. 여신금융협회 전화(02-2011-0700) 또는 사이트(www.crefia.or.k)를 이용하자,
* 여신금융협회 사이트 > 소비자지원센터 > 신고 및 접수 > 거래거절부당대우 가맹점 신고

택배가 분실되었는데, 누가 책임져야 하나요? →

#택배 #배송 사고 #상품 분실 #상품 훼손

응급 내원 사례

정진 씨는 홈쇼핑을 즐겨한다. 홈쇼핑을 보고 있자면 자꾸 설득을 당해서 꼭 무언가를 하나씩 사곤 한다. 그런 만큼 택배도 많이 받는다. 택배 직원 분이 정진 씨의 이름과 얼굴을 알고 지나가다 마주치면 친근하게 인사를 할 정도이다. 하루는 정진 씨가 홈쇼핑에서 후드티를 샀다. 그런데 며칠이 지나도 물건이 오지 않았고, 배송 상태를 확인하려 홈쇼핑 앱에 들어가 보니 '배송 완료'라고 떠 있었다. '아니, 난 받은 것이 없는데! 이 무슨 황당한!' 고객센터에 전화를 하니 분명히 배송이 완료가 되었다며 은근히 정진 씨에게 책임을 돌렸다. 너무 억울한 정진 씨, 이대로 후드티를 포기해야 하나?

지금 당장 필요한 응급 처치

① 홈쇼핑 회사뿐만 아니라 택배 회사에도 분실을 '즉시' 알리자!

② 택배가 분실 또는 훼손되었다면 택배 회사에 적절한 보상을 요구할 수 있다. 분실인지 훼손인지에 따라 보상 정도가 다르니 잘 체크하자!

　　홈쇼핑 고객센터에 문의를 하던 정진 씨는 순간 이런 생각이 들었을 수 있다. '택배를 받아놓고도 못 받았다고 거짓말을 하는 고객이 있을 수도 있는데, 그럴 때마다 홈쇼핑 회사에서 무턱대고 다 보상을 해줄 수는 없을 텐데?' 이런 생각에 정진 씨는 그냥 자신이 분실 책임을 떠안아야 하는 건 아닐까 고민될 수도 있다.

　그러나 법적으로 따져보면, 택배 사고의 책임은 기본적으로 택배 회사가 진다. 홈쇼핑 회사는 택배 회사와 '정진 씨에게 상품을 직접 전달하는 의무'를 내용으로 한 '운송 계약'을 체결했고, 따라서 택배 회사는 그 상품이 정진 씨의 손에 직접 전달되기까지의 모든 위험에 대해 책임을 져야 한다. 상품이 분실 또는 사용할 수 없을 정도로 훼손되거나 하는 위험들에 대한 책임은 기본적으로 택배 회사가 지게 되는 것이다. 물론 그 책임의 예외로 고려되는 경우가 있다. 천재지변 그 밖의 불가항력적인 사유에 의해 발생한 상품의 멸실, 훼손, 연착에 대해서는 택배 회사가 손해배상 책임을 지지 않는다.

　인터넷 쇼핑을 즐겨하는 필자도 여러 번 배송 사고를 겪은 적이 있다. 한번은 택배가 오지 않아서 택배 회사에 연락을 했더니 분명 배송이 되었다는 것이다. 그런데 택배 회사가 나중에 확인을 해보더니 다른 곳으로 물건이 잘못 배송되었다며 사과를 한 적이 있다. 정말 운이 좋은 케이스였다. 오배송을 입증하지 못하면 고객이 손해를 떠안게 되는 일이 비일비재하기 때문이다.

실제로 우정사업본부에 따르면, 2011부터 2015년까지 5년간 우체국 택배 또는 등기 배송 과정에서 발생한 분실·파손 사건은 4만 5,629건에 달한다고 한다. 이 중 택배가 차지하는 비율은 97.1%로 무려 4만 4,288건이다. 그만큼 택배 사고는 빈번하게 발생한다.

택배 분실,
배송 입증은 고객이 아닌 회사가!

정진 씨는 택배가 분실되었다는 사실을 알았을 때 어떠한 조치를 취해야 할까? 일상생활에서 빈번히 발생하는 택배 사고인 만큼 우리 모두가 겪을 수 있으니 대응 방법에 대해 잘 알아두자.

우선, 정진 씨는 상품이 분실되었다는 사실을 홈쇼핑 회사뿐만 아니라 택배 회사에 '즉시' 알려야 한다. 그러면 당연히 택배 회사는 상품이 어디로, 어떻게 배송이 되었는지를 우선 확인할 것이다. 사실 택배의 배송 현황은 고객도 앱이나 사이트를 통해 쉽게 확인할 수 있다. 하지만 일단 택배 회사에 알려야 한다. 회사 차원에서 배송 직원을 통해 별도의 확인을 하게 될 것이기 때문이다. 그리고 회사가 파악을 해본 결과, 그 배송 과정에서 택배 회사가 과실이 없었음을 입증하지 못한다면 회사는 통상 운송물의 가액을 기준으로 고객에게 손해배상을 해줘야 한다. 즉, 고객이 상품을 못 받았다는 것을 입증해야 하는 것이 아니라 택배 회사가 고객에게 배송을 안전하게 했다

생활·여가·취미

는 사실을 입증해야 하는 것이다.

그래서 요새는 택배를 배송하면서 문자를 남겨놓는 경우가 많다. 수신자가 부재중인 경우 택배 기사는 집 앞에 택배를 놓고 사진을 찍어서 '배송 완료하였습니다'라고 문자를 보낸다. 이것은 고객 서비스 차원에서 안내를 하는 것이기도 하지만 한편으로는 나중에 배송 사고가 발생했을 때 '이렇게 안전하게 배송을 완료했다'라는 증거가 될 수 있기 때문에 남겨놓는 것이라고 생각할 수 있다.

그럼 배송 사고가 발생했을 때 고객에게 제공하는 적절한 보상이란 얼마일까? 홈쇼핑 회사에서 택배 회사에 운송을 의뢰하는 계약을 체결할 때 상품의 가액을 기재했을 것이고, 그 가액에 따라 고객은 보상받게 된다. 물론 보상이 이루어질 때, 홈쇼핑 회사에서 우선 고객에게 보상을 해주고 그 후에 택배 회사로부터 홈쇼핑 회사가 보상을 받는 형식을 취할 수도 있다.

택배를 받았는데
물건이 훼손되어 있었다면?

🚨 응급 내원 사례

정진 씨는 주문한 후드티가 도착했다는 문자를 받고 설레는 마음으로 택배를 받았다. 택배 박스의 일부가 찢겨져 있었지만 '후드티에는 별문제 없겠지' 하는 마음으로 택배 박스를 뜯었는데 웬걸, 택배 박스가 찢어진 덕에 후드티 일부분이 바깥으로 노출되었고 그 부분이 심하게 얼룩져 있는 것이 아닌가. 정진 씨가 보기에 이것은 명백한 택배 회사의 잘못이었다.

만약 정진 씨의 상품이 분실된 것이 아니라 훼손된 채 배달되었다면 어떻게 해야 할까? 이 경우에도 정진 씨는 그 사실을 택배 회사에 '즉시' 통지해야 한다. 택배표준약관에 따르면, 택배 회사의 손해배상 책임은 상품을 받은 사람이 해당 상품을 받은 날로부터 14일 이내에 훼손에 대한 사실을 택배 회사에 통지하지 않으면 소멸하기 때문이다. 즉, 정진 씨가 택배를 받고 후드티가 훼손된 것을 알고도 14일이 지나면 택배 회사로부터 손해배상을 받기 어려워진다. 택배 회사는 택배표준 약관을 들어 "14일이 지났으니 우린 책임이 없다"라고 할 테니 말이다.

상품이 훼손되었을 경우에도 원칙적으로 책임은 택배 회사에 있다. 즉, 택배 회사는 자신의 무과실을 입증하지 못하면 손해배상 책임을 져야 한다. 만약 택배 회사의 책임이 인정되면 고객은 운송 계약에 적힌 상품의 가액에 따라 보상을 받을 수 있다. 다만 분실의 경우와 다른 점이 있다. 상품이 훼손되었는데 수리가 가능한 경우는 무상 수리 또는 수리비를 받을 수 있다는 것이다. 물론 상품이 수리가 불가능할 정도로 훼손되었다면 전무 멸실과 같은 상태, 즉 아예 상품이 사라져 버린 상태를 기준으로 보상을 받을 수 있다.

참고로 깨지기 쉬운 물건을 택배로 받거나 보내야 하는 경우가 있다. 이러한 경우 원칙적으로 택배 회사에 운송을 요청하는 고객은 상품을 성질, 중량, 용적 등에 따라 운송에 적합하도록 포장해야 할 의무가 있다. 물론 내가 상품을 받는 입장이라고 한다면 이 부분에 대해 신경 쓸 필요는 없을 것이다. 그러나 상품을 보내야 하는 입장이라면 반드시 포장에 신경 써야 한다. 만약 택배 회사가 상품을 회수하러 왔는데 포장이 운송에 적합하지 않다면 택배 회사는 필요한 포장을 요구하거나 아니면 경우에 따라 추가 비용을 더 받고 회사가 직접 포장을 해서 상품을 안전하게 배달할 수도 있다.

택배 회사는 운송에 적합한 포장이 되어 있지 않은 경우에는 아예 운송을 거절할 수도 있다. 그러나 일단 택배 회사가 운송을 하기로 계약을 한 경우라면, 그 이후의 사고에 대해서는 택배 회사가 책임을 진다.

"경비실에 맡겨 주세요"

🚨 응급 내원 사례

은영 씨는 홈쇼핑에서 신발을 하나 주문했다. 오매불망 신발이 오기만을 기다리던 은영 씨는 회사에 출근하던 중 택배 회사로부터 문자를 하나 받는다. '오전 11시경, 은영 님의 상품을 배송할 예정입니다.' 은영 씨는 '회사에 출근해 집에 아무도 없으니 경비실에 맡겨주세요'라고 문자를 보냈다. 이후 택배 기사님으로부터 '경비실에 맡겼습니다'라는 문자를 받고 마음이 놓였다. 그런데 퇴근 후 방문한 경비실에 은영 씨의 택배는 없었다. 당황한 은영 씨가 경비실에 요청해 택배 접수 내역을 보니 택배가 도착한 내역은 남아 있었다.

정진 씨와는 다르게 은영 씨는 경비실에 택배를 맡겨달라고 했으나 물건이 분실된 경우이다. 이렇게 택배 기사님에게 '경비실에 맡겨주세요'라는 요청을 했는데 막상 경비실에 도착해보니 상품이 없는 경우라면 어떻게 해야 할까?

결론적으로 은영 씨의 상품에 대한 책임은 은영 씨가 부담하거나 정 억울하다면 경비실 직원에게 물을 수밖에 없다. 택배 회사는 상품 수령인인 은영 씨의 요청에 따라 원하는 장소에 상품을 안전하게 전달했기 때문이다. 즉, 택배 회사는 홈쇼핑과의 운송 계약에 따라 홈쇼핑 고객에게 상품을 전달해야 하는 의무가 있는 것인데, 고객인 은영 씨가 경비실에 상품을 맡겨달라 지시했고, 이에 따라 택배 회사는 상품을 전달했다. 따라서 경비실에 택배를 맡기는 순간 택배 회사는 안전하게 운송을 종료했다고 볼 수 있고, 이것은 택배 회사가 의무를 제대로 이행했다는 뜻이 된다. 그러므로 이후에 발생하는 위험에 대해서는 은영 씨에게 책임이 있다.

보통 많은 택배 상품들이 경비실에 보관되는데, 이 과정에서 은영 씨와 같이 택배 사고가 발생한다면 아파트와 경비업체 간 택배 보관에 대한 규약에 따라 책임 소재가 가려질 것이다. 그래서 일부 아파트 경비실에서는 아파트 입주민이 요청하더라도 택배 상품을 보관해주지 않는 경우도 있다. 경비업체 직원이 억울하게 택배 분실이나 훼손에 대해 책임지는 상황을 원천봉쇄한 것으로 볼 수 있겠다. 사실 오로지 입주민의 편의를 위해 택배를 맡아주는 것인데 그로 인해 손해배상 책임을 부담해야 한다면 그 누가 나서서 택배를 맡아주고자 하겠는가.

인터넷상에서는 우스갯소리로 택배 기사님들을 택배요정이라고 부르며 물건을 애타게 기다리는 마음을 표현하기도 한다. 그만큼 택배는 전자상거래가 일상화된 우리의 생활에서 떼려야 뗄 수 없는 생활 서비스가 되었다. 즉, 누구나 겪을 수 있는 일이 바로 택배 사고다. 아무리 소액이라도 내가 주문한 상품을 안전하게 전달받아야 하는 권리는 당연한 것이고, 그 권리는 우리가 적극적으로 나서서 즉시 대응해야만 잘 지킬 수 있다.

응급 로펌의 처방 ⚖️

* 택배 사고(분실 및 훼손)가 발생하면 먼저 택배 회사에 문의를 하고, 해결이 어려운 경우에는 1372 소비자 상담센터를 이용하자.

세탁소에 맡긴 비싼 옷이 엉망이 되었어요!

#세탁물   #의류 훼손   #소비자 분쟁 해결 기준   #손해배상

#세탁물 인수증

 응급 내원 사례

혜선 씨는 봄맞이 옷장 정리를 하며 고가의 밍크코트를 동네 세탁소에 맡겼다. 워낙 아끼는 옷이기 때문에 세탁소에 잘 맡기지 않는 편인데 올해는 세탁을 해야겠다 싶어 큰맘 먹고 맡긴 것이다. 세탁소에서는 일주일 뒤 집으로 배달해주겠다는 말을 하고 혜선 씨의 주소를 받아 적었다. 일주일 후 혜선 씨 집에는 세탁된 밍크코트가 배달되었다. 당시 부재중이던 혜선 씨는 집에 돌아와 문 앞에 걸려 있는 밍크코트를 발견할 수 있었다. 그런데 웬 일인가. 밍크코트 곳곳에 꼭 쥐가 파먹은 듯한 털이 뽑힌 자국이 있었다. 혜선 씨는 너무 화가 나 세탁소로 당장 달려갔다. 하지만 세탁소에서는 "맡길 때부터 원래 그랬다"면서 책임을 회피했다.

지금 당장 필요한 응급 처치

① 세탁업 표준약관 제6조에 따라 원칙적으로 세탁소에 책임이 있음을 기억하자!

② 훼손된 세탁물을 언제, 얼마에 구입했는지 객관적인 증거를 찾아보자!

③ 증거가 없다면 세탁비의 20배로 보상받자!

　　동네마다 꼭 하나씩 있는 곳이 세탁소이다. 그만큼 세탁소는 우리 삶에 밀접하고 자주 이용하는 곳이다 보니 분쟁도 많이 발생한다. 하지만 이 모든 분쟁을 원만하게 해결하기란 사실상 쉽지 않다. 고객 입장에서는 옷이 망가지거나 분실되면 적절한 보상을 받고자 하는 것이 당연한 반면, 세탁소 입장에서는 책임 소재를 가릴 수 없는 부분에 대해 무턱대고 다 보상을 할 수는 없는 노릇이다. 양쪽의 입장이 모두 이해가 간다.

　혜선 씨는 애지중지하는 밍크코트를 세탁소에 잘못 맡겨 아끼는 옷을 하나 버리게 되었다. 보통 여러 해 입은 옷은 그 옷과 똑같은 옷을 구하기도 어려워서 옷값만큼 보상받아도 마음이 풀리지 않을 때가 많다. 그러나 세탁소는 혜선 씨의 밍크코트가 맡길 때부터 그런 상태였다고 주장한다. 과연 혜선 씨는 이대로 물러나야 하는 것일까?

　아니다. 소비자 분쟁 해결 기준에 따르면, 세탁업자는 세탁물 인수 시 의뢰받은 세탁물상 하자 여부를 확인할 책임이 있다. 즉, 세탁소는 혜선 씨의 밍크코트에 대한 세탁을 의뢰받았을 때, 밍크코트에 하자가 있었다면 어떠한 하자인지 살피고 그 하자에 대해 혜선 씨에게 알렸어야 한다. 서로 그 하자에 대해 인지한 이후에 세탁에 들어가야 했다는 뜻이다. 그래야만 지금 상황처럼 혜선 씨는 '세탁소가 그랬다'고 하고 세탁소는 '원래부터 그랬다'고 하는 상황을 피할 수 있다.

그러나 혜선 씨의 상황을 살펴보면, 세탁소는 세탁물에 대한 확인을 하지 않았다. 그저 혜선 씨에게 세탁 완료까지의 소요 기간에 대해서만 알린 후 주소를 물었을 뿐이다. 물론 혜선 씨 역시 세탁물 하자에 대한 이야기를 하지는 않았다. 하지만 소비자 분쟁 해결 기준에 따르면 원칙적으로 하자를 확인할 의무는 세탁소에 있다. 따라서 세탁소가 이 책임을 부담해야 하고 결국 세탁소는 혜선 씨에게 '원래부터 밍크코트에 하자가 있었다'고 주장할 수 없다.

같은 맥락에서 공정거래위원회가 승인한 **세탁업 표준약관 제6조**(손해배상)에 따르면 세탁물에 하자가 발생하면 '세탁소가' 책임이 없다는 것을 증명하지 못하는 한 고객에게 손해를 배상하도록 명시되어 있다. 세탁소는 자신에게 책임이 없다는 것을 증명하기 위해서라도 고객에게 세탁물을 받는 즉시 세탁물의 상태를 확인해야 한다.

또한 세탁업자는 세탁물을 인수할 때 인수증을 교부해야 한다. 필자 역시 여러 곳의 세탁소를 이용해보았지만 대부분의 세탁소에서 인수증을 교부해주지 않았다. 혜선 씨의 경우처럼 그냥 세탁물 확인 없이 주소를 묻는 게 다였다. 그런데 필자가 최근 이용하는 세탁소는 인수증을 그 자리에서 적어 주기에 내심 놀랐다. 인수증에는 세탁물 인수일, 세탁 완료 예정일, 세탁물의 품명, 수량 및 세탁 요금

세탁업 표준약관 제6조 (손해배상)
제1항. 세탁업자는 세탁물에 손상, 색상변화, 얼룩 등의 하자가 발생한 경우에는 고객에게 원상회복을 해주거나 그에 대한 손해배상을 하여야 한다. 단, 세탁업자가 세탁물의 하자 발생이 세탁업자의 책임 없는 사유로 인한 것임을 증명한 경우에는 그 책임을 면한다.

등이 적혀 있었다. 그 세탁소에서도 인수증에 모든 걸 자세하게 적는 건 아니지만 최소한 세탁물의 종류와 수량을 적는데, 그때 처음으로 인수증이란 걸 받아보았다. 당연한 건데도 그때 들었던 생각은 '이 세탁소가 혹시 세탁 분쟁을 호되게 겪은 적이 있었나?' 하는 것이었다.

소비자 분쟁 해결 기준에 따르면, 세탁물의 인수증에는 세탁업자의 상호와 주소 및 전화번호, 고객의 성명과 주소 및 전화번호, 세탁물 인수일, 세탁 완성 예정일, 세탁물의 구입 가격 및 구입일(20만 원 이상 제품의 경우) 등이 적혀 있어야 한다. 만약 세탁물 인수증에 '피해발생 시 손해배상 기준'까지 적혀 있다면 그 내용이 세탁소와 고객 간의 일종의 계약으로 간주될 수 있을 것이다. 따라서 인수증은 그 존재 자체로 굉장히 유용하다고 하겠다.

혜선 씨의 경우를 보면, 세탁물을 맡길 당시 세탁소는 아무런 세탁물 확인 절차를 거치지 않았고 혜선 씨에게 인수증도 교부하지 않았다. 이러한 경우에는 세탁소에서 혜선 씨에게 손해를 배상해주는 것은 당연하다. 그럼 얼마의 손해를 배상해 주어야 할까?

소비자 분쟁 해결 기준에 의하면 손해배상의 산정 기준은 인수증에 기재된 바에 따른다. 그런데 혜선 씨의 경우에는 인수증을 교부 받지 못했다. 이러한 경우는 고객이 입증하는 내용에 따른다. 즉, 혜선 씨가 그 밍크코트를 언제, 얼마에 구입했는지를 객관적으로 확인 받아 오는 등 그 가치를 입증한다면 세탁소는 그에 따라 손해배상을 해야 하는 것이다. 인수증에 관련 기재 사항을 누락한 경우에도 마찬가지이다.

그런데 고객 역시도 세탁물의 구입 가격, 구입일 등을 입증하지 못하는 경우가 있을 수 있다. 그럴 때 세탁업자는 고객에게 세탁 요금의 20배를 배상하도록 되어 있다. 세탁비가 5,000원이었다면, 10만 원을 배상해 주어야 한다. 세탁 요금의 20배보다 싼 가격의 옷이라면 모를까 훨씬 비싼 옷이라면 사실 이러한 손해배상을 받고 만족할 고객은 없을 것 같다. 그렇기 때문에 인수증에 물품 가격을 적는 것이 중요하다.

세탁물이 분실되었다면?

세탁물이 분실되는 경우도 있을 수 있다. 특히 계절이 바뀔 때 철 지난 옷을 한꺼번에 세탁 맡기다 보면 분실 위험이 높아진다. 이러한 경우에도 인수증을 받아놓으면 세탁물의 분실을 쉽게 입증할 수 있다. 인수증에는 어떠한 옷을 몇 벌 받았는지에 대해 적기 때문이다. 또한 털, 모자, 벨트 등 의류에 탈부착이 가능한 부속물이 있다면 이 역시 인수증에 기록해둘 필요가 있다. 부속물만 분실되는 경우에도 인수증에 기재되어 있는 내용을 바탕으로 "내 모자가 없어졌어요"라고 쉽게 주장할 수 있기 때문이다.

세트 의류의 경우
배상은 어떻게 될까?

🔯 응급 내원 사례

단비 씨는 조카 돌잔치에 참석하며 입었던 한복을 세탁하기 위해 세탁소에 맡겼다. 한복 상, 하의를 동시에 맡겼는데, 세탁이 다 되었다는 연락을 받고 찾아간 세탁소에는 단비 씨의 상의만 있었다. 단비 씨가 한복 치마는 어디에 있냐고 물었더니 세탁소에서는 치마가 찢어져 입을 수 없는 상태가 되었다며 돈으로 배상해주겠다고 한다. 그 한복은 유명한 한복집에서 특별히 맞춘 것이었다. 단비 씨는 세탁소에 "한복 값 100만 원 중 50%에 해당하는 금액을 배상해달라"라고 했다. 그러자 세탁소는 "원래 한복 치마는 따로 맞춰서 입어도 티도 안 난다"면서 20만 원만 배상해주겠다고 하는 게 아닌가?

단비 씨의 경우는 한복 상하의 세트를 세탁소에 맡긴 경우에 해당한다. 한복의 하의가 망가져버렸으니 상의 50%, 하의 50%로 따져서 원래 가격의 50%를 배상해달라는 단비 씨의 요청은 합리적이어 보인다. 그럼 모든 세트 의류에서 50%의 룰을 적용하면 되는 것일까?

소비자 분쟁 해결 기준은 세트 의류에 대한 배상액 산정 기준도 마련해놓고 있다. 양복 상하의와 같이 2점 이상이 한 벌일 때는 한 벌 전체 가격을 기준으로 비율을 나누어 배상액을 산정한다. 상, 하의가 한 세트인 경우에는 상의 65%, 하의 35%로 하고, 상, 중, 하의가 한 세트인 경우에는 상의 55%, 하의 35%, 중의 10%로 한다. 아무래도 양복 상의가 따로 맞출 때 더 가격이 비싸기 때문에 하의보다 높은 비율로 배상하도록 정한 것으로 보인다.

그럼 단비 씨와 같이 한복은 어떠할까. 한복의 경우, 상의인 치마저고리, 하의인 바지저고리를 각각 50%로 한다. 사실 한복은 세트로 입는 것이 일반적이고 믹스매치가 매우 어렵기 때문에 반반의 비율로 정해놓은 것 아닌가 하는 생각이 든다. 결국 단비 씨의 경우에는 한복 치마가 망가진 경우이므로, 50%의 비율로 따져 손배해상액을 요구하면 될 것이다.

물론 세트 의류라고 하더라도 각각의 가격이 정해져 있는 경우에는 그 가격에 따라 산정한다. 이러한 가격 비율은 세트 가격만 알 뿐, 상, 하의를 따로 나누어 산정하기 어려운 경우에 적용된다.

세탁 의뢰 시
반드시 주의해야 하는 사항

세탁물에서 하자가 발생했거나 세탁물이 분실된 경우 당연히 세탁소에서 보상을 해주어야 한다. 그럼에도 불구하고 세탁소에서 손해배상을 해주지 않아도 되는, 책임이 면제되는 경우가 있다.

앞의 사례들과 같이 세탁소에 손해배상을 요구할 수 있는 경우라고 하더라도 세탁소에서 세탁물을 가져가라는 통지를 받은 이후 30일이 훌쩍 지난 시점에 세탁소에 가서 세탁물을 달라고 한다면? 세탁소는 "우리는 책임이 없다"라고 할 수 있다. 또한 인수증에 적힌 세탁 완성 예정일 다음 날부터 3개월이 지난 시점에 세탁물을 찾으러 간 경우도 마찬가지이다. 따라서 세탁소에 세탁물을 맡길 때에는 인수증을 반드시 받고 그 인수증에 적힌 세탁 완성 예정일까지 잘 확인해야 한다.

세탁업 표준약관 제10조 (면책)

제2항. 다음 각 호의 경우에 세탁업자는 세탁물의 하자 또는 세탁의 지체로 인한 제6조의 책임을 면한다.

1. 세탁업자의 세탁물 회수에 대한 통지를 했음에도 통지의 도달일부터 30일이 경과하도록 고객이 세탁물을 회수하지 않는 경우
2. 고객이 세탁 완성 예정일(고객의 동의로 완성 예정일이 연기된 경우에는 연기된 완성 예정일)의 다음 날부터 3개월간 완성된 세탁물을 회수하지 않는 경우

내 반려견 때문에 다른 사람이 다쳤어요.

→

#반려견 #반려묘 #동물 보호법 #과실 치상

#손해배상 #반려동물 유기

응급 내원 사례

종우 씨는 반려견 한 마리를 키우고 있다. 반려견 이름은 뿌꾸로, 가족이나 다름없는 매우 소중한 존재이다. 그런데 뿌꾸는 종우 씨를 제외한 낯선 이에게는 이빨을 드러내며 맹렬히 짖곤 한다. 종우 씨는 그런 뿌꾸의 충성심에 우쭐한 마음이 들기도 했다. 그러던 어느 날, 종우 씨의 집에 마트에서 시킨 배달이 도착했다. 여느 때처럼 종우 씨는 문을 열었다. 그런데 갑자기 뿌꾸가 달려나와 마트 직원의 손가락을 물고 말았다. 종우 씨는 너무 놀라 죄송하다고 했지만, 직원은 화를 내며 손해배상을 받아야겠다고 했다. 직원은 손가락에 살짝 상처를 입은 정도였는데 정말 손해배상을 해야 하는 걸까?

지금 당장 필요한 응급 처치

① 자신의 반려동물이 사람을 다치게 한 경우 과실 치상죄로 처벌받을 수 있으니 명심하자! 손해배상을 해야 할 수도 있다!

② 반려동물과 외출할 때에는 목줄 등 안전 조치를 다하여야 하고 집에 있더라도 외부인이 방문할 시에는 위험을 미리 차단해야 한다!

반려동물을 자식처럼 생각하고 키우는 사람들이 늘고 있다. 길을 가다 보면 주인과 함께 산책하는 강아지를 자주 볼 수 있는데, 어떤 주인은 일명 '개모차'라고 하는 강아지 전용 유모차에 강아지를 태우고 다니기도 한다. 그런 걸 보면 반려동물이 얼마나 우리의 삶 속에 깊게 자리하고 있는지 느낄 수 있다.

이렇게 반려동물을 키우는 가정이 늘면서 그만큼 반려동물 관련 사건도 늘고 있다. 종우 씨는 자신도 반려견에게 가끔씩 물리는 경우가 있기 때문에 마트 직원이 강아지에게 물린 것도 미안하긴 하지만 대수롭지 않게 생각했다. 며칠 지나면 말끔히 나을 것 같은데, 손해배상을 요구하니 어쩐지 지나치게 느껴졌다. 이러한 종우 씨의 생각은 옳은 생각일까? 당연히 아니다. 현실은 종우 씨의 기대와 정반대이다.

오히려 종우 씨는 마트 직원에게 손해배상을 해주는 것과 별개로 **과실 치상죄**로 형사처벌까지 받을 수 있다. 과실 치상이라는 것은 고의가 아닌 과실로 다른 사람을 다치게 하는 경우를 말한다. 흔히 과

형법 제266조 (과실 치상)

제1항. 과실로 인하여 사람의 신체를 상해에 이르게 한 자는 500만 원 이하의 벌금, 구류 또는 과료에 처한다.

제2항. 제1항의 죄는 피해자의 명시한 의사에 반하여 공소를 제기할 수 없다.

실 치상죄가 성립한다고 하면 직접 누군가를 실수로 다치게 하는 상황을 떠올린다. 그러나 종우 씨가 마트 직원을 직접 다치게 한 상황은 아니더라도, 종우 씨의 관리, 감독을 받는 반려동물이 누군가를 물어서 상처를 입힌 경우에도 과실 치상죄가 성립할 수 있다.

반려동물은 낯선 사람을 보면 물거나 할퀴어서 피해를 줄 위험이 있다. 그리고 주인이라면 그러한 상황을 충분히 예상할 수 있어야 한다. 즉, 주인에게는 위험을 미리 방지해야 할 주의 의무가 있다. 따라서 종우 씨는 마트 직원이 방문해 문을 열기 전, 반려견을 안고 있거나 현관 근처에 울타리를 쳐서 막아놓는 등 마트 직원이 다치지 않도록 적절한 조치를 취했어야 한다. 그러나 종우 씨는 자신의 반려견이 마트 직원을 무는 상황을 야기했으므로 이에 대한 책임을 져야 하는 것이다. 실제로 이와 유사한 상황에 대해 법원은 반려동물의 주인에게 벌금 50만 원을 선고했다.

한편 이렇게 과실 치상죄가 성립하는 것은 형사처벌 차원의 문제인 것이고, 종우 씨는 그와 별개로 마트 직원에게 손해배상도 해야 한다. 손해배상은 민사 책임으로, 종우 씨가 벌금 50만 원을 냈다고 해서 없어지는 책임이 아니다. 벌금 50만 원과 별개로 마트 직원에게 직접 그 손해에 대해 지급해야 한다. 통상은 마트 직원이 병원에

동물 보호법 제 46조

제2항. 다음 각 호의 어느 하나에 해당하는 자는 2년 이하의 징역 또는 2,000만 원 이하의 벌금에 처한다.

1의 3. 제13조 제2항에 따른 목줄 등 안전 조치 의무를 위반하여 사람의 신체를 상해에 이르게 한 자

다니며 치료할 때 드는 치료비를 배상해야 하고, 거기에 더해 정신적 피해보상을 요구하면 위자료까지 지급해야 한다. 손해배상을 받아야겠다는 마트 직원의 요구는 전혀 무리한 요구가 아니었다.

참고로, 만약 종우 씨가 반려견을 데리고 밖에 나갔는데 반려견이 혼자 달려가 다른 사람을 물어서 다치게 한 경우라면 이 역시 동물 보호법에 따라서 처벌도 가능하다. 동물 보호법에 따르면 등록대상 동물에 대해 목줄 등 안전 조치를 해야 하는데 그러한 조치를 취하지 않은 채 데리고 나갔다가 다른 사람을 다치게 하는 경우 2년 이하의 징역 또는 2,000만 원 이하의 벌금에 처해질 수 있다.

반려동물 유기, 당연히 처벌이 따르는 범죄!

📱 응급 내원 사례

희진 씨는 얼마 전 고양이 한 마리를 분양받았다. 친구네 고양이가 새끼를 네 마리나 낳았다면서 한 마리를 희진 씨에게 준 것이다. 반려동물을 키워 본 적은 없지만 친구가 고양이를 키우는 것이 너무 부러워 보였던 희진 씨는 망설임 없이 새끼 고양이를 집으로 데려왔다. 그런데 고양이를 키우는 것이 마냥 쉽지만은 않았다. 대소변을 가리지 못해 아무데나 영역 표시를 해놓는 것은 물론이고, 밤마다 야옹야옹 울어대서 숙면을 취하기도 어려웠다. 상황이 이쯤 되니 희진 씨는 산책로에 고양이를 두고 오면 마음씨 좋은 사람이 고양이를 데려갈 것이라는 생각이 들었다. 친구에게는 시골 할머니 댁에 보냈다고 하고 산책로에 고양이를 유기하기로 마음먹었다.

반려동물을 사지 않고 입양하는 사람들이 늘고 있다. 유기동물만 입양하는 마음씨 좋은 사람들도 많다. 하지만 2018년 농림축산검역본부가 각 지방자치단체를 통해 조사한 결과를 보면 가히 놀랍다. 한 해 버려지는 반려동물이 12만 마리나 된다는 것이다. 누구나 호기심으로 반려동물을 쉽게 맞이할 수는 있지만, 책임감 없이는 좋은 주인이 될 수 없다는 것을 보여준다. 한 생명을 들이기 전에 자신이 그 생명을 책임질 수 있는 사람인지에 대해 진지하게 고민한 후 반려동물을 맞이해야 한다.

만약 희진 씨가 자신의 고양이를 유기하면 어떻게 될까. 어쩌면 희진 씨의 기대처럼 정말 마음씨 좋은 사람이 데려가서 희진 씨보다 더 잘 키워줄 수도 있다. 하지만 이러한 막연한 희망을 가지기엔 우리나라 반려동물 유기 현황은 심각하다. 이에 **동물 보호법**에서는 동물을 유기해서는 안 된다고 명확히 규정하였고, 지속적인 개정을 통해 그 처벌 수위가 높아지고 있다.

과거에는 동물 유기에 대해 1차 위반의 경우 30만 원, 2차의 경우 50만 원, 3차의 경우 100만 원의 과태료를 부과했다. 그러나 2018년 3월 22일부터는 1차 위반 시 100만 원, 2차 위반 시 200만 원, 3차 위반 시 300만 원의 과태료가 부과되었다. 3배가량 증가된 수준으로, 법이 바뀔 때 이렇게 큰 폭으로 과태료 액수를 올렸다는 것은 그만큼 동물 유기를 철저하게 막겠다는 의지가 담긴 것으로 풀이된다.

동물 보호법 제8조 (동물학대 등의 금지)
제4항. 소유자 등은 동물을 유기(遺棄)하여서는 아니 된다.

여기서 더 나아가, 2021년 2월 12일부터 시행되는 동물 보호법은 동물 유기에 대해 300만 원 이하의 벌금형에 처하도록 하고 있다. 300만 원의 과태료나 300만 원의 벌금이나 마찬가지 아닌가 하고 생각할 수 있겠으나, 벌금은 형사 처분을 받게 되는 것으로 엄연히 다르다. 과태료의 경우에는 행정관청에서 부과하기 때문에 전과기록이 남지 않지만, 벌금은 형사 처분이므로 전과기록이 남는다는 차이가 있다. 즉, 동물 유기행위에 대한 처벌은 점점 더 강화되고 있으며 사회적 인식의 변화가 담긴 개정이라 생각된다.

그 외 반려동물을 키우며
알아야 할 사항들

이왕 반려동물을 키우기로 했다면, 관련 법률을 잘 익혀서 자신과 반려동물이 함께 행복한 생활을 할 수 있어야 한다. 자칫 잘못하면 다른 사람을 다치게 할 수도 있는 위험성이 있는 문제인 만큼 반려동물을 키울 때는 기본적인 수칙을 잘 지키도록 하자.

먼저 반려동물은 동물 보호법에 따라 등록해야 한다. 그중 반려견의 경우를 살펴보자. 동물 보호법 제12조에는 등록대상동물에 대한 내용이 나와 있는데, 여기서 말하는 등록대상동물이란 주택, 준주택에서 기르는 월령 2개월 이상인 개, 주택, 준주택 외의 장소에서 반려 목적으로 기르는 월령 2개월 이상인 개를 말한다. 과거에는 월령 3개월 이상을 기준으로 했지만, 현재 적용되는 동물 보호법 시행령은 월령 2개월을 기준으로 한다. 반려동물 등록에 관해서도 동물 보호법이 지속적으로 개정되어 미등록 적발 시 처벌되는 수위도 점점 높아지고 있다. 과거 동물 보호법은 동물 미등록이 적발되어도 처음이면 과태료를 부과하지 않았다. 이후 한 차례 개정을 통해 1차 적발부터 과태료를 부과했으나 최대 60만 원 과태료가 상한이었다. 그러나 현재 시행되는 동물 보호법에 따르면 그 상한이 100만 원으로 높아졌다.

목줄 착용 등 안전 조치를 미준수하는 경우의 처벌 역시 기존의 과태료 수준보다 강화되었다. 기존에는 과태료 부과 액수가 최대 10만 원이었지만, 현재는 1차 20만 원, 2차 30만 원, 3차 50만 원의 과태료가 부과된다. 따라서 반려견에게는 목줄을 반드시 착용시키고, 맹견 5종에 해당하는 경우라면 목줄은 물론 입마개 등 안전장치를 반드시 착용시켜야 한다.

반려동물을 키우는 주인이 지켜야 하는 관련 법률인 동물 보호법 상 처벌 규정이 보다 강화되면서 더불어 반려동물 학대 행위에 대한

동물 보호법

제12조 (등록대상동물의 등록 등)

제1항. 등록대상동물의 소유자는 동물의 보호와 유실·유기방지 등을 위하여 시장·군수·구청장·특별자치시장에게 등록대상동물을 등록하여야 한다. 다만, 등록대상동물이 맹견이 아닌 경우로서 농림축산식품부령으로 정하는 바에 따라 시·도의 조례로 정하는 지역에서는 그러하지 아니하다.

제47조 (과태료)

제2항. 다음 각 호의 어느 하나에 해당하는 자에게는 100만 원 이하의 과태료를 부과한다.

5. 제12조 제1항을 위반하여 등록대상동물을 등록하지 아니한 소유자

처벌도 강화되었다. 법은 동물 학대 행위의 유형을 더욱 세분화하여 규정하고 있으며 이를 위반 시 2년 이하의 징역 또는 2,000만 원 이하의 벌금에 처한다.

법 개정을 거치면서 처벌 수위가 전반적으로 이미 높아졌지만 시간이 지날수록 그 수위는 더욱 높아질 것이라 생각한다. 동물 보호에 대한 우리의 인식이 개선되면서 점차적으로 법률이 정비되고 있는 모양새이기 때문이다. 그만큼 반려동물을 키우는 사람들은 더욱 책임감을 가지고 관련 법 규정을 지속적으로 살펴야 하겠다.

응급 로펌의 처방 ⚖️

* 동물 보호 관리시스템(www.animal.go.kr)에서 동물 등록을 접수할 수 있다. 동물 등록 외에 입양 안내, 유기동물 공고, 동물 보호 복지에 대한 온라인교육 등을 볼 수 있으니 반려동물을 키우고 있거나 키울 예정이라면 사이트에 들어가보자.
* 만약 길에서 유기동물을 발견했다면 시·군·구청 내 유기동물 구조·보호 담당 기관에 신고한다. 동물 보호 상담센터(1577-0954)에서 상담을 받을 수 있다

자동차 보험은
꼭 가입해야 하나요?

#자동차 보험   #도로교통법   #교통사고   #12대 중과실

#음주운전   #뺑소니   #보복운전   #윤창호법

응급 내원 사례

제제 씨는 미국 유학을 오래 하다가 한국에 돌아오게 되었다. 운전 경력이 오래되어서 자칭 베스트 드라이버인 제제 씨는 한국에서도 자동차를 타기 위해 관련 절차를 밟던 중 의문점이 하나 생겼다. '자동차 보험에 반드시 가입해야 하나?' 제제 씨가 생각하기에 본인은 워낙 운전 실력이 뛰어나 한국에서 운전하면서도 절대 사고가 날 일이 없을 것 같았다. 만약 경미한 사고가 나더라도 본인이 부담하면 아무 문제 없겠다는 생각이 들었다. 제제 씨는 보험 가입을 건너뛰고 차를 단장하는 데 집중했다.

지금 당장 필요한 응급 처치

① 자동차 보험은 선택이 아니라 의무이므로 꼭 보험에 가입하자!

② 교통사고 12대 중과실을 숙지하자!

③ 교통사고 발생 시 부상자의 구호 조치와 인적 사항 제공 의무를 꼭 이행하자!

④ 보복운전, 난폭운전은 더 중대한 범죄로 이어질 수 있음을 기억하자!

　　제제 씨는 자동차 보험을 다른 일반 보험들처럼 생각한 듯하다. 의료 실손 보험을 가입하지 않았어도 본인이 치료비를 내고 병원을 다니면 아무 문제 없는 것처럼, 자동차 사고도 보험료를 매달 내느니 그냥 사고가 났을 때 처리하면 된다고 생각한 것이다. 하지만 제제 씨의 이런 생각은 틀렸다. 자동차 보험은 선택이 아니라 의무이다.

　　자동차 손해배상 보장법 제5조에서 자동차 보유자는 교통사고로 다른 사람이 사망하거나 부상당한 경우 일정 금액을 지급할 책임을 지는 책임보험에 가입해야 한다고 되어 있다. 그리고 그 외 다른 사람의 재물을 손상시키는 경우에도 일정 금액을 지급할 책임을 지는 보험에 가입해야 한다고 되어 있다. 즉, 자동차를 운전하다가 교통사고가 발생했을 때 이를 처리할 수 있는 자동차 보험에 가입하는 것은 의무이다. 만약 자동차 보험에 가입하지 않은 자동차를 보유하는 경우 1년 이하의 징역 또는 1,000만 원 이하의 벌금에 처해질 수 있

자동차 손해배상 보장법
제5조 (보험 등의 가입 의무)
제1항. 자동차 보유자는 자동차의 운행으로 다른 사람이 사망하거나 부상한 경우에 피해자(피해자가 사망한 경우에는 손해배상을 받을 권리를 가진 자를 말한다. 이하 같다)에게 대통령령으로 정하는 금액을 지급할 책임을 지는 책임보험이나 책임공제(이하 "책임보험등"이라 한다)에 가입하여야 한다.

다. 엄연한 범죄행위인 것이다.

이렇게 자동차 보험 가입을 의무화하는 것은 피해자를 보호하기 위함이다. 교통사고가 나서 사람이 크게 다쳤는데 보험 가입이 되어 있지 않고 경제적으로도 넉넉지 않아 피해자가 아무런 보상을 받을 수 없는 일이 빈번히 발생한다고 생각해보자. 사회정의에도 부합하지 않고 억울한 피해자만 수없이 발생할 수 있기 때문에 자동차 보험 가입을 의무화한 것이다.

자동차 보험은 크게 대인 배상과 대물 배상으로 나눌 수 있다. **대물 배상**은 차량이 파손되는 등 물건이 손상된 부분을 배상하는 것이고, **대인 배상**은 사고 후 사람이 다쳐 통원 치료를 받거나 입원을 하는 등의 경우 그에 대해 배상하는 것이다. 따라서 보험 가입을 할 때 대물은 얼마까지, 대인은 얼마까지 보장하는 상품인지 안내받고 보장 범위에 따른 보험료를 잘 계산해 자신에게 맞는 상품을 골라 가입하면 된다.

생활·여가·취미

제2항. 자동차 보유자는 책임보험등에 가입하는 것 외에 자동차의 운행으로 다른 사람의 재물이 멸실되거나 훼손된 경우에 피해자에게 대통령령으로 정하는 금액을 지급할 책임을 지는 「보험업법」에 따른 보험이나 「여객자동차 운수사업법」, 「화물자동차 운수사업법」 및 「건설기계관리법」에 따른 공제에 가입하여야 한다.

제8조 (운행의 금지)

의무보험에 가입되어 있지 아니한 자동차는 도로에서 운행하여서는 아니 된다. 다만, 제5조 제4항에 따라 대통령령으로 정하는 자동차는 운행할 수 있다.

12대 중과실은
무조건 형사처벌!

자동차 관련 보험 광고를 보면 "12대 중과실로 인한 형사 사건 변호사 선임 비용을 보장해 드립니다"라는 말을 쉽게 들을 수 있다. 12대 중과실이란 대체 무엇일까?

교통사고처리 특례법 제3조(처벌의 특례)에는 **교통사고 12대 중과실**이 아래와 같이 열거되어 있다.

1. 신호위반

2. 중앙선 침범

3. 제한 속도보다 20km 초과하여 과속

4. 앞지르기 방법, 금지시기, 금지장소 또는 끼어들기의 금지를 위반

5. 철길 건널목 통과 방법 위반

6. 횡단보도에서의 보행자 보호 의무 위반

7. 무면허 운전

8. 음주운전

9. 보도를 침범

10. 승객추락 방지 의무 위반

11. 어린이보호구역 안전운전의무 위반

12. 자동차 화물이 떨어지지 않도록 필요한 조치를 하지 않고 운전

사실 교통사고는 경미한 사고라 하더라도 사람의 부상이 동반되

는 경우가 많다. 겉으로는 외상이 전혀 없는 것처럼 보여도 병원에 가서 진단을 받았을 때에 전치 1~2주가 나올 수 있기 때문이다. 이런 경우 자동차를 운전하다가 교통사고를 일으켰고 이로써 사람이 부상당했기 때문에 무조건 형사처벌해야 한다는 논리를 적용하면 불필요한 전과자가 양산될 가능성이 있다. 따라서 교통사고처리 특례법에서는 ① 운전자가 자동차 보험에 가입한 경우(교통사고처리 특례법 제4조), ② 다친 피해자가 운전자의 처벌을 원치 않는 경우(교통사고처리 특례법 제3조) 조건 하에 다른 사람을 다치게 한 행동에 대해 책임을 묻지 않는다.

하지만 여기에도 예외가 있다. 그리고 이 예외가 바로 '12대 중과실'이다. 위 두 개의 조건에 부합하더라도 운전자가 중대한 법 위반을 했거나 처벌받아야 마땅한 경우라면 처벌을 받는 것이 옳다. 이러한 법 감정에 따라 '12대 중과실'이라는 12가지의 법 위반을 규정하고 운전자가 그러한 법 위반을 했을 때, 설령 보험을 가입했거나 피해자가 처벌 불원의사를 밝혔다고 하더라도 형사처벌한다.

교통사고 12대 중과실에 해당하는 행동들은 횡단보도에서 보행자 보호 의무를 게을리하거나 중앙선을 침범하는 등의 교통법규를 위반한 경우 등이라고 이해하면 된다. 아무리 내가 보험에 가입해 있더라도 일명 '보험 처리'만으로 끝나지 않는 교통사고들이 있다는 것을 명심하자.

생활·여가·취미

음주운전,
억울한 경우도 있을까?

응급 내원 사례

한나 씨는 오랜만에 고등학교 동창들을 만나 술을 한잔했다. 신나게 마시고 놀다 보니 새벽 1시. 술에 꽤 취한 한나 씨는 집에 가기 위해 평소 외워두었던 대리운전 번호로 전화를 걸었다. 도착하기까지 시간이 좀 걸릴 것 같다는 기사님의 말을 듣고 한나 씨는 차에서 기다리기로 했다. 한겨울이라 차 안은 너무 추웠다. 한나 씨는 히터를 켜려고 차에 시동을 걸었는데, 경사진 길가에 세워둔 차가 그만 뒤로 슬슬 밀리며 전봇대와 쿵하고 부딪히고 말았다. 마침 근처를 지나다 이를 목격한 경찰은 한나 씨에게 차에서 내리라고 한다. 한나 씨는 너무 당황스러워서 술이 확 깼다.

한나 씨는 분명 음주운전을 할 생각이 없었다. 그런데 경찰이 보기엔 술에 취한 한나 씨가 운전석에 앉아 분명 시동을 걸었고, 그로 인해 차가 뒤로 움직인 상태였기 때문에 충분히 음주운전을 의심할 수 있는 상황이다. 술에 취했을 때 이런 오해를 받지 않으려면 추운 날씨에도 차 안에 타서 시동도 걸지 말고 앉아 있거나, 운전석이 아닌 조수석에 탄 채로 대리 기사님을 기다려야 하는 걸까?

> 도로교통법 제44조 (술에 취한 상태에서의 운전 금지)
> 제1항. 누구든지 술에 취한 상태에서 자동차 등(「건설기계관리법」 제26조 제1항 단서에 따른 건설기계 외의 건설기계를 포함한다. 이하 이 조, 제45조, 제47조, 제93조 제1항 제1호부터 제4호까지 및 제148조의 2에서 같다)을 운전하여서는 아니 된다.
> 제4항. 제1항에 따라 운전이 금지되는 술에 취한 상태의 기준은 운전자의 혈중알코올농도가 0.03퍼센트 이상인 경우로 한다.

누구나 음주운전이 불법이라는 것을 알고 있다. 이에 대한 법적 근거를 찾자면 음주운전을 금지한 도로교통법을 확인해보면 된다.

도로교통법 제44조는 혈중알코올농도가 '0.03퍼센트 이상'인 경우에 음주운전으로 처벌받는다는 것을 설명하고 있다.

혈중알콜농도 (단위:%)	처벌 수위	행정 처분
0.03 이상~0.08 미만	1년 이하의 징역이나 500만 원 이하의 벌금	면허 정지
0.08 이상~0.2 미만	1년 이상 2년 이하의 징역이나 500만 원 이상 1,000만 원 이하의 벌금	면허 취소
0.2 이상	2년 이상 5년 이하의 징역이나 1,000만 원 이상 2,000만 원 이하의 벌금	면허 취소

음주운전은 혈중알코올농도에 따라서 3개의 구간으로 나누어서 처벌한다. 가장 낮은 처벌 수위의 구간이 0.03퍼센트 이상~0.08퍼센트 미만이고 가장 높은 처벌 수위의 구간은 0.2퍼센트 이상이다. 과거에는 혈중알코올농도 0.05퍼센트 이상에 대해 처벌했다. 그러나 일명 **윤창호법**이라 불리는 도로교통법 개정을 통해 처벌 기준이 혈중알코올농도 0.03퍼센트로 내려가게 되었다. 또한 구간별 처벌 수위도 높아졌다. 사실 해외와 비교해 우리나라의 음주운전 처벌 수위는 매우 낮은 편이기 때문에 이러한 법 개정을 환영하는 바이다.

그리고 하나 더! 음주운전은 형사처벌에 그치지 않고 면허 정지나 취소와 같은 행정 처분도 함께 내린다. 그래서 누군가 "음주로 면허 취소야"라고 하면 음주운전으로 인해 벌금도 냈겠지만 그와 더불어 면허 취소라는 행정 처분도 받았다는 것을 의미한다. 도로교통법 시행규칙 제91조 제1항에 따르면, 혈중알코올농도 0.03퍼센트 이상~0.08퍼센트 미만이면 면허 정지, 0.08퍼센트 이상이면 면허 취소이다.

이제 한나 씨의 사례를 다시 살펴보자. 한나 씨는 술을 마신 상태에서 운전석에 앉아 있긴 했지만 음주운전의 고의가 전혀 없었다. 다만 불운하게도 차에 시동이 걸리며 경사 길에서 미끄러지게 된 것뿐이다. 이런 한나 씨를 음주운전으로 처벌해야 할까?

이와 같은 실제 사건에서 법원은 음주운전에 대해 무죄를 선고했다. 운전자가 운전을 할 의도로 차에 타서 시동을 건 것이 아니기 때문에 '운전'으로 볼 수 없고 따라서 운전자가 음주 상태였다고 하더라도 '음주운전'이 아니라는 이유에서였다. 한나 씨의 경우도 운전을 하려는 의지 없이 단지 히터를 켜기 위해 차를 탔다가 차가 미끄러져 사고가 난 것이다. '운전'이라고 볼 수 있는 행위는 전혀 없었기 때문에 한나 씨는 음주운전을 한 것이 아니라는 결론을 내릴 수 있다. 다만, 한나 씨는 경찰의 음주운전 추궁에 단지 히터를 켜기 위한 것이었음을 명쾌히 설득해야 할 것이다. 그리고 이러한 설득은 현실적으로 굉장히 어렵다. 따라서 술을 한 잔이라도 먹었다면, 운전대 앞에 아예 앉지 않는 것을 추천한다.

횡단보도에서 일어난 사고,
무조건 운전자 책임일까?

시우 씨는 야근 후 밤늦게 귀가 중이었다. 야근할 것을 예상하고 마침 차를 가져왔던 터라 그래도 편하게 귀가할 수 있었다. 평소 철두철미한 성격의 시우 씨는 과속이나 신호위반을 한 적이 없고 그래서 교통사고 관련 벌금이나 과태료를 내본 적이 없었다. 이날도 역시 신호등의 주행 신호인 녹색불에 맞춰 주행하던 중이었는데, 갑자기 어디에선가 보행자가 나타났다. 결국 시우 씨는 보행자를 그대로 치게 되었다. 보행자는 그 자리에서 바로 쓰러졌고 시우 씨는 차에서 내려 보행자의 부상 정도를 확인했다. 차에서 내려서 보니 그 보행자는 신호등은 없지만 안전표지가 있는 횡단보도를 건너던 중이었고, 반면 시우 씨는 녹색불인 차량 주행 신호에 맞춰 직진 중이었다. 시우 씨는 당황했지만 침착하게 119에 전화를 걸었다.

시우 씨는 평소 좋은 운전 습관을 가지고 있었다. 그런데 길을 건너던 보행자를 뒤늦게 발견했고 그 즉시 브레이크를 밟으려 했지만 시간이 너무도 짧아 어쩔 수 없이 보행자를 차로 충격하게 되었다. 시우 씨 입장에서는 참 억울할 수 있을 것 같아 보인다. '난 분명 녹색 신호에 맞춰서 주행 중이었는데 보행자가 갑자기 뛰어들어 사고가 났으니 보행자 책임 아닌가?' 하는 생각이 들 것이다.

이러한 경우, 도로의 차들에게 주행 신호가 떨어진 것을 알면서도 보행자 신호등이 없다는 이유로 막무가내로 길을 건넌 보행자의 책임일까? 아니면 어디선가 들었던 것 같은 '횡단보도에서는 무조건 보행자가 우선이다'라는 공식을 적용해야 하는 걸까?

이에 대한 답을 얻기 위해선 우선, 횡단보도의 의미부터 알아야 한다. 횡단보도란 무엇일까? 처음 제일 먼저 떠오르는 것은 '바닥에 하얀 색으로 표시된, 보행자가 건너도 된다는 사인이 있는 횡단보도'일 것이다. 그런데 사실 횡단보도의 종류는 다양하다. 신호등이 있는 횡단보도, 신호등이 없는 횡단보도, 여러 갈래로 교차하는 횡단보도, 집 앞에 있는 조그만 횡단보도 등 다양한 종류의 횡단보도가 있다. 우리가 아는 이런 모든 횡단보도도 도로교통법상의 횡단보도에 속할까?

도로교통법 제2조 제12호에는 '횡단보도란 보행자가 도로를 횡단할 수 있도록 안전표지로 표시한 도로의 부분을 말한다'고 설명한다. 그리고 제10조 제1항에는 '지방경찰청장은 도로를 횡단하는 보행자의 안전을 위하여 행정안전부령으로 정하는 기준에 따라 횡단보도를 설치할 수 있다'라고 되어 있다. 즉, 이를 종합하면 횡단보도란 지방경찰청장이 보행자가 안전하게 도로를 횡단할 수 있도록 안전표지로 표시한 부분이라고 보면 된다. 그 어디에도 신호등이 설치되어 있어야 한다는 등의 조건은 따로 없다. 따라서 신호등이 없더라도 횡단보도의 안전표지가 표시되어 있는 도로의 부분이라면 법적으로

도로교통법 제27조 (보행자의 보호)
제1항. 모든 차의 운전자는 보행자(제13조의 2 제6항에 따라 자전거에서 내려서 자전거를 끌고 통행하는 자전거 운전자를 포함한다)가 횡단보도를 통행하고 있을 때에는 보행자의 횡단을 방해하거나 위험을 주지 아니하도록 그 횡단보도 앞(정지선이 설치되어 있는 곳에서는 그 정지선을 말한다)에서 일시정지하여야 한다.

횡단보도이다.

그럼 이제 시우 씨의 사례를 보자. 보행자가 건너던 그 길은 신호등은 없었지만 안전표지가 되어 있는 횡단보도였음을 알 수 있다. 그리고 도로교통법 제27조에는 모든 운전자는 보행자가 횡단보도를 통행하고 있을 때 보행자의 안전 보장을 위해 일시정지해야 한다는 보행자의 보호 의무가 나와 있다. 차량 주행 신호인 신호등의 녹색 불은 교차로를 통과할 수 있다는 것을 의미할 뿐, 보행자의 보호 의무를 면제하는 것이 아니다. 따라서 횡단보도를 지나기 전에 감속하거나 일시정지해서 보행자를 보호하지 않고 오히려 보행자를 충격했다면 이것은 도로교통법 제27조 보행자의 보호 의무 위반으로 보아야 한다.

안타깝지만 시우 씨는 횡단보도에서 보행자를 차로 충격했기 때문에 자동차 종합보험에 가입해 있더라도 형사처벌을 피할 수는 없을 것으로 보인다. 횡단보도에서의 보행자 보호 의무 위반은 앞서 말한 12대 중과실에 속하기 때문이다.

따라서 시우 씨는 보행자에 대한 민사 책임인 손해배상 책임은 물론이고, 도로교통법 위반으로 형사 책임까지 져야 한다. 횡단보도에서 일어나는 사고가 얼마나 무서운 사고인지를 알 수 있다. 운전자는 횡단보도에서 무조건 조심해야 한다는 말을 가슴에 새기자.

교통사고처리특례법 제3조 (처벌의 특례)
제1항. 차의 운전자가 교통사고로 인하여 「형법」 제268조의 죄를 범한 경우에는 5년 이하의 금고 또는 2,000만 원 이하의 벌금에 처한다.

아슬아슬하게 길을 건너는 보행자도
보호해야 하나?

교진 씨는 차를 운전해 출퇴근을 하며 집 앞 사거리 교차로를 늘 지나다닌다. 그 교차로에는 차량 신호등이 따로 있고 보행자를 위한 신호등도 따로 있으며 신호 위반 단속 CCTV까지 설치되어 있다. 오늘도 교진 씨는 그 교차로를 지나는 길이었다. 교진 씨는 신호등이 차량 직진 신호로 바뀌자 액셀을 밟고 차를 출발했는데 잠시 후, 쿵 하는 소리와 함께 차에 무언가가 부딪치는 느낌이 들었다. 내려서 보니 횡단보도 신호가 정지 신호로 바뀌는 걸 무시하고 보행 신호가 점멸하는 동안 급하게 달려오던 보행자였다. 보행자는 다리가 아프다며 자리에 주저앉았다.

교진 씨는 앞의 시우 씨보다 더 억울할 것이다. 교진 씨는 분명 녹색 신호에 맞춰 주행 중이었는데 보행자는 보행 신호가 점멸하는 중에 횡단보도에 들어와 아슬아슬하게 보행을 하다가 교진 씨의 차와 부딪쳤기 때문이다. 교진 씨는 보행자에게 "당신이 신호를 위반해 사고가 났잖아요!"라며 큰소리칠 수 있을까.

아니다. 교진 씨는 보행자에게 큰소리칠 수 없을 뿐만 아니라 오히려 형사 책임을 져야 할 위기에 놓여 있다고 보는 것이 맞다. 앞서 말했듯이 도로교통법상 횡단보도는 반드시 신호등의 설치를 필요조건으로 하지 않는다. 따라서 횡단보도의 보행 신호가 점멸하는 중이었다고 하더라도 이것은 보행자가 준수해야 하는 신호일 뿐이지 운전자가 부담하는 보행자의 보호 의무에 영향을 주는 신호가 아니다.

즉 보행 신호가 점멸 중에 급하게 뛰어 들어온 보행자라고 하더라도 여전히 운전자에게는 보호 의무의 대상이 되는 보행자이고, 이러한 보행자를 차로 충격했다면 운전자는 도로교통법 위반의 소지가 있다. 운전자들은 반드시 명심해야 한다. 횡단보도 앞에서는 무조건! 보행자를 살피자.

사실 과거에는 이러한 보행자 보호 의무에 초점을 맞춘 판결들이 대부분이어서 교진 씨와 같이 신호가 아슬아슬한 경우가 아니라 아예 보행자가 보행자 신호를 위반하고 무단횡단을 하다가 사고가 나더라도 운전자에게 책임을 묻는 경우가 많았다. 그러나 최근에는 보행자의 과실에 대해서도 책임을 묻는 판결들이 많이 나오고 있다. 즉, 보행자가 적색 신호를 위반했고, 운전자는 운전자로서 최대한의 노력을 다 기울였음에도 보행자를 발견할 수 없었던 경우에는 운전자에게 횡단보도 사고의 형사 책임을 물을 수 없다는 내용이다.

참고로 한 가지 더 알아두자. 자전거를 타고 횡단보도를 지나는 사람은 보행자에 해당할까? 도로교통법상 보행자는 횡단보도를 보행, 즉 걸어가는 사람만을 의미할 뿐, 자전거를 타고 횡단보도를 건너는 사람을 보행자로 보지 않는다. 단, 자전거에서 내려서 손으로 자전거를 밀며 걸어가는 사람은 도로교통법상 운전자가 보호해야 하는 보행자로 본다는 점을 기억하자.

차에 치인 사람이
스스로 다친 곳이 없다고 한다면?

📟 응급 내원 사례

현경 씨는 휴가를 내고 모처럼 여행을 떠났다. 나 홀로 드라이브 여행이라 한껏 신나 있던 중 사이드 미러가 무언가에 부딪치는 소리가 났다. 놀라서 내려 보니 초등학생 정도 되어 보이는 아이가 사이드 미러에 어깨를 부딪쳐 넘어져 있었다. 현경 씨는 당황해 아이에게 병원에 가야 하는 것 아니냐며 괜찮은지 물었다. 아이는 놀란 듯한 얼굴을 하면서도 "괜찮아요. 아무렇지도 않아요" 하고 말했다. 현경 씨는 괜찮다는 아이 말에 안심하고 "이모가 너무 미안해!"라고 사과한 후 가던 길을 갔다.

자동차를 운전하다 보면 크고 작은 사고가 생기게 마련이다. 주차된 차를 긁거나 주행 중 사소한 접촉 사고만 나도 당황스러운데, 현경 씨처럼 사람과 차가 부딪친 경우라면 더욱 당황할 수밖에 없다.

교통사고가 나면 가장 먼저 해야 하는 것은 무엇일까? 보험사 전화? 112 신고? 어디에 전화를 하든 본인의 선택이지만 도로교통법은 교통사고가 발생했을 때 운전자가 마땅히 해야 하는 조치를 명확히 규정하고 있다.

도로교통법 제148조 (벌칙)

제54조 제1항에 따른 교통사고 발생 시의 조치를 하지 아니한 사람(주·정차된 차만 손괴한 것이 분명한 경우에 제54조 제1항 제2호에 따라 피해자에게 인적 사항을 제공하지 아니한 사람은 제외한다)은 5년 이하의 징역이나 1,500만 원 이하의 벌금에 처한다.

사고 발생 시
꼭 필요한 조치 2가지

교통사고가 발생해 사람이 다치거나 차가 손상되었다면 운전자는 즉시 정차해야 한다. 그리고 차에서 내려 다친 사람이 있다면 부상자를 구호하는 조치를 취해야 한다. 예를 들어 긴급한 경우라면 119에 전화를 하거나 아니면 부상자를 자신의 자동차에 태워 병원에 데려가야 한다. 그와 더불어 피해자에게 명함이나 이름, 연락처 등 자신의 인적 사항을 알려야 한다. 부상자의 구호 조치와 인적 사항 제공 의무는 선택 사항이 아니라 이행해야 하는 필수 조치이다. (도로교통법 제54조)

현경 씨는 일단 차에서 내려 아이의 상태부터 확인했다. 그런데 아이가 아무렇지도 않다고 하자 사과를 한 채 자리를 떴다. 현경 씨는 도로교통법상 사고 발생 시 조치를 적절히 취했다고 볼 수 있을까? 아니다. 부상자의 상태를 확인하는 데 그쳤을 뿐, 그 의무를 다했다고 볼 수 없다. 게다가 피해자는 어린 아이이지 않은가. 아이들은 교

특정범죄 가중처벌 등에 관한 법률 제5조의 3 (도주차량 운전자의 가중처벌)

제1항. 「도로교통법」 제2조에 규정된 자동차·원동기장치자전거의 교통으로 인하여 「형법」 제268조의 죄를 범한 해당 차량의 운전자(이하 "사고운전자"라 한다)가 피해자를 구호(救護)하는 등 「도로교통법」 제54조 제1항에 따른 조치를 하지 아니하고 도주한 경우에는 다음 각 호의 구분에 따라 가중처벌한다.

1. 피해자를 사망에 이르게 하고 도주하거나, 도주 후에 피해자가 사망한 경우에는 무기 또는 5년 이상의 징역에 처한다.

2. 피해자를 상해에 이르게 한 경우에는 1년 이상의 유기징역 또는 500만 원 이상 3,000만 원 이하의 벌금에 처한다.

통사고를 당했을 때 놀라서, 혹은 혼날까 봐 제대로 상황 판단을 하지 못한 채 괜찮다고 하는 경우가 많다. 상황이 이러함에도 불구하고 어린 아이의 괜찮다는 말만 믿고 자리를 뜬 현경 씨는 일명 뺑소니범으로 처벌받을 수 있다.

교통사고가 발생했을 때 가해자가 반드시 취해야 하는 행동에 대해 살펴보았다. 반대로 만약 내가 교통사고의 피해자라면 가해자가 사고 발생 시 조치를 제대로 취하는지에 대해 판단해볼 수 있을 것이다. 그럼 이제 교통사고를 실질적으로 해결하는 과정을 살펴보자.

손해배상의 법칙과 과실상계

📟 응급 내원 사례

동준 씨는 운전을 하던 중 길을 건너던 보행자를 미처 발견하지 못하고 차로 치게 되었다. 물론 동준 씨가 자동차 내비게이션을 조작하느라 전방 주시의무를 소홀히 한 과실도 있지만 피해자는 횡단보도도 아니고 아무런 보행 신호도 없는 길을 막무가내로 건너던 중이었다. 사고 이후 피해자는 병원 치료비로 100만 원을 지불했고, 치료 기간 동안 기존에 하던 아르바이트를 하지 못해 급여 100만 원을 받지 못했다. 피해자는 이 손해액 200만 원에 더해 정신적 피해에 대한 위자료 100만 원까지 지급하라 주장하고 있다. 과연 동준 씨는 피해자에게 이 돈을 다 지급해야 하는 것일까?

동준 씨도 전방 주시 의무를 소홀히 한 점이 인정되지만 피해자 역시 무단횡단의 잘못을 저질렀다. 동준 씨도, 피해자도 둘 다 잘못한 경우다. 실제 교통사고를 보면 어느 쪽이 일방적으로 100퍼센트 잘못한 경우는 드물다. 대부분 쌍방이 조금씩 잘못해 발생한 사고이기 때문에 과실 비율을 따지는 것이 매우 중요하다.

교통사고뿐만 아니라 모든 민사 손해배상 청구 사건에서 손해배상 액수는 ① 적극적 손해, ② 소극적 손해, ③ 위자료로 구성된다. 앞서 설명한 것처럼 정신적 피해에 대한 손해배상을 위자료라고 한다. 그럼 적극적 손해와 소극적 손해는 무엇일까? 적극적 손해는 쉽게 말해 적극적으로 소비하게 된 금액이다. 다쳐서 지불하게 된 병원 치료비, 차가 부서져서 고치는 데 들어간 수리비 등이다. 소극적 손해는 적극적으로 지불한 것은 아니지만 결론적으로 따져보면 결국 잃게 된 금액을 말한다. 사고로 인해 일을 쉬게 되었다면 일을 못한 기간만큼의 급여가 소극적 손해에 해당된다.

동준 씨의 경우를 살펴보자. 조사 결과 동준 씨의 과실이 70%이고 피해자의 과실이 30%였다면, 동준 씨는 얼마를 피해자에게 손해배상 액수로 지급해야 할까? 만약 피해자가 주장하는 금액이 모두 법원에서 받아들여져서 치료비 100만 원, 못 받은 급여 100만 원, 정신적 피해 100만 원으로 손해가 책정된다면, 총 피해 금액은 300만 원이 된다. 따라서 동준 씨는 과실 부분인 70%만큼 손해배상 책임이 인정되므로, 피해자에게 210만 원을 손해배상 해야 한다.

이렇게 손해배상 액수 산정의 과정은 적극적 손해, 소극적 손해, 위자료의 항목에서, 개인이 부담해야 하는 과실 책임에 따라서 계산된다. 즉 교통사고 발생 시 가장 먼저 생각해야 하는 것은 '내가 이

생활·여가·취미

사고에 얼마만큼의 책임을 지고 있는가?'이다. 결국에는 과실 비율에 따라 손해배상 액수가 결정되기 때문이다. 그다음 ① 적극적 손해, ② 소극적 손해, ③ 위자료 항목으로 나누어서 항목별로 어떠한 지출이 들어가게 되었는지를 쭉 열거하면 된다. 열거된 항목을 모두 합하면 과실 비율을 곱할 총액이 산출될 것이다.

이와 같은 순서로 손해배상 액수를 어림잡으면 상대방이 합의를 하자고 하는 경우, 대략 얼마 정도에 합의를 해야 하는지 감을 잡을 수 있다. 또한 법원에 소장을 접수하고 손해배상 청구 소송을 진행하는 경우에도 도움이 된다. 소송 과정에서 손해배상 액수가 대략적으로 어떠한 항목으로 산출될지 미리 알고 있으면 보다 효율적으로 대응할 수 있다.

물론 이러한 손해배상 액수 산출 과정은 민사적 책임에 대한 문제이다. 도로교통법이나 관련 법률을 위반한 점이 있다면 그것은 형사적 책임으로서 형사처벌을 받게 된다.

보복운전과 난폭운전은 무엇인가?

응급 내원 사례

평소 얌전한 유정 씨는 운전대만 잡으면 성격이 불같이 변한다. 여자가 운전을 조금이라도 못했을 때 '김여사'라고 하는 사람들을 보면 발끈하기도 한다. 어느 주말 친구를 만나러 가던 유정 씨는 앞차가 운전을 엉망으로 하는 걸 목격했다. 신호가 바뀌어도 제대로 출발하지 않고 지그재그로 운전하는 걸 보니 아무래도 핸드폰을 보며 운전을 하는 듯했다. 저렇게 운전하는 건 다른 사람의 생명에도 지장을 줄 수 있으니 지적해줘야 한다는 생각에 유정 씨는 신호 대기 중 앞차에 가서 노크를 했다. 앞차 운전자가 창문을 내렸고 유정 씨는 "뒤에서 보기 너무 불안하게 운전을 하시는 것 같다"라고 한마디 하고 차로 돌아왔다. 그러자 앞차 운전자가 갑자기 차에서 내려 유정 씨에게 온갖 욕설을 퍼부으며 유정 씨의 차를 쿵쿵 내리쳤다. 유정 씨는 분노가 치밀어 올라 그대로 액셀을 밟았고 앞차 운전자를 치게 되었다.

유정 씨의 행동이 잘못되었다는 건 단번에 알아차릴 수 있다. 아무리 앞차 운전자가 잘못을 했더라도 고의로 사람을 차로 치는 건 명백히 잘못된 행동이다.

흔히 **보복운전**이라는 말을 많이 쓴다. 도로 위에서 사소한 시비를 원인으로 해서 고의로 자동차 등을 이용해 상대방을 위협하거나 공포심을 느끼게 하는 행위이다. 보복운전은 의도를 가지고 특정인을 위협했다는 점에서 난폭운전과 차이가 있다. 보복운전 문제가 나날이 심각해지자 2016년 7월, 보복운전의 처벌과 단속이 강화되었다. 경찰청은 보복운전자 근절방안대책으로 보복운전자가 구속될 경우에는 면허 취소(결격 기간 1년 부과), 불구속 입건된 경우에는 100일간의 면허 정지까지 할 수 있도록 조치하고 있다. 하지만 보복운전은 여전히 기승을 부리고 있다.

또한 **난폭운전**이라는 말도 많이 들어봤을 것이다. 도로교통법 제46조의 3은 난폭운전에 대해 규정하고 있다. 신호 위반, 중앙선 침범, 속도 위반 등의 행위를 연달아 하거나 아니면 지속적으로, 반복적으로 해서 다른 사람에게 위협을 가하는 행위를 말한다. 형사 입건 시 40일간 면허 정지가 가능하고 구속 시에는 면허 취소(결격 기간 1년 부과)가 된다. 그리고 이렇게 난폭운전을 하게 되면 1년 이하의 징역 또는 500만 원 이하의 벌금에 처해진다. 난폭하게 운전해서 징역형까지 받을 수 있다는 점을 생각하면 결코 무시해서는 안 될 조항이다.

그럼 유정 씨는 난폭운전이나 보복운전으로 처벌받게 될까? 아니다. 유정 씨는 난폭운전, 보복운전을 넘어서서 앞차 운전자를 사망에 이르게 할 수도 있었다. 사람에게 차가 돌진해 사람을 충격하는 경우, 사람은 당연히 사망에 이를 수 있고 이러한 사실을 유정 씨가 모를 리 없었다. 따라서 유정 씨에게는 도로교통법보다 더 중한 범죄인 형법상 살인미수죄가 적용된다.

도로교통법 제46조의 3 (난폭운전 금지)
자동차 등의 운전자는 다음 각 호 중 둘 이상의 행위를 연달아 하거나, 하나의 행위를 지속 또는 반복하여 다른 사람에게 위협 또는 위해를 가하거나 교통상의 위험을 발생하게 하여서는 아니 된다.
1. 제5조에 따른 신호 또는 지시 위반
2. 제13조 제3항에 따른 중앙선 침범
3. 제17조 제3항에 따른 속도의 위반
4. 제18조 제1항에 따른 횡단 · 유턴 · 후진 금지 위반
5. 제19조에 따른 안전거리 미확보, 진로변경 금지 위반, 급제동 금지 위반
6. 제21조 제1항 · 제3항 및 제4항에 따른 앞지르기 방법 또는 앞지르기의 방해금지 위반
7. 제49조 제1항 제8호에 따른 정당한 사유 없는 소음 발생
8. 제60조 제2항에 따른 고속도로에서의 앞지르기 방법 위반
9. 제62조에 따른 고속도로 등에서의 횡단 · 유턴 · 후진 금지 위반

단순히 도로교통법상 난폭운전으로 처벌하는 경우 '1년 이하의 징역 또는 500만 원 이하의 벌금'에 불과하지만, 살인미수죄로 처벌하는 경우에는 살인죄인 '사형, 무기 또는 5년 이상의 징역'에서 감경한 수준으로 처벌하기 때문에 훨씬 높은 형을 받을 수 있다. 즉, 유정 씨의 행동은 자칫 사람을 사망하게 할 수 있는 수준의 범죄행위이기 때문에 단순히 난폭운전으로 처벌하는 것은 너무 가볍다. 따라서 형법상 살인미수죄를 적용해 행동에 책임을 지도록 하는 것이다. 실제 이와 유사한 사건에서도 법원은 살인미수 혐의를 적용해 피고인에게 징역 3년에 집행유예 5년을 선고한 바 있다.

이렇듯 우리가 흔히 보복운전, 난폭운전이라고 말하지만 그 행위가 더 중한 범죄를 동반하고 있다면, 실제로 처벌받을 때에는 단순히 도로교통법상 난폭운전이 아니라 형법상 해당 죄명이 적용돼 처벌받을 수 있다는 점을 기억해야 한다.

생활·여가·취미

형법 제250조 (살인)
제1항. 사람을 살해한 자는 사형, 무기 또는 5년 이상의 징역에 처한다.
형법 제25조 (미수범)
제1항. 범죄의 실행에 착수하여 행위를 종료하지 못하였거나 결과가 발생하지 아니한 때에는 미수범으로 처벌한다.
제2항. 미수범의 형은 기수범보다 감경할 수 있다.

"성형수술이 잘못됐어요!" 의료 사고, 어떻게 해결하나요?

#미용 #성형 #의료 과실 #의료 사고 #수술 취소 #계약금 분쟁

응급 내원 사례

녹두 씨는 명절을 맞아 코 성형수술을 받았다. 명절 기간 동안 수술하고 회복까지 마칠 수 있다는 말에 용기 내어 결정한 수술이었다. 수술을 마친 녹두 씨는 집에서 푹 쉬며 회복까지 잘 마쳤다고 생각했다. 그런데 갑자기 콧구멍 한 쪽이 막힌 듯한 답답한 느낌이 들었고 숨 쉬는 것도 불편해졌다. 게다가 거울을 보니 분명 상담을 할 때에 보여준 비포, 애프터 사진 예시와도 확연히 다른 모양이었다. 녹두 씨는 병원에 수술 결과에 대해 불만족을 표현했지만 병원은 녹두 씨가 너무 큰 기대와 목표를 가지고 있는 것 같다며 오히려 핀잔을 줬다.

지금 당장 필요한 응급 처치

① 병원에 진료 기록 및 관련 자료 사본을 요청하자!

② 수술 부위의 상태와 증상 등에 대해 관찰 기록을 남겨두자!

③ 의료 분쟁조정중재원(www.k-medi.or.kr)에서 상담을 받는다!

④ 의료 분쟁조정중재원을 통한 결과가 불만족스럽다면 민사 소송을 통해 해결할 수 있다!

　　큰맘 먹고 코 성형수술을 한 녹두 씨는 참 막막할 것이다. 코 모양이 원하는 모양으로 나오지 않았다는 것은 주관적인 의견이지만 수술 전 없던 호흡 곤란과 답답함 증세가 생긴 것은 큰 문제이다. 전형적인 의료 사고로 볼 수 있다.

　의료 사고 관련 분쟁의 경우, 환자 입장에서는 막막함을 느낄 수밖에 없다. 일단 병원 진료 기록 등 모든 자료와 정보가 병원 측에게만 있고, 환자는 그저 아프다거나 잘못되었다는 증상의 호소만 가능하기 때문이다. 무엇보다도 의학적 지식이 부족하다 보니 의사가 어떤 부분에서 어떻게 잘못을 했는지를 설명하기조차 힘든 것이 현실이다. 의료 분쟁에서 정보의 불균형, 환자의 불리함에 관한 문제는 지속적으로 제기되어 왔다. 이에 환자가 의학적 지식이 없어도 보다 수월하게 의료 분쟁을 해결할 수 있도록 하는 내용의 법률적 근거가 마련되기도 했다.

　우선, 이와 같은 상황에서 녹두 씨가 할 수 있는 가장 중요한 일은 증거를 수집하는 것이다. 적절한 대응을 하기 위해서는 녹두 씨도 병원이 일방적으로 가지고 있던 진료 기록을 받아 보고 정확한 상황 판단을 할 필요가 있다. 따라서 병원에 가서 진료 기록 및 관련 자료 사본을 받아 와야 한다. 그리고 코가 이상하다는 증세를 느낀 때로부터 매일매일 코 상태에 관해 꼼꼼히 기술해두는 것도 좋다. 법원에 가서 이야기하거나 그 전에 변호사를 만나 상담을 할 때 수술 후 어떤 점이 불편했고 아팠는지 갑자기 이야기하려면 기억나지 않는 경우가 있다. 몸 상태는 시시각각 변화하기 때문이다. 그러니 수술 후 이상 증세가 나타날 때마다 상세히 상태를 기술해두면 큰 도움이 된다. 녹두 씨의 경우에도 호흡이 곤란하거나 답답함이 느껴졌을 때의 느낌과 일시, 증상 등에 대해 지속적으로 관찰 기록을 남길 필요가 있다. 이 자료는 나중에 소송까지 진행이 되었을 때 녹두 씨의 몸 상태에 대한 증거로 제출될 수 있을 것이다.

다음으로 법률적 조치에 대해 생각해보자. 녹두 씨는 성형수술을 받으려다 호흡 곤란과 답답한 증세를 가지게 되었다. 이러한 몸의 이상은 상해를 입은 것으로 볼 수 있다. 따라서 수술을 집도한 의사를 상대로 형법상 업무상 과실 치상 혐의를 물어 형사 고소를 생각해볼 수 있다. 업무상 과실 치상은 업무상 과실 또는 중대한 과실로 사람을 다치게 한 결과를 발생시킨 경우에 적용되는 죄다.

이와 별도로 민사 소송도 가능하다. 수술의 잘못된 결과로 녹두 씨는 다시 성형수술을 해야 할 수도 있고 아니면 추가적인 이비인후과 치료 등이 필요할 수도 있다. 또한 추가 치료비용은 물론, 위자료도 청구할 수 있다. 녹두 씨의 경우에는 바깥을 잘 돌아다닐 수 없을 정도의 대인기피증, 심리적 위축증세 등 정신적 손해도 발생했을 것이

형법 제268조 (업무상 과실·중과실 치사상)
업무상 과실 또는 중대한 과실로 인하여 사람을 사상에 이르게 한 자는 5년 이하의 금고 또는 2,000만 원 이하의 벌금에 처한다.

충분히 예상된다. 따라서 정신적 손해에 대한 손해배상 청구를 할 수 있는 것이다.

의료 사고가 발생해서 손해배상 청구를 할 때 수술을 직접 집도한 의사만을 상대로 청구할 수도 있고, 의사뿐만 아니라 의사가 소속된 병원까지 모두에게 청구할 수도 있다. 의사는 수술을 잘못한 직접적 책임이 있지만 병원 역시 그 의사를 고용한 주체로서 관리, 감독을 소홀히 한 책임이 있기 때문이다. 이는 안전장치로서의 의미도 있다. 만약 의사가 재산이 별로 없어서 또는 거의 파산 상태여서 손해배상금액을 부담하기 어려운 상황이 생길 수 있다. 그런 경우, 병원도 소송의 상대로 되어 있다면 금전적 능력이 확보된 병원으로부터 손해배상을 받을 수 있기 때문이다.

참고로 한국의료 분쟁조정중재원(www.k-medi.or.kr)을 잘 활용하면 민사 소송보다 더 짧은 기간 내에 손쉽게 문제를 해결할 수 있으므로 추가로 소개한다. 의료 분쟁조정법에 근거를 두고 있는 한국의료 분쟁조정중재원은 의료 사고의 원만한 해결을 위해 피해자와 병원 측 입장을 중재하는 역할을 하고 있다. 2012년 출범한 기관인데 병원, 의원, 한의원, 약국 등에서 발생한 모든 의료 사고를 다룬다. 환자와 의사 모두 신청할 수 있다. 조정과 중재 신청이 있으면 의료 사고 감정단이 의료 과실 유무, 과실과 결과 발생 사이의 인과 관계 등을 조사해 적정 수준의 손해배상액을 산정한다.

그런데 만약 한국의료 분쟁조정중재원을 통해 조정이나 중재 신청을 했지만, 그 결과가 마음에 들지 않는 경우에는 어떻게 할 수 있

생활·요가·취미

을까? 그러한 경우에는 민사 소송을 제기하면 된다. 어떻게 보면 두 번의 기회가 있는 것이라고 생각할 수도 있겠다. 먼저 한국의료 분쟁조정중재원을 통해 문제를 해결하는 시도를 해본 뒤 마음에 들지 않으면 민사 소송을 제기하는 또 한 번의 기회가 있으니 말이다.

성형 상담을 하며 낸 계약금은 돌려받을 수 없을까?

🚨 응급 내원 사례

다희 씨는 방학을 맞아 성형수술을 하기로 결심했다. 평소 네모난 턱이 콤플렉스였는데 TV에 나오는 브이라인 얼굴의 연예인들을 보고 있자니 더 이상 참을 수가 없었기 때문이다. 결심하고 바로 성형외과를 찾아가 상담실장과 상담을 했다. 생각보다 큰 액수에 다희 씨가 계약을 망설이자 상담실장은 계약금을 내고 가면 수술 금액의 20%를 할인해주겠다고 했다. 다희 씨는 할인이라는 말에 솔깃해 계약금을 내고 집에 돌아갔다. 그런데 막상 턱을 깎는 수술을 한다고 생각하니 다희 씨는 두려움을 떨칠 수 없었다. 부모님도 절대 안 된다며 반대하셨고 다희 씨는 결국 성형외과에 전화를 해 수술을 못하겠다고 말했다. 하지만 상담실장은 "수술 일정을 취소하는 건 문제가 아닌데 계약금은 돌려줄 수 없다"라고 말하는 게 아닌가? 다희 씨는 "할인해준다며 계약금을 내고 가라고 종용하더니 이제 와서 계약금을 돌려줄 수 없다니 말이 안 된다"며 따졌다.

성형외과 계약금 분쟁에 관한 내용이다. 다희 씨 입장에서는 억울할 만하다. 지금 당장 계약금을 내야만 20% 할인을 해주겠다고 해서 계약금을 냈던 것이 화근이 될 줄은 몰랐을 것이다. 이런 사례에서 많은 사람들이 계약금을 떼인다. 성형외과에서 "우리는 분명히 계약금을 받을 때 반환하지 않는다는 내용을 공지했다"라고 하면서 책임을 환자에게 돌리거나 '나 몰라라' 식으로 버티기 때문이다. 그러면 환자는 억울하지만 더 이상 항의하지 못하고 물러선다.

이러한 성형외과 계약금 관련 분쟁이 늘어나게 되면서 공정거래위원회는 성형외과 계약금 반환에 대한 기준을 만들어 발표했다. 사실 성형외과에서 드는 비용은 큰 수술인 때에는 몇 천만 원을 호가하는 경우도 있다. 즉, 성형외과 계약금 분쟁은 결코 가벼운 사안이 아니다. 그러나 관련 내용만 잘 알고 있다면 억울하게 계약금을 날릴 일은 없을 것이다.

공정거래위원회에서 세운 기준을 자세히 살펴보면 환자 측 사정으로 수술을 취소하는 경우와 병원 측 사정으로 수술을 취소하는 경우로 나누어져 있는 것을 볼 수 있다. 그리고 수술 예정일로부터 얼마 전에 수술을 취소하는지에 따라서도 환불받을 수 있는 금액이 달라진다. 당연히 수술 예정일을 얼마 남기지 않고 취소할수록 돌려받을 수 있는 환급액이 줄어든다.

다희 씨의 상황은 환자 측 사정으로 인해 수술을 취소하는 경우로 볼 수 있다. 중요한 것은 수술 예정일로부터 며칠 전에 취소를 했는지를 살피는 것이다. 공정거래위원회의 기준에 따르면 수술 예정일로부터 3일 전에 취소하는 경우부터 계약금의 10%를 공제 후 환불해준다고 되어 있다. 수술 예정일로부터 4일 전 혹은 5일 전과 같이

3일 이전에 취소한다면 계약금을 전액 환불받을 수 있다는 의미이다.

사유	날짜	환급액
환자 측 사정	수술 예정일 3일 전 취소	계약금 10% 공제 후 환불
	수술 예정일 2일 전 취소	계약금 50% 공제 후 환불
	수술 예정일 1일 전 취소	계약금 80% 공제 후 환불
	수술 예정일 당일 취소	계약금 100% 공제 후 환불
병원 측 사정	수술 예정일 3일 전 취소	계약금 10% 배상
	수술 예정일 2일 전 취소	계약금 50% 배상
	수술 예정일 1일 전 취소	계약금 80% 배상
	수술 예정일 당일 취소	계약금 100% 배상

상담 후 계약금을 내고 가면 할인을 해준다는 말에 정확한 수술일은 정하지 않고 계약금만 내고 간 경우라면 어떠할까? 당연히 계약금 전액을 환불받을 수 있다. 수술일을 정하지 않아 성형외과에 수술 취소로 인한 어떠한 손해도 발생하지 않았기 때문이다.

환불 시 계약금에서 일부를 공제하고 환불해주는 것은 그 예약으로 인해 다른 예약을 받지 못했을 병원 측에 어느 정도의 대가를 지불한다는 의미이다. 그런데 다희 씨와 같이 수술일도 정하지 않은 경우는 병원에 현실적으로 아무런 손해가 발생하지 않는다. 따라서 이유 없이 계약금 일정 부분을 공제한다는 것은 상식적으로 납득이 되지 않으며, 다희 씨는 공정거래위원회 분쟁 해결 기준에 따라 병원과 조율해 계약금 분쟁을 원만히 해결할 수 있을 것이다.

병원 측 사정으로 수술이 취소된 경우는 어떠할까? 이에 대한 기준 역시 마련되어 있는데, 수술 예정일 3일 전 취소라면 계약금의

10%를 배상해야 하고, 2일 전 취소라면 50%, 3일 전 취소라면 80%, 당일 취소라면 100%를 배상해야 한다. 환자 측 사유로 취소할 때와 같은 날짜, 같은 비율로 배상이 책정되어 있다. 다만, 이것은 계약금에서 공제하는 것이 아닌 병원 측에서 배상해야 하는 비율이다. 환자의 어떠한 과실도 없이 병원 측 사정으로 수술을 취소하는 것이기 때문에 병원에서 환자의 불편함을 보상해준다는 취지다. 따라서 병원 측 사정으로 수술이 당일에 취소된 경우라면, 환자는 애초에 낸 계약금을 다 돌려받는 것은 물론이고 여기에 더해 계약금의 100%에 해당하는 금액을 배상받을 수 있다.

성수기에는 표를 취소해도 환불받지 못하나요?

➡️

#여행 #비행기(항공권) #호텔 #취소 #수수료

🚨 응급 내원 사례

형철 씨는 매년 1월 1일마다 꼭 해야 하는 일이 있다. 바로 여행 예약을 하는 것. 여름휴가를 떠나는 것이 고된 회사생활을 버티게 해주는 유일한 낙이다 보니 매년 1월 1일에 가고 싶은 여행지를 골라 미리 예약을 한다. "올해는 제주도다!" TV에서 연예인들이 제주도에서 카페를 열어 음식을 파는 것을 보고 꼭 먹어보고 싶었다. 그래서 형철 씨는 제주행 항공권과 호텔을 예약했고 이때 계약금을 지불했다. 어차피 매년 여름휴가 날짜는 정해져 있으니 '그때 가면 딱이겠다'라고 생각한 것이다. 그 후 시간이 흘러 여름이 되었다. 그런데 형철 씨가 다른 부서로 발령을 받게 되면서 모든 계획이 물거품이 되었다. 형철 씨는 눈물을 머금고 예약을 취소하는 수밖에 없었다. 예약을 취소하기 위해 고객센터로 연락을 하니 여행 날짜가 임박했고 제일 비싼 성수기이기 때문에 환불해줄 수 없다며 전화를 끊는 것이 아닌가. 형철 씨는 휴가도 못 가고 일해야 하는데 계약금도 돌려받을 수 없다니 너무 억울했다.

📋 지금 당장 필요한 응급 처치

① 출발일 / 체크인 날짜를 기준으로 취소한 시기가 언제인지 확인하자!
② 항공권의 취소 수수료는 항공사마다 다르니 항공사에 문의하자!
③ 결제하기 전 환불 조건 등을 꼼꼼히 살펴보자!

많은 직장인들이 비슷한 시기에 여름휴가를 떠난다. 그러다 보니 미리, 1년 전쯤 예약을 해서 항공권이나 호텔을 훨씬 저렴하게 구매하는 경우가 많다. 그런데 이렇게 미리 예약을 했다가 여행을 가지 못하게 된다면? 그 돈을 다 날리게 되는 것은 아닌가 싶어서 걱정이 될 것이다. 약 6개월 전에 하는 예약이니 변수가 얼마나 많을까? 형철 씨도 마찬가지이다. 형철 씨의 경우, 계약금을 한 푼도 돌려줄 수 없다는 여행사의 말만 믿고 눈물을 삼켜야 하는 것일까?

호텔 예약 취소

우선 호텔 예약에 대해 살펴보자. 공정거래위원회에서 고시하는 소비자 분쟁 해결 기준에 따르면, 숙박업의 경우 성수기와 비성수기를 구분하고 그중에서도 주중과 주말을 구분한다. 형철 씨의 경우라면 여름휴가이니 성수기에 해당할 것이고 일주일을 휴가로 잡았으니 주중과 주말이 모두 해당될 것이다.

다음으로 이 계약이 누구의 책임으로 해제되는 것인지를 보자. 당연히 형철 씨의 책임으로 해제된다. 따라서 소비자 분쟁 해결 기준에서 '성수기 주중, 주말에 소비자의 책임 있는 사유로 인한 계약 해제'에 해당하고, 이 경우 사용 예정일 기준으로 며칠 전 취소에 해당

생활·여가·취미

하는지에 따라 총 요금의 일부를 공제한 후 환불받을 수 있다. 식당이든, 호텔이든, 병원이든 모든 예약 취소가 그러하듯 사용 예정일을 기준으로 얼마 전에 취소했는지가 매우 중요한 것이다.

우선 '성수기 주중'의 경우, 형철 씨가 취소한 시기가 숙박 예정일 당일이거나 1일 전이라면 총 요금의 80%를 공제 후 환불받을 수 있다. 숙박 예정일 3일 전까지는 총 요금의 50%, 5일 전까지는 총 요금의 30%, 7일 전까지는 총 요금의 10%를 공제 후 환불받는다. 숙박 예정일 10일 이전 또는 계약을 체결한 당일 취소하는 경우라면 계약금 전액을 환불받을 수 있다. '성수기 주말'의 경우에는, 아무래도 성수기 주중과 비교하더라도 당연히 더 인기가 많을 것이니 공제율이 주중보다 10%씩 더 높다. 그럼에도, 사용 예정일 10일 이전 또는 계약을 체결한 당일 취소하는 경우에는 동일하게 계약금 전액을 환불받을 수 있다. 즉, 사용 예정일 10일 이전까지는 계약을 해제하더라도 계약금을 모두 받을 수 있다고 기억하면 되겠다.

따라서 형철 씨도 이러한 기준에서 따라 공제율을 확인한 후 일정 공제액을 제한 나머지 금액을 돌려달라고 요구하면 된다.

그럼 항공권의 경우에는 어떠할까. 항공권 예약 취소의 경우, 국내선 항공권인지 국제 항공권인지에 따라 차이가 날 수 있다.

국내선 항공권 예약 취소

우선, 형철 씨는 제주도 항공권을 예약했기 때문에 국내선 항공권 취소 사례에 해당한다. 국내선 항공권은 상대적으로 국제선 항공권을 취소할 때보다 수수료율이 낮다. 또한 시기별로 차등한 취소 수수료를 부과하고 있는데, 항공사에 따라 조금씩 다르니 내가 예약한 항공사의 국내선 항공권 취소 수수료를 살피고 그 조건에 맞게 수수료를 지불하면 항공 예약을 취소할 수 있다.

참고로, 취소 불가를 기준으로 70% 이상 할인 판매하는 특가 운임의 항공권도 있다. 만약 형철 씨가 이러한 특가 운임 항공권을 구매했다면 어떠할까? 공정거래위원회는 70% 이상 할인 판매하며 환불 불가 조건을 거는 것은 고객에게 일방적으로 부당한 불리한 약관으로 보기 어렵다는 판단을 하고 있다. 따라서 만약 내가 특가 운임 항공권을 구매했다면, 취소가 불가능한 경우가 있을 수 있음을 명심하자.

국제선 항공권 예약 취소

그럼 국제선 항공권을 취소하는 경우에는 어떠할까? 사실 2016년까지만 하더라도 항공사별로 항공권 취소 수수료가 제각각이었다. 그러나 공정거래위원회가 국제선 항공권 취소 수수료의 불공정약관 조항에 대해 시정 사항을 발표한 후로는 어느 정도 기준이 마련된 느낌이다.

공정거래위원회가 제공하는 기준에 따르면, 출발일 기준 91일 이전 항공권은 수수료 없이 취소할 수 있다. 그리고 90일부터 출발일까지는 기간을 4~7개 구간으로 나누어 출발일로부터 가까울수록 취소 수수료율을 높게 부과하도록 했다. 항공권의 경우에는 같은 비행기를 타더라도 언제, 어떻게 예약을 했는지에 따라 예약 클래스(D, I / M / S, H, E, K, L 등)가 정해져 있어서 그 기준에 따라서 공제되는 금액이 달라진다. 따라서 본인이 예약한 항공사에 예약 클래스와 취소 수수료를 문의해보는 것이 가장 확실하다. 실제로 여러 항공사들은 공정거래위원회가 마련한 기준보다 완화된 기준으로, 일정 기간 전까지는 아예 환불 수수료 없이 결제 금액 전액을 환불해주기도 한다. 따라서 항공권을 예약할 때 항공사가 제공하는 기준을 숙지한 후 본인에게 유리한 티켓을 구매하는 것이 좋다.

다만, 일부 소비자들은 구입 시기가 아닌 '출발일'에 따라 환불 수수료를 차등 적용하고 있는 데에 불만을 표시하기도 한다. 예를 들어 어떤 고객이 여행을 가기 3일 전에 항공권을 예약한 뒤 바로 다음 날 예매한 항공권을 취소하려고 한다고 가정하자. 이러한 경우에 예매를 하고 다음 날 바로 취소하는 것이기 때문에 환불 수수료를 별로 떼지 않을 것이라고 생각할 수 있지만, 환불 기준은 내가 예매한 시점이 아닌 출발일 기준이다. 따라서 여행을 가기 2일 전에 항공권을 취소하는 것이 되고, 취소 시에 일정 금액의 환불 수수료를 공제한 후에 환불받게 될 것이다.

여행사를 통해 항공권을 예약하는 경우도 주의해야 한다. 여행사를 통해 예약을 하게 되면 항공사 수수료와 여행사 수수료 등 이중, 삼중으로 수수료를 떼게 될 수 있기 때문에 예약을 하기 전 이에 대한 숙고가 필요하다. 여행사를 통해 예약했다면 공정거래위원회의 여행업 표준약관을 참고해보자. 표준약관은 공정거래위원회 홈페이지 정보공개에서 찾을 수 있다. 국내 여행 표준약관, 국외 여행 표준약관이 따로 마련되어 있는데, 특히 여행 출발 전 계약해제 조항은 국내 여행 표준약관의 경우 제13조에, 국외 여행 표준약관의 경우 제16조에 규정되어 있다.

그러나 이러한 호텔과 항공권 취소 기준이 전 세계 모든 호텔과 항공사에 적용되는 것은 아니다. 요즈음에는 여행 관련 앱이나 기타 예약 사이트가 많아서 내가 한국에 있더라도 독일에 있는 작은 여행사를 통해 모든 예약을 할 수 있다. 다만 해외 사이트를 통해 예약을 하는 경우 취소 수수료를 과도하게 부과하는 경우가 있어 문제가 되고 있다. 다음 사례를 보자.

해외 사이트를 통해
예약했을 경우는 어떨까?

🚨 응급 내원 사례

지영 씨는 친구로부터 해외 호텔 예약 사이트를 소개 받았다. 평소 이용하는 사이트보다 20%가량 저렴한 가격에 예약을 할 수 있다며 추천받은 것이다. 직접 들어가서 보니 왜 지금까지 이걸 몰랐나 싶을 정도로 가격이 저렴했다. 지영 씨는 이 사이트를 통해 여름휴가에 이용할 호텔을 예약했다. 그런데 몇 분 후 지영 씨는 방금 예약한 사이트보다 5%가량 더 저렴한 사이트를 찾게 되었다. 더 저렴하게 예약하고 싶었던 지영 씨는 일단 호텔 예약을 취소하고 결제 금액을 환불받고자 했다. 지영 씨는 사이트에 나와 있는 이메일 주소로 계약 취소 및 환불 요청 메일을 보냈지만 답이 없었다. 안되는 영어로 힘들게 고객센터에 전화를 해서 환불을 요청했더니, 상담원은 결제할 때 이미 환불 불가라고 고지했다며 매정하게 전화를 끊어버렸다. 지영 씨가 다시 사이트에 들어가서 보니 금액 부분에 마우스 커서를 대는 경우에만 별도의 안내창에 'No Refund'라고 작게 뜨도록 설정이 되어 있었다.

나중에야 그 사이트는 한글로 '환불 불가'라는 메시지가 뜨도록 수정했지만, 결국 지영 씨의 경우 결제 금액을 되돌려 받을 수 없었다. 실제로 지영 씨와 같은 피해 사례가 많다. 규모가 큰 해외 사이트를 통해 예약한 경우라면 시스템이 잘 갖추어진 곳도 많아 괜찮지만, 작은 규모의 사이트의 경우에는 해외에 있다는 이유만으로 제대로 된 고객 응대를 받지 못할 때도 많다.

한국소비자원의 통계에 따르더라도 이러한 예약 사고들이 많다는 것을 알 수 있다. 2017년 1월부터 11월까지 해외항공 및 호텔 관련 소비자 상담이 4,646건이었는데 이것은 전년대비 47.8% 증가한 수치였다. 해외 사이트의 경우에는 더욱이 사이트별 거래 조건이 다르기 때문에 결제하기 전에 환불 조건 등을 꼼꼼히 살펴볼 필요가 있다.

새로운 여행 패턴

요즈음에는 여행의 패턴도 다양하게 바뀌어가고 있다. 일례로 에어비앤비 같은 서비스를 통해 다른 사람의 집에 묵는 여행객을 들 수 있다. 이렇게 숙소를 예약하면 호텔 등에 머무는 것보다 현지에 녹아드는 느낌을 받을 수 있고 또 규격화된 서비스를 제공하는 호텔보다 따뜻한 여행의 기분을 느낄 수 있다는 것도 사실이다. 그러나 이러한 숙박 공유 서비스를 이용할 때에도 역시 주의할 점들이 있다.

가장 중요한 것은 호텔 예약과 마찬가지로 예약을 취소할 경우 환불받는 조건을 살피는 것이다. 숙박 공유 사이트마다 약관을 정해놓고 일정 조건에 따라 환불을 해주는데, 에어비앤비는 호텔이 아니라 개인의 집이다 보니 각 개인의 의지가 환불 조건에 반영되기도 한다. 체크인 24시간 전까지 취소하면 전액을 환불해 주기도 하고, 체크인 5일 전까지 취소하면 전액 환불해 주기도 하나. 가장 엄격하게는 집주인인 호스트가 내건 조건에 따라 30일 전, 60일 전 취소 시 예약금의 50%만 환불해주는 경우도 있다. 따라서 내가 원하는 집에 대한 환불 조건이 어떤지 반드시 살펴야 한다.

또한 숙박 공유 사이트를 통해 검색할 때, 사이트에 보이는 금액이 전부가 아닌 경우가 많다. 사이트에 보이는 금액은 단지 최소 금액의 구실만 할 뿐, 거기에 서비스 수수료 5~15%가량이 붙고, 숙소 종류에 따라 청소비가 자동으로 계산되는 경우도 있다. 그리고 해외 환율과 환전 과정에 따라 별도의 수수료도 더 붙을 수 있으니 이 점을 참고해 예산에 맞게 예약을 해야 한다.

즐거운 여행을 하기 위해서는 항공권, 숙박에 큰 문제가 없어야 할 것이다. 괜히 억울하게 여행도 못 가는데 돈만 날리거나 아니면 취소 수수료가 두려워 꾸역꾸역 여행을 가는 일은 없어야 하겠다.

코로나19 바이러스로 인한
해외 여행 계약 취소의 경우는?

2020년 봄, 해외 여행을 계획했다가 코로나19 바이러스의 확산으로 감염 위험이 높아져 여행을 포기한 사람들이 많다. 이때 계약할 때 지불했던 경비를 모두 환불받을 수 있을까?

예약을 한 사람 입장에서는 코로나19 바이러스는 거의 천재지변이라고 볼 수 있기 때문에 당연히 모두 환불해 주어야 한다고 생각할 것이다. 그런데 환불 여부는 여행을 가고자 하는 국가가 한국인 입국금지, 강제격리, 검역강화 등 조치를 하는지에 따라 다르다. 만약 이러한 조치들이 취해진 상황이라면 당연히 여행을 가는 것이 불가능하고 취소 및 환불이 가능할 것이다. 그러나 단순히 감염의 우려 때문이라면 일정 부분 위약금을 지불한 후 계약을 해제할 수 있다.

알아두면 도움 되는 **법률 용어 50** ▾

01 가석방 | 징역이나 금고형을 선고받고 집행 중에 있는 사람이 본인의 잘못을 현저히 뉘우치는 경우 형기 만료 전에 석방해주는 것이다(형법 제72조).

02 가압류 | 채무자의 재산이 없어질 우려가 있을 때 나중에 강제집행을 할 것을 대비해 채무자의 재산을 임시로 압류하는 법원의 처분이다.

03 가처분 | 특정물의 인도를 보전하기 위해서 또는 분쟁 중에 있는 권리관계에 대해 임시적 지위를 정하기 위한 보전 처분이다.

04 각하 | 민사 소송이 소송 조건을 갖추지 못했을 때 바로 소송을 종료시키는 것이다. 형사 소송의 경우에는 기각이라는 용어로 통일하고 있다.

05 강제집행 | 확정판결을 가지고 국가가 채권자의 청구권을 실현시켜주는 것이다. 민사 소송을 통해 채권자가 승소판결을 받았을 때 현실적으로 돈을 받아내야 하는데 이때 이루어지는 것이 강제집행이다.

06 공범 | 두 사람 이상이 함께 범죄를 저지른 경우 공범자라고 한다.

07 공소 | 누군가를 처벌해달라고 유죄 판결을 구하는 검사의 소송수행 행위이다.

08 공소시효 | 어떤 범죄에 대해 일정기간이 경과하면 더 이상 공소의 제기를 허용하지 않는 제도를 말한다.

09 공시송달 | 당사자의 송달장소가 불분명해 통상의 송달방법에 의해서는 송달을 할 수 없을 때 법원게시장에 게시함으로써 실행하는 송달방법을 말한다.

10 공증 | 특정한 사실이나 법률관계의 존재를 공적으로 증명하는 것이다.

11 공탁 | 금전 등을 공탁소에 인치하는 것이다. 채무를 갚으려고 하나 채권자가 이를 거부하거나 채권자를 알 수 없는 등의 경우에 공탁을 한다.

12 과실상계 | 채권자나 피해자에게도 과실이 있는 경우 채무자나 가해자가 해야 하는 손해배상 금액을 정함에 있어 이를 참작하는 것이다. 예를 들어 피해자가 차도를 무단횡단하다가 차에 치어 교통사고가 난 경우 손해배상을 하는 데 있어 피해자의 과실을 참작하는 것이다.

13 과징금 | 행정청이 일정한 행정법상 의무를 위반한 사람에게 부과하는 금전적 제재 조치이다.

14 과태료 | 국가나 공공단체가 국민에게 과하는 금전벌을 말하는데 형벌이 아니라 일종의 행정 처분이다.

15 관할 | 특정 사건을 특정 법원이 재판할 수 있는 권한이다. 사건의 경중에 따라, 지역적 구분 등에 따라 관할이 달라진다.

16 교도소 | 수형자(징역형, 금고형 등을 받은 자)의 교정 교화와 건전한 사회복귀를 도모하기 위한 수용시설이다.

17 구속영장 | 수사기관에 구속을 허락하는 법원의 허가장이다. 구속영장 발부를 청구하는 권한은 검사에게 있고 구속할지 여부는 법원이 최종적으로 판단한다. 수사기관은 법원의 이러한 허가가 있는 경우에 구속을 집행할 수 있다.

18 구인 | 법원이 피고인이나 증인을 법원 등에 인치해 억류하는 재판과 그 집행을 말한다. 보통 피고인이나 증인이 정당한 이유 없이 소환에 응하지 않는 경우에 하게 된다.

19 구치소 | 피의자 또는 피고인으로서 구속영장의 집행을 받은 자(미결수용자)를 수용하는 시설이다.

20 기각 | 민사 소송상 신청의 내용이 적절하지 못하다고 판단해 배척하는 것이다.

21 기소 | 검사가 형사 사건에 관해 법원에 그 심판을 구하는 의사 표시를 말한다. '공소를 제기한다'라고도 표현한다.

22 기일 | 법원, 당사자 등이 모여 소송 행위를 하기 위해 정해진 시간을 말한다.

23 긴급체포 | 체포를 하려면 사전에 검사의 신청에 의해 법원이 발부한 영장을 제시해야 하는 것이 원칙이다. 그러나 피의자가 중한 범죄를 범했을 의심 사유가 상당할 때, 증거인멸, 도망 우려가 있는 경우 등의 조건에서는 영장 없이 피의자를 체포하는 것을 긴급체포라 한다(형사 소송법 제200조의 3).

24 내용증명 | 우편물의 발송인이 수취인에게 어떤 내용의 문서를 언제 발송했다는 사실을 우편관서가 증명하는 제도이다.

25 면접교섭권 | 이혼한 부부 중 양육권을 상실한 사람이 양육권을 가지고 있는 다른 자에게

맡겨진 자녀를 만나고 교류하는 권리이다.

26 무죄추정 ǀ 형사 피고인이라 해도 범인인지 명확하지 않는 한 범인으로 취급하는 것을 허용하지 않는 것이다. 재판에서 유죄로 확정되기 전까지는 일단 무죄인 것으로 대우해야 한다.

27 미수 ǀ 범죄의 실행 행위에 착수해 실행을 중단하거나 실행 행위가 완료되었으나 그 결과가 발생하지 않은 경우를 말한다.

28 미필적 고의 ǀ 어떤 범죄의 결과가 발생할 수 있음을 충분히 인식하고 그것을 감수하는 의사를 표명한 경우, 그것을 실행시키는 행위를 하는 경우에 미필적 고의가 있다고 말한다.

29 보석 ǀ 구속된 피고인에 대해 일정한 보증금을 납입시키고 일정한 제재조건을 부과해 피고인을 석방하는 제도이다.

30 부당이득 ǀ 법률상 원인 없이 부당하게 재산적 이익을 얻었을 때 부당이득을 얻었다고 말한다. 이로 말미암아 타인에게 손해를 준 사람에 대해 그 반환을 청구할 수 있다.

31 불법행위 ǀ 고의나 과실로 타인에게 손해를 가하는 위법 행위이다. 불법행위를 한 사람은 손해를 배상할 책임이 있다.

32 상고 ǀ 2심에서 선고한 판결에 대한 상소를 상고라 한다. 상고를 하면 2심에서 3심으로 넘어가게 된다.

33 상소 ǀ 아직 확정되지 않은 판결에 불복해 상급법원에 구제를 구하는 것이다. 1심에서 2심으로 넘어가는 항소와 2심에서 3심으로 넘어가는 상고를 포함하는 개념이다.

34 상속 ǀ 피상속인의 사망, 실종선고에 의해 피상속인의 모든 권리, 의무가 상속인에게 포괄적으로 이전하는 것을 말한다.

35 소멸 시효 ǀ 일정 기간 동안 행사하지 않는 권리를 소멸시키는 제도이다. 채권의 종류에 따라 소멸 시효가 다르다. 소멸 시효가 완성되면 더 이상 권리를 주장할 수 없다.

36 소액 사건 심판법 ǀ 소액의 민사 사건을 간이한 절차에 따라 신속히 처리하기 위한 제도이다. 판사는 되도록 1회 변론기일로 심리를 종결하도록 한다.

37 소의 취하 ǀ 소를 제기한 사람이 청구의 일부 또는 전부를 철회하는 소송상 의사 표시이다.

38 압류 ǀ 채권자의 신청으로 강제로 다른 사람의 재산 처분이나 권리행사 등을 못 하게 하는

것이다. 보통 금전채권에 관해 강제집행으로서 집행기관이 채무자의 재산을 처분하지 못하도록 하는 것을 말한다.

39 임의동행 | 수사기관이 피의자 또는 참고인에게 수사기관에 동행할 것을 요구하고 상대방의 승낙을 얻어 진행하는 것을 말한다.

40 재심 | 확정판결에 대해 중대한 오류가 있는 경우에 그 판결을 한 법원에 다시 그 판결이 옳은지에 대해 판단하도록 하는 것이다. 판결이 확정된 후 재심의 사유를 알게 된 날로부터 30일 이내에 재심의 소를 제기할 수 있다.

41 조정 | 민사상 의미는 분쟁 해결을 위해 제3자가 당사자 간을 중개해 화해, 타협의 성립에 노력하는 것이다.

42 중재 | 중재법상 당사자 사이에서 사법상 법률관계에 관한 현재, 또는 장래의 분쟁의 일부나 전부를 중재인의 판정에 의해 해결하는 것이다.

43 지급명령 | 변론을 열지 않고 간단한 절차에 의해 채권자의 청구가 이유 있다고 인정하고 채무자에 대해 지급을 명하는 재판을 말한다(민사 소송법 제462조).

44 지연이자 | 금전채무의 이행이 지체되었을 때 손해배상으로서 지급되는 금원이다. 지체된 기간에 따라 지급한다.

45 진술거부권 | '모든 국민은 형사상 자기에게 불리한 진술을 강요당하지 아니한다'라는 헌법 조항을 말하며 묵비권이라고도 한다.

46 친고죄 | 검사의 공소를 위한 요건으로서 피해자 등의 고소를 필요로 하는 범죄를 친고죄라 한다(형사 소송법 제223조).

47 친족상도례 | 직계혈족, 배우자, 동거의 친족 간에 있어 절도죄 등 일부 범죄는 형을 면제하거나 고소가 있어야 하는 것을 말한다(형법 제328조).

48 파기환송 | 상고심에서 심리한 결과 원심 판결에 법률에서 정한 일정한 파기의 사유가 있어서 원심 판결이 파기되어야 한다고 인정되는 때, 상고법원이 이를 파기하고 원심법원으로 돌려보내 거기서 다시 재판하도록 하는 것이다.

49 판결의 선고 | 재판장이 판결문의 주문을 낭독하고 그 이유의 요지를 설명하는 것이다.

50 항고 | 결정, 명령에 대한 상소이다. 판결에 대한 상소인 항소, 상고의 개념과 구분된다.